高等职业院校教师制度与青年教师职业发展研究

杨　爽◎著

光明社科文库 GUANG MING SHE KE WEN KU

光明日报出版社

图书在版编目（CIP）数据

高等职业院校教师制度与青年教师职业发展研究 /
杨爽著. -- 北京：光明日报出版社，2019.3
ISBN 978-7-5194-5104-2

Ⅰ.①高… Ⅱ.①杨… Ⅲ.①高等职业教育—教师—
教育制度—研究②高等职业教育—青年教师—师资培养—
研究 Ⅳ.①G715

中国版本图书馆 CIP 数据核字（2019）第 040390 号

高等职业院校教师制度与青年教师职业发展研究
GAODENG ZHIYE YUANXIAO JIAOSHI ZHIDU YU QINGNIAN JIAOSHI
ZHIYE FAZHAN YANJIU

著　者：杨爽	
责任编辑：李壬杰	责任校对：赵鸣鸣
封面设计：中联学林	责任印制：曹　净

出版发行：光明日报出版社

地　　　址：北京市西城区永安路 106 号，100050

电　　　话：010-67014267（咨询），63131930（邮购）

传　　　真：010-67078227，67078255

网　　　址：http://book.gmw.cn

E-mail：lirenjie@gmw.cn

法律顾问：北京德恒律师事务所龚柳方律师

印　　　刷：三河市华东印刷有限公司

装　　　订：三河市华东印刷有限公司

本书如有破损、缺页、装订错误，请与本社联系调换，电话：010-67019571

开　　本：170mm×240mm	
字　　数：259 千字	印　　张：15
版　　次：2019 年 4 月第 1 版	印　　次：2019 年 4 月第 1 次印刷
书　　号：ISBN 978-7-5194-5104-2	
定　　价：68.00 元	

自　序

　　我念硕士研究生的时候,心里曾经因为选择了职业技术教育学而时有悔意,一方面是因为自己二外(德语)学得差而没能继续在考研的时候选择本科所学的英语专业;一方面是因为在天津大学学习了两年的职业技术教育学并未激起我对这个专业的些许热情和热爱,甚至在毕业后没能因为上了研究生而找到理想的工作,一度对学习这个专业产生了极大的怀疑。随后,我在家乡一所高职院校工作,从事的是英语教学,因此,那段时间,只要有人咨询考研的事情,我都不会太推荐他们学习职业教育,反而觉得英语很管用,也很实用,英语学好了能挣钱,能找到体面的工作,更能带来成就感和满足感。

　　然而,随着工作时间的推移,困惑也由之而来。这困惑不仅来自自己对工作现状的不满,也来自周围同事的种种经历和言论对我产生着潜移默化的影响。"拿着卖白菜的工资,操着卖白粉的心""比上不足比下有余,毕竟不是本科,社会地位低""看作者单位是大专,论文都发不出去"……老师们闲时聚起来谈论最多的不免是对高职院校发展现状的不满和各自的不安。抱怨的多了,自然也总结出几条出路,诸如"我们比着中职好多了"的知足型做法,或是持中立型态度,又或是跳槽、考研、考博等的奋进型尝试等。对于我而言,目睹着大家的各抒己见、"各行其是",不禁开始思考这困惑抑或瓶颈究竟是源于对自己的不满,还是源于对学校的不满,如果去本科院校工作,那这些不满和困惑是否会消失?如果考了研、读了博是否会找到更好的工作,进入更好的平台?

　　带着这些困惑,我决定继续我的硕士专业,我开始重新回到职业教育的领域。这一次,当我在博士入学考试的报名表上填上职业技术教育学方向的时候,我渴望通过专业学习和学术探索解答我自己的困惑以及千千万万高职院校教师们的困惑。因此,带着在高职院校工作了四年的经历,带着高职院校一线教师的亲身情感体验和教学实践,选择高职院校青年教师的职业发展问题作为博士阶段以及未来的研究主题成了我坚定不移的选择。

作为高职院校组织的一员,青年教师时刻受到来自高职院校组织和教师制度以及其他因素的影响,那么高职院校教师制度与青年教师的职业发展之间具有什么样的关系?高职院校青年教师是如何规划并选择自己的职业发展道路的?选择之后又是如何调整这个选择结果的?青年教师个人的选择行动和以教师制度为代表的结构性因素之间是如何互动的?教师们会表现出诸如我所见过的各种态度和做法是出于何种原因?他们又是在什么动机的驱使下选择跳槽抑或继续留守?为了寻找答案,我开启了这次研究,通过研究使我更加清晰地认识到高职院校、教师制度以及青年教师职业发展之间的关系和互动,也由此解答了过去多年的困惑,同时,让我进一步认识到与青年教师职业发展相关的其他诸多问题,这些问题还有待未来的深入探索和研究。在此,希望通过我的一点小小的努力为改善高职院校教师职业发展提供些许参考,也希望本研究能给有着同样处境的高职院校青年教师们带来些许启发。

学术研究的道路漫长艰辛但也充满惊喜和满足。最后,衷心感谢在本书撰写过程中帮助过我的所有老师、同学、朋友及家人,你们的鼓励和帮助是我学术生涯上下求索之路上最重要的支撑和动力!

杨爽

2018 年 6 月于苏州

目　录
CONTENTS

第一章

绪　论

在我国,职业教育的产生是西学东渐的产物,然而,现代职业教育的发展却是一个无法脱离本土和实践的问题,尤其是职业教育师资的养成及其研究表明尤甚。20 世纪 80 年代,当我国现代意义上的高等职业教育还处于初创之时,在一定意义上说职业教育教师群体的生存和成长还未受到关注,然而,世界各发达国家已经从理论到实践倡导教师职业的"专业化"发展,教师的重要性在世界各国的教育改革中均被置于相当明显的地位。从 20 世纪 90 年代末以来,我国高等职业教育在高等教育规模整体扩张的背景下得到迅速发展。近些年,规模发展初具成效之时,质量提升日益成为高等职业教育面临的严峻问题。高等职业教育教师作为影响高等职业教育质量提升的关键因素,其发展问题也成为一个重要议题。如何构建一支符合当前中国实际的职教教师队伍不仅是高等职业教育研究领域的热点问题,也是建设现代职业教育体系要研究的重点问题。但是,在构建现代职业教育体系的过程中,职教教师队伍建设还存在很多问题。根据 2010 年全国高职高专校长联席会议和全国高职高专教育教师培训联盟发布的《高等职业教育师资队伍建设情况报告》显示,目前我国高等职业教育教师队伍数量不足,"双师型"素质教师尚不能满足各学科专业教学的需要;除少数地方外,我国高等职业教育教师职称评定大多遵循普通高校的职称评审和考核标准,不能完全适应高等职业教育发展的特殊要求;"双师型"教师引进渠道不畅通;高等职业教育教师入职标准与"双师型"教师培养培训制度缺失;缺少有特色的科研,社会服务能力有限等[①]。这些问题不解决好会严重影响我国高等职业教育教师队伍的稳定和高等职业教育质量的提升。

---

① 2010 年"全国高职高专校长联席会议,全国高职高专教育教师培训联盟"的报告. 高等职业教育师资队伍建设情况报告.

一、问题的提出、背景和意义

基于对我国高等职业教育和高等职业院校青年教师职业发展的现状和相关问题的了解,本部分重点阐述论文研究的问题、问题产生的背景及研究所具有的理论和实践意义。

(一)问题的提出

当前,我国社会发展进入新的历史时期,职业教育的地位和作用日益凸显。近年来,国家出台了一系列政策措施,对发展职业教育做出具体部署,为科学筹划、全面推进现代职业教育的发展和加快构建具有中国特色、世界水平的现代职业教育体系给予了前所未有的高度重视。当前职业教育的发展已经从重视规模扩张转向更加注重内涵建设和质量提升的新阶段。为提高人才培养质量,就需要将职业院校的工作重点和资源配置更多地集中在教学上。教学质量决定了人才培养质量,而教学质量的提升和教师队伍整体水平高度相关。这就需要大力提升职业院校教师的教学水平,从而为教育质量的提高奠定基础和保障。教师的职业发展是教师整体质量提升的关键。因此,高等职业院校教师的职业发展问题关系教师队伍水平和"双师型"师资培养等诸多问题,影响到高等职业院校人才培养质量和高等职业教育发展等问题。据 2017 年中国统计年鉴的资料显示,至 2016 年年末,全国高等职业院校专任教师(具有教师资格且专门从事教学工作的人员)人数达到 46.69 万人,其中年龄在 40 周岁以下的青年教师占到 60% 左右①。青年教师作为师资队伍的主力军直接影响到高等职业院校竞争力的提升,而青年教师的职业发展问题更是整体师资队伍建设的重中之重。

现代社会是组织化的社会,高等职业院校组织作为一种社会组织,是高等职业教育教师赖以生存的基础和重要外在环境。教师作为组织成员为获得个人发展的同时也必将同时与所在组织的发展目标保持一致。可以说,联结教师个人发展和组织目标实现的一个重要纽带便是作为结构性因素的组织制度的设置。组织制度一方面对组织成员(教师)具有规范、控制和约束的作用,另一方面,教师寻求自身职业发展的过程也正是在组织制度的规约下利用组织提供的机遇和条件

---

① 参见:中国统计年鉴 2017.

获得达成目标的优势地位。可见,组织制度(社会结构)对于职业人(个人)的发展具有重要意义。那么,高等职业院校教师制度与高等职业院校青年教师的职业发展之间具有什么关系,高等职业院校青年教师进行职业发展道路的选择过程是怎么样的,他们是如何调整这个选择结果的,以及青年教师个人的选择行动和社会结构(高等职业院校教师制度等结构性因素)是如何互动的,这一系列问题正是本研究要深入探究的。

(二)问题产生的背景

1. 当前中国正处于双重社会转型期,社会结构变化对教师群体的社会心态产生影响

当前我国正处于从农业社会向工业社会、后工业社会、信息化社会转型,从计划经济向市场经济转型的双重转型阶段。前一个转型始于我国清朝末年,至今已有100多年的时间,后一个转型主要发生于改革开放政策实施以来至今的40年里。可以说,这是中国在探索自己的现代化道路上前所未遇的关键时期和重要发展阶段。与西方国家的现代化进程不同,中国的现代化进程主要指工业化进程,"一是高度浓缩了西方200多年的工业化进程,工业革命、新技术革命与后工业化革命同步进行,二是工业化与信息化同步进行。"(刘玉照、张敦福,2007)改革开放以来的40年中,我国的综合国力显著提升,经济总量飞速增长,到2010年我国的国内生产总值首次超过日本,一跃成为世界第二大经济体。然而总体经济发展的迅猛势头也伴随着双重社会转型期中不可避免的贫富差距扩大,城乡差别、工农差别、地域差别显著,"社会日益分裂为'城市-农村''中小城市-超大城市'四个世界,不同世界之间社会分层结构迥异,并且差异有加强的趋势"(李强、王昊,2014),正是这"四个世界"的分化使我国的社会结构内部出现巨大差异,形成了一种具有庞大底层社会群体的"倒'丁'字型"的社会结构。社会结构内部的严重分化势必会引起"社会结构紧张"(李强,2005),社会矛盾容易激化,新的社会问题和危机容易出现,资源分布不均衡,城乡结构性差异巨大,导致社会不稳定。在对社会结构的分析中,有学者指出,在当前社会,许多从事优势行业、收入水平高于所在城市平均水平的大学毕业生和中产阶层,在"四个世界"的比较中,自认为是"社会底层",产生这种心态的原因之一是面对不同世界的资源垄断和机

会阻隔时产生的愤怒和不满,是一种"无声的抗争",而这些"沮丧的中产阶层"①已经成为当代全球社会不稳定的主要力量,是产生社会不满情绪的主要群体。教师职业作为专门职业,教师作为履行教育教学职责的专业人员,在社会中的地位居中等水平②,面对上述"四个世界"社会结构的内部分化,教师群体社会地位的内部差异是否也会使其产生愤怒和不满的社会心态,教师群体是否也归属于"沮丧的中产阶层",社会结构的变化是否对教师群体的社会心态产生巨大影响,进而是否影响到教师的职业发展都是值得深入研究的理论和现实问题。

2. 在中国经济进入"新常态"的发展形势下,职业教育适应"新常态"发展对教师素质提出了新的挑战和要求

"新常态"是不同于过去 30 年"旧常态"的经济发展战略判断,"新常态"下我国经济发展主要呈现出三个方面的特征:(1)从高速增长转为中高速增长;(2)经济结构不断优化升级,第三产业消费需求逐步成为主体,城乡区域差距逐步缩小,居民收入占比上升,发展成果惠及更广大民众;(3)从要素驱动、投资驱动转向创新驱动(马光远,2014)。这些特征表明,"新常态"的经济发展是在从传统追求经济增长速度转到兼顾速度的基础上,更加追求经济发展的质量、效益和持续性,更加追求经济发展创新及普惠性的经济发展成果分配。在这种经济发展背景下,要使职业教育适应"新常态"的经济发展要求,需要改变以往与"旧常态"相适应的"做大"(以规模扩张为主)的职业教育,转而走注重内涵建设和质量提高的"做精"的职业教育道路(庄西真,2014)。这无疑要求职业教育在主动适应并服务经济发展"新常态"、努力推进自身改革创新的同时,加强职业院校教师队伍的建设,提升教师素质,优化教师队伍,提升教师地位,以便为人才培养模式的改革创新提供师资保障。2014 年 5 月国务院发布的《国务院关于加快发展现代职业教育的决定》中强调,职业教育加快建设"双师型"教师队伍,完善教师资格标准,实施教师专业标准,提高职业院校教师的科研能力和教学研究水平,并提出加强教师现代

---

① 来源于 Carol Graham 和 Soumya Chattopadhyay 的文章"The Decade of Public Protest and Frustration with Lack of Social Mobility",具体可参见 http://www. brookings. edu /blogs /social-mobility-memos/2014/03/07　the-decade-of-public-protest-and-frustration-with-lack-of-social-mobility.

② 根据《2013 年全球教师地位指数》研究报告显示,在对包括巴西、中国、捷克、埃及、芬兰、法国、德国、希腊、以色列、日本、美国、英国、日本、新加坡等 21 个国家的上千名受访者的调查中,平均而言,在 14 个专门职业中,教师地位排名第七,显示教师在社会中的地位居中等。

信息技术应用能力培训,将现代信息技术应用能力作为教师评聘考核的重要依据。① 2017 年 3 月 12 日,十二届全国人大五次会议新闻中心召开的记者会上,教育部部长陈宝生就"教育改革发展"的相关问题回答中外记者提问的时候,特别强调"加强师资队伍建设。我们叫作'双师型'队伍,既可以操作又可以教学,有的来自工厂,有的来自学校,但是他们是'双师型'的人才,这对于提高教育质量非常重要"。这些无疑是对高职院校教师素质和专业能力提出的新挑战和高要求。为适应经济发展"新常态",适应未来的信息经济社会,教师素质的提升和教师职业的专业化发展越来越受到社会、政府、学校的高度重视。

3. 高等职业院校发展和教育改革深入推进的关键在于教师,高等职业院校师资水平直接影响高等职业教育的内涵式发展

从 20 世纪 90 年代开始,我国高等职业教育进入快速发展时期。到 2009 年,全国独立设置的高等职业院校有 1215 所,招生人数达 313.4 万,在校生人数达 964.8 万,高等职业教育占据了高等教育的半壁江山,全国 90% 以上的地市至少有一所高等职业院校②。到 2015 年,全国独立设置的高等职业院校达到 1341 所,招生人数 348 万,毕业生人数 322 万,在校生人数 1048 万,占到高等教育的 41.2%。③ 高等职业教育的蓬勃发展,对高职院校师资队伍水平的提升提出了进一步要求,尤其是在当前我国高等教育进入大众化发展阶段的背景下,党的十八大报告要求推动高等教育的"内涵式发展",这也为新时期高职院校师资队伍建设指出了新的发展方向。从强调规模扩张到注重质量提升的转变使我们看到提升高等职业教育质量,促进高等职业教育内涵式发展的关键在于教师。教育大计,教师为本。对于高职院校教师来说,与普通高校相比,他们面对的教育对象"具有群体上的弱势性特征,与普通的精英应试教育具有明显的差异"(王清连、张社字,2008)。与普通院校学生相比,职业院校学生知识储备水平较低,心理素质较为脆弱,需要在教育过程中得到更多的指导。这要求职业院校教师不仅仅扮演着一般教师的知识传授者角色,还要扮演特殊角色,如学生就业、择业、创新创业的指导者、职业道德规范的倡导者、行业文化的传递者及心理教育者等多重角色。因此,

---

① 参见:2014 年 5 月 2 日颁布的国发[2014]19 号文件. 国务院关于加快发展现代职业教育的决定.

② 参见:中国高等职业教育年度报告(2009 年).

③ 数据来源于"高等职业教育质量稳步提升,一批高水平学校快速成长",具体可参见 http://www.moe.edu.cn/jyb_xwfb/xw_fbh/moe_2069/xwfbh_2016n/xwfb_160628/160628_sfcl/201606/t20160628_269903.html.

高职院校教师自身的角色定位会直接影响其与学生的互动和教学效果,进而影响到高等职业教育整体质量的提升,而这一切又都与教师自身素质、专业化水平和职业发展状况密不可分。

(三)研究意义

国内外关于高等职业教育的研究历来有着极其丰富的历史、理论和实践研究,对于职业教育教师的发展问题也一直是教育研究者和实践者所重点关注的领域。然而,关于高等职业院校青年教师在职后的职业道路选择问题却始终未引起研究者们的足够重视。就笔者目前所掌握的资料而言,对该问题的研究还缺乏较为深入、系统的著述,主要散见于期刊论文或专著的个别章节中。因此,本研究在理论和实践方面均具有重要意义。

1. 理论意义

(1)从关注整体到聚焦个体。关于高等职业院校教师的职业发展问题的研究,学术界已有的关注点多集中于师资队伍的整体建设和静态管理上面,例如"双师型"教师、高级职称教师及高学历教师的比例;教师进修或培训的频次;教师参与企业实践的时间;兼职教师比例等。而对于教师个人的职业发展规划、选择意愿、影响因素、选择之后的调整等一系列较为微观的、个体化的问题则关注较少,故本研究试图对这方面进行深入的理论和实践分析。

(2)关注个人与结构的互动问题。本研究回应了社会学领域的一个核心问题,即个人和结构的互动。在对高职院校青年教师个人的职业道路选择这一个体行动进行研究时,若按照有意识决定的逻辑来思考实践,最为典型的便是依据理性选择理论来剖析青年教师个人的选择行动,即强调个人偏好的恒定性和连贯性,那么结构性因素(高职院校教师制度)的影响作用则被极大地忽略了。因此,若要更好地解释选择行动,除了认识到行动者面对的各种限制,还要更深入地分析结构与个人、客观与主观之间的复杂关系。机械决定论的结构主义和智力决定论的主观主义显然均不能完成这项任务,需要从决定论的逻辑转向个人与结构互动的二重性逻辑。正如安东尼·吉登斯(Anthony Giddens)所言,结构既是行动的中介,又是行动的结果。对个人来说,结构不是"外在"的,结构作为记忆痕迹,具体体现在行动者的各种社会实践中,是"内在于"行动者的活动(吉登斯,1998)。本研究正是从个人行动切入,同时也关顾社会结构的作用及其与个人的互动,从对客观静态的结构的关注转向对行动者动态实践过程的关注,打破了教师职业发展研究中只见制度和结构,不见个人和行动的研究现状,弥补了本土研究中个体行动取向的缺乏。

2. 实践意义

在我国,青年教师是高校重要的学术人力资源和师资队伍的主力军。高等职业院校青年教师能否在工作中履行教师职责是直接影响高等职业教育能否实现长期可持续发展的关键。青年教师的职业规划、目标制定、专业发展等一系列与其职业发展相关的重要问题,不仅牵涉每个青年教师个人和所在院校,也是教育研究者和政策制定者理应重视的议题。但是,有关此问题的本土研究仍然把关注重点放在外在的、静态的师资队伍建设(或管理)层面、难免忽视了内在的、动态的教师个人的职业发展过程,以及在此过程中的不同阶段,教师个人所做出的职业道路选择对其个人,乃至教师队伍整体所产生的影响。这种由外而内的、宏观的、整体性的倾向于"管理"(或"治理")的思维模式相比较由内而外的、微观的、过程性的倾向于"发展"(或"提升")的思维模式,不可避免地忽视了青年教师职业发展过程中的诸多问题,使得青年教师的职业道路选择过程成为一个黑盒,无法充分揭示师资队伍建设(或管理)对教师个人职业发展的作用机制。本研究通过对青年教师个人职业道路选择行为的关注,试图打开这一黑盒,为高等职业院校教师职业发展研究提供更为丰富的视角,同时为进一步解决高等职业教育质量提升问题、促进现代职业教育体系构建提供一些启示,找到一些教育研究者和实践者可作为的空间。

二、概念界定

(一)高等职业院校青年教师

联合国教科文组织(UNESCO)和世界劳工组织(ILO)认为教师是指在学校里负责教学生的所有的人。如果以此定义高等职业院校(以下简称高职院校)教师,就是指所有在高职院校里负责教学生的所有人。然而,由于世界各国教育体制的差异、职业学校类型和课程结构的不同、对职教教师的认识和价值观的分歧都影响着如何给职教教师下一个准确的定义。本文要讨论的高职院校教师主要指在我国公办高等职业技术院校中具备高校教师资格、专门从事一线教育教学和科研任务的专职教师,他们是教育教学活动最直接的体现者。我国曾在20世纪末设立"高职院校青年教师奖"时,将青年教师的年龄划定为35周岁以下,随后因考虑到此年龄段以下教师无论在教学还是科研上较难取得突出成就,自2003年起,教育部将青年教师年龄界限放宽至40周岁(自然科学类工作者)和45周岁(社会科学类工作者)。联合国世界卫生组织于2013年确定了新的年龄分段:44岁以下为青年人,45岁至59岁为中年人,60岁至74岁为年轻老年人,75岁至89岁为老年人,90岁以上为长寿老人。此外,科学研究表明自然科学和社会科学的创造力和取得的成就与人的年龄有关,通常一个人开始成才的年龄介于25岁至40岁之间(林崇德,2002)。综合考虑以上各种因素,本研究将高职院校青年教师界定为年龄在40周岁(含40)以下在高职院校从事教育教学、科研以及教学管理等任务的专职教师。

(二)职业发展

职业(vocation)与人类社会发展密切相关,是一定社会分工的产物,反映了一种或多种社会需求。对个人而言,职业为物质生活和精神享受提供保障,同时,个人也必须具备一定的专门知识、技能或技巧来承担职业,并为社会创造物质和精神财富。职业与工作不同,工作(work)可以是今天干这个,明天干那个,而职业则通常具有连续稳定的阶段性特征。因此,一个人在选定好较稳定的职业之后,则开启了职业发展的历程,它贯穿一个人的整个职业生涯。职业发展①包含两层含义:1. 就个人来讲,为了使自己能够在工作中取得进步、持续发展和得到满足感,他们对自己理想的职业进行不懈的追求,不断对自己的职业发展进行规划;2. 从人力资源部门的角度看,对个人制定职业计划应予以重视和鼓励,并结合组织的需要和发展,给员工以多方面的咨询和指导,还要创造条件帮助其实现个人的职业目标(陈天祥,2011)。本研究重点阐述的是高职院校青年教师的职业发展问题,主要从青年教师个人角度审视教师对自身职业发展进行的目标确立、规划过程和道路选择等问题,并从青年教师作为专业人和组织人的双重身份来考察其职业发展过程中专业态度、能力、职称晋升、组织认同、自身素质及福利待遇提升等几个方面的内容。

---

①　职业发展这一概念历来有多种表述方式,如生涯、生涯发展、职业生涯发展、职业发展等,鉴于上述各种表达的内涵大体相似,本研究统一使用"职业发展"这一表述来指代一个人在从事某种职业中所经历的工作、生活、心理的全部发展变化历程。

此外,关于教师发展的研究多涉及"教师职业发展"和"教师专业发展"这两种表述,因此,这里有必要对这两个容易混淆的概念进行简要辨析。首先,对于"教师专业发展"(professional development)一词,我国学者叶澜曾做过如下解析:按照不同的构词方式,汉语中"教师专业发展"可以有两种理解,一种是"教师专业·发展",另一种是"教师·专业发展"。前者意指教师所从事的职业作为一门专业,其发展的历史过程;后者指教师由非专业人员成为专业人员的过程(叶澜,2001)。据此,笔者认为,"教师·专业发展"可以理解为教师个体通过持续的新知识积累和成长来获得专业能力提升的历程,是把成长为一个成熟的专业人员作为最终目标的过程,它"不仅包括教师个体生涯中知识、技能的获得与情感的发展,还涉及与学校、社会等更广阔情境的道德与政治因素"(卢乃桂、钟亚妮,2006)。而"教师专业·发展"可以等同为本研究所指的"教师职业发展"(career development),即指一个人在从事教师这一职业后所经历的与教师工作紧密相关的职业素养、能力、品德等方面的发展历程。因此,"教师职业发展"是一个涵义更广的概念,它包含了"教师·专业发展"的概念。

(三)"双师型"教师

"双师型"教师概念的正式提出始于20世纪90年代,是中国特有的一个关于职教师资的概念。因为截至目前,尚未在国际职业教育研究中看到其他国家在描述职教师资时使用这个概念。并且,这个概念是基于中国特定情境下催生的一个颇具"情境性"特征的概念(孙翠香、卢双盈,2013)。"双师型"教师是职业教育对专业课教师的一种特殊要求,即要求专业课教师具备两方面的素质和能力:既要像其他高校教师一样,具有较高的文化水平和专业理论水平,有较强的科研、教学能力和素质,又要像企业的工程师那样,有熟练的专业实践技能,有一定的组织生产经营能力、科技推广能力以及指导学生就业创业的能力和素质。

多年来,我国对"双师型"教师的内涵解读众说纷纭,未有统一定论,概括起来比较有代表性的说法有:"双证"说(同时具有教师资格证和职业技能证)、"双能(双素质)"说(兼有教师和技师的职业素质及能力)、"叠加"说("双证"+"双能")、"双职称"说(既有讲师职称也有工程师职称)、"双层次"说(第一层为经师+技师,第二层为人师+事师)、"特定情况"说(考虑当前我国职业院校重理论、轻实践的背景)等(刘猛,2012)。无论如何理解,讨论者都认为"双师型"教师需要同时具备两种职业特征、素养及人格特质,成为能够将专业理论素养和专业实践能力"双重"素质融为一体的教师。当今,在以智能制造为主导的新工业革命的驱动下,产业转型升级呼唤职业教育的改革创新和职业教育教师素质及能力的提升。在新时代背景下,"双师型"教师理应被赋予新的内涵,如强化教师具备开发和变革课程的能力、掌握先进的课程和教学理念并熟练使用现代教育技术设备和手段;教师具备自我职业生涯教育和面向学生的强调创新创业素质与能力教育在内的当代职业生涯教育等方面(南海、郭建芳,2016)。在高职院校中,是否具备"双师型"素质成为衡量教师职业能力高低的一个重要指标。近年来,"双师型"素质专任教师的比例也在逐年提升。据统计,到 2016 年,全国有 356 所高等职业院校达到"专业基础课和专业课中双师素质教师比例达 70% 以上"的优秀标准,比上年增加 27 所(上海市教育科学研究院、麦可思研究员,2016)。本研究所指的"双师型"教师是高职院校中的专职教师,他们是兼具教育教学能力和专业实践操作技能的复合型人才,且同时具有高等学校教师资格证书和与所教专业相关的职业资格证书。

(四)高等职业院校教师制度

制度是指一套行为规则,这些规则涉及社会、政治及经济行为,通常被用于支配特定的行为模式与相互关系(卢现祥,1996)。高职院校教师作为高职院校组织的重要成员,其行为受到一定外界规则制度(包括正式制度和非正式制度)的约束、监督和控制。本研究关于高职院校教师制度的探讨涉及正式教师制度和非正式教师制度。其中正式教师制度主要指由国家政府层面、教育行政主管部门以及具体的高职院校所制订并实施的用来规范和约束高职院校教师的教育教学活动和职业行为的一系列规章制度。这些规章制度通常以法律条文或政策文件的形式在实操层面发挥作用,包含教师资格制度、培训制度、考核制度、晋升制度、薪酬制度等几个方面。非正式教师制度主要讨论社会文化传统、市场以及高职院校组织氛围和管理风格等方面的内容。

三、文献综述

与本研究探讨主题相关的研究理论和研究成果及实践应用可以概括为高职院校青年教师职业发展研究和高职院校教师制度研究两个方面。

（一）高职院校青年教师职业发展研究综述

为了阐述高职院校青年教师职业发展的相关研究，有必要先从教师职业发展的理论和相关研究入手进行文献梳理。本部分首先对教师职业发展的相关理论和研究成果进行简要概述，接着再重点梳理已有研究对高职院校青年教师职业发展所做的相关分析及理论和实践探索。

1. 教师职业发展研究综述

国内外学者关于教师职业发展的研究重点集中在教师职业发展阶段研究、教师职业发展影响因素研究以及促进教师职业发展的策略研究等几个方面。以下重点梳理与本研究主题密切相关的前两个部分内容。

（1）教师职业发展阶段研究

教师职业发展阶段的理论研究最早源于 20 世纪 50 年代美国学者福勒（Frances Fuller）出版的著作《教师关注问卷》（Teacher Concerns Questionnaire）（1969）。福勒等人提出教师职业发展过程中所关注的事物会依据一定的次序更迭而呈现出四个不同阶段，即教学前关注（preteaching concerns）、早期生存关注（early concerns about survival）、教学情境关注（teaching situations concerns）及关注学生（concerns about students）（杨秀玉，1999）。由此开启了研究教师职业发展的全新视角和框架，此后学者的研究多借鉴此理论，虽然提出的理论模型各具特色，但都把教师职业发展问题聚焦于探讨教师整个职业发展所经历的变化过程、所呈现的阶段性基本特征、发展规律及所面临的问题等方面，并且都基本上以时间（教龄或年龄）为主要划分维度来阐述以上诸问题。这里简要列举一些有代表性的国外研究者及其理论，详见表 1.1 所示。

表 1.1　国外研究者关于教师职业发展阶段的理论

研究者	教师职业发展阶段理论
（美）卡茨 （Lilan G. Katz）	四阶段论：求生存时期（survival）、巩固时期（consolidation）、更新时期（renewal）、成熟时期（maturity）（Raths J. D&Katz L. G，1986）
（美）伯顿 （Paul Burden）	三阶段论：求生存阶段（survival stage）（从教一年左右）、调整阶段（adjustment stage）（从教三到四年）、成熟阶段（mature stage）（从教五年或五年以上）（杨秀玉，1999）

研究者	教师职业发展阶段理论
（美）费斯勒 （Ralph Fessler）	八阶段论：职前教育阶段（pre-service）、引导阶段（induction）、能力建立阶段（competency building）、热心成长阶段（enthusiastic and growing）、生涯挫折阶段（career frustration）、稳定和停滞阶段（stable and stagnant）、生涯低落阶段（career wind down）、生涯退出阶段（career exit）（费斯勒，2005）
（美）柏林纳 （David C. Berliner）	五阶段论：新手阶段（novice）、进步的新手阶段（advanced beginner）、胜任型阶段（competent）、业务精干型阶段（proficient）、专家型阶段（expert）（李定仁，赵昌木，2003）
（美）司德菲 （Betty E. Steffy）	五阶段论：预备生涯阶段（anticipatory stage）、专家生涯阶段（expert stage）、退缩生涯阶段（withdrawal stage）、更新生涯阶段（renewal stage）、退出生涯阶段（exit stage）（Steffy，1990）
（法）休伯曼 （Michael Huberman）	生命周期阶段论：入职第1—3年的入职期（career entry）、工作第4—6年的稳定期（stabilization phase）、工作第7—25年的实验和歧变期（experimentation and reassessment）、工作第26—33年左右的平静和保守期（serenity and conservatism）、工作第34年以后的退出教职期（Huberman M&Schapira A,1979）

　　基于国外学者已有的研究理论，我国学者自20世纪90年代开始普遍关注教师职业发展周期问题，并提出了多种不同的阶段性划分方法，做出了许多有益的本土化探索。例如，王诞生根据休伯曼的"生命周期阶段理论"分析教师职业生涯，提出教师职业发展的五阶段模型：1–3年为生涯起点；4–6年为稳定阶段；7–18年为行动主义阶段或自疑阶段；19–30年为平静阶段或保守主义阶段；31–40年为脱离阶段（黄义良，2001）。周文霞依据教师年龄将教师职业发展划分为4个时期，提出教师职业生涯发展的四阶段论：职业探索阶段（参加工作到25岁左右）、职业建立阶段（25–35岁左右）、职业中期阶段、职业后期阶段（周文霞，2004）。贾荣固将教师大学期间4年的职业学习、实习、岗位培训等也看作是教师职业的准备时期，认为从23岁起到55或60岁退休，教师的职业生涯有30多年且呈现阶段性特征，整个生涯周期可以划分为七个阶段：（1）职前准备期：主要指大学四年的专业学习和实习；（2）上岗适应期：大约1—2年时间；（3）快速成长期：从初步适应后到30岁高峰期；（4）"高原"发展期：30—40岁；（5）平稳发展期：40—50岁；（6）缓慢退缩期：50—60岁；（7）平静退休期：临近退休时，要有心理准备，平静地离开岗位（贾荣固，2002）。台湾师范大学高强华教授将教师职业发展分为八个阶段：职前教育阶段、实习导引阶段、能力建立阶段、热切成长阶段、挫折调适阶段、稳定停滞阶段、生涯低温阶段和退休落幕阶段（高强华，1996）。

　　以上研究者对教师职业发展阶段的各种划分方法虽不尽相同，观点各异，却有着相同的理论前提和基本思路,即都假设教师从教时间的长短和职业发展的成熟度有高度相关性。因此都以教龄(或年龄)作为划分职业发展阶段的一个重要依据,并认为随着从教时间的增加,教师教育技能的提升、经验积累和组织、制度、政策、社会环境等因素的变化会带来教师职业心理和职业发展的变化。这种动态变化并非没有规律可循,得到广泛认可的是,处于相同教龄阶段的教师往往表现出大体相同的职业特征和需求、教学态度、心理特征和职业发展目标等,教师的整个职业发展周期大体上都会经历适应、成长、成熟、停滞、调整、超越、退出等几个阶段,基本呈现着"上升态—高平态—缓降态"的发展趋势(贾荣固,2002)。我国学者程振响将教师职业的这种周期发展阶段和状态称之为"第一周期曲线理论",并借用美国学者莫里森(Lan Morrison)的"第二曲线"理论提出"第二周期理论"进一步解释教师职业发展的历程。该理论认为第一周期曲线是一条理想的、理论的平滑曲线,但在实际中,教师职业发展会经历不同时期或起或落的情况(如起始期、成长期、成就初期、成就高峰、下降期和衰败期),尤其中间的鼎盛期是由多个波峰和波谷组成的。不少教师的工作状态常常是波峰波谷交替或杂糅在一起的复杂状态,有时是一种上升,有时是一种停滞甚至倒退。这时教师想要跳出"从进步快到进步慢,再到停止进步,甚至到退步"这个怪圈,就需要发挥自己的主观能动性走出波谷,迁移到第二周期曲线(见图1.1所示)。第二曲线不是一成不变的,"变化"是确定和正常的,经过一段时间,时空改变了,第二曲线又变成第一曲线,因此又要开创新的第二曲线,如此循环更替(见图1.2所示)。

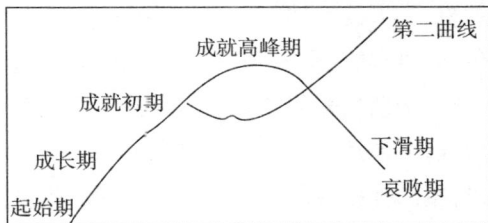

图 1.1 教师职业发展的第二曲线图

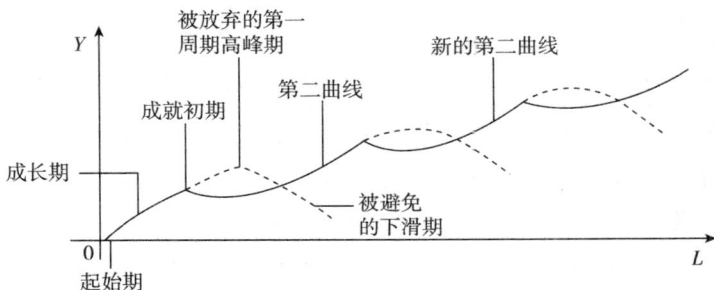

图 1.2 新一轮的"第二曲线"图

本研究得益于上述理论和研究成果的启发,在对高职院校青年教师职业发展进行分析的时候也注意到青年教师在经历不同职业发展阶段时势必会呈现不同的特征和状态,而又由于本研究对青年教师年龄界定为40周岁(含40)以下,因此,他们的职业发展阶段主要集中在从入职初期起到即将经历倒退期之前的一段时期内,这是本研究将进行重点分析的时间段。同时,由于青年教师个体差异性的存在,笔者认为并非每个教师都会经历上述理论中发展的每个阶段,教师也并非会严格依循各阶段的先后顺序依次发展,故本研究将重点关注教师个体的职业发展规划和路径选择问题,以期从微观视角切入,具体考察教师的职业发展样态。此外,上述研究多聚焦于描述、概括或归纳教师实际经历的职业发展情形,可以看作是一种"实然研究"或"事实描述",而在此研究基础上,还未构建出一条或几条可行的、理想的教师发展路线,相应的"应然研究"或"规范研究"还较为缺乏。

(2)教师职业发展影响因素研究

国外关于教师职业发展影响因素理论产生于20世纪60年代末。美国学者费斯勒(Ralph Fessler)把影响教师职业发展的所有因素总结为两大方面,即个人环境因素和组织环境因素。个人环境因素包括家庭因素、积极的关键事件、生活危机、个人的性情与意向、个人的兴趣或嗜好、生命阶段六个方面,组织环境因素包括学校的规章、管理风格、公共信任、社会期望、专业组织、教师协会六个方面。同时,费斯勒采用社会学的研究方法,将教师的职业生涯分为一种动态的变化的历程,共包括八个阶段:职前教育阶段,引导阶段,能力建立阶段,热心和成长阶段,生涯挫折阶段,稳定和停滞阶段,生涯低落阶段及生涯退出阶段,在他提出的职业生涯发展的八阶段论中,个人环境和组织环境对处于不同阶段的不同教师产生的影响也不同,因此他依据这些影响因素对每个阶段的教师具有的成长需求、可提供的激励措施和支持体系都做了详细分析和说明(费斯勒,2005)。美国学者格拉特霍恩(Allan A. Glatthorn)认为影响教师职业发展的因素主要有三个:个人因素(Personal Factors),如个人的认知发展、生涯发展、道德发展、人际关系发展及动机发展等;情境因素(Contextual Factors),指与教师生活、工作相关的环境因素,包括社会和社区、学习系统、学校、教学小组或部门、教室等;促进教师发展的特殊介入活动因素,如临床指导(Clinical Supervision)等,该项措施在20世纪80年代被视为教师素质提升的最有效方法(Glatthorn,1996)。除了以上从宏观视角研究教师职业发展的影响因素以外,也有研究者从局部的影响因素入手,进行深入分析。例如凯尔斯和布莱克伯恩(Cares&Blackburn)通过对7534名大学教师职业发展状况进行的问卷调查发现,影响大学教师职业发展的关键因素涉及教师对高等教育的信任度、教师所在院系的民主程度以及教师个体对工作环境的控制机会等方面。马特尼（Matney）在其博士论文《影响大学教师创新教学实践的制度与学科因素》中指出大学的制度文化是影响教师自我学习和教学创新的一个重要因素。

国内关于教师职业发展影响因素的研究成果较为丰富。20世纪末，我国台湾学者饶见维指出影响教师专业发展的因素可以分为校内因素和校外因素两大类，校内因素有学生、教师、教育目标与课程教材、教学资源、教学活动、辅导与班级活动、校长与学校行政、学校的组织文化与人际网络八个因素；校外因素包括教育行政机构，相关制度与政策，社区、相关人员对教师的角色印象与期望，相关人员对教育的基本理念，社会情境与文化六个因素（饶见维，1998）。另外，傅道春认为影响教师职业发展的因素包括多个方面，如政治、经济、文化等社会因素；教师所在高校的组织因素；家庭因素及个人因素等（傅道春，2002）。2003年教育部师范教育司编著的《教师专业化的理论与实践》一书中指出，教师专业发展受到多种不同因素的交互影响，如教师幼年在学生时代的生活经历、主观经验和人格特质等为进入师范教育前的影响因素；进入师范教育阶段，师范生同时受到正式课程和潜在课程的双重影响；任教后又会受到学校环境、教师的社会地位、生活环境、学生、教师同辈团体等的影响（教育部师范教育司，2003）。此后，我国研究者多从影响教师职业发展的内外部因素入手，分析影响教师专业发展的个人、家庭、学校、社会及国家政策和法律法规等多方面因素，体现出教师职业发展影响因素的多样性和复杂性特征。

基于以上已有研究成果，本研究选取"制度"这一切入点，并将高职院校教师制度作为影响青年教师职业发展的诸多结构性因素中一个不容忽视的重要方面加以深入剖析。

2. 高职院校青年教师职业发展研究综述

（1）国外研究回顾

高等职业教育在国外兴起于"二战"之后，其规模发展主要在20世纪六七十年代；然而我国高等职业教育的发展始于20世纪80年代，其规模发展在90年代末期。因此，国外对高等职业教育的研究要早于我国几十年，这对我国后来进行相关研究产生了重要影响。此外，由于世界各国高等教育体制各不相同，实施高等职业教育的院校，其在名称、学制、组织形式、招生对象、招考制度、培养目标等方面存在较大差异，故无法将国外的高等院校直接等同于我国的高职院校。为了研究便利，本研究将其他国家在高等教育阶段实施职业教育的高等院校与我国的高职院校进行类比，并选取德国、美国、日本三个高等职业教育发展成熟的国家为典型代表,对高职院校教师的培养和职业发展等相关问题进行文献综述。

　　①德国高职院校教师职业发展问题研究回顾

　　综观相关研究文献,可以发现,对德国高职院校教师的研究主要集中于教师教育(师资培养)及教师专业化发展两个方面。沃尔德玛·鲍尔(Waldemar Bauer)在《德国职业教育教师》一文中详细介绍了德国职业教育教师专业的历史发展、教师教育的三种模式(西南地区的工程师模式、普鲁士的研讨班模式、汉堡和图林根独立的职业教育模式)、职业教育专业人员的就业领域以及职业教育的师资培养等问题。德国职业教育教师的培养问题一直受到高等教育界和各行业领域的极大重视,从19世纪早期巴登和符腾堡公国的产业监管政策提出在大学系统中培养职业教育教师,到20世纪20年代开始特别强调职业教育教师培养的专业化和学术化倾向,再到20世纪60年代全面实现了职业教育教师教育的专业化。除了在大学中进行职业教育的师资培养,教师的在职培训也是提高教师专业技能、满足教学需求的一条有效途径。然而,鲍尔指出,在职教师的培训内容多聚焦于与专业有关的技术知识或技能的传授,而对教育学方面的相关知识和技能则未给予足够重视。此外,教师参加培训的课程出勤率也不会对教师的评价、薪酬或职业发展产生直接影响,仅会带来一定的间接影响,例如当教师在申请高级职称的时候,正常的课程出勤率会对申请者起到积极作用(Grollmann, P&Rauner, F,2007)。

　　2004年,联合国教科文组织职业技术教育和培训国际中心(UNESCO-UNEVOC)在杭州举办国际会议,在世界范围内开启了关于“如何通过职业学习促进职业教育教师教育的发展”这一议题的讨论和研究。2006年,UNESCO-UNEVOC发布的《博洛尼亚宣言与德国职业技术教育师资培训新模式》公报中,详细介绍了实施博洛尼亚宣言后,德国进行的对职业教育教师培训的三种模式(连贯模式、补充模式、混合模式)的探索;学士和硕士两级学制课程间的转移;实践培训的提升方案以及学位课程的国际化实施状况和存在的问题等 (Brünning F&Shilela A,2006)。另外,Frank Bünning教授和我国学者赵志群合著的《TVET Teacher Education on the Threshold of Internationalisation》一书对提高职业教育教师的专业化水平、加强职业教育教师专业能力的国际化合作、在职教师的职业培训和可持续发展以及促进“国际职业教育师资硕士课程框架”的发展重要性和具体实施计划等内容进行了相关理论研究和具体案例阐析(Brünning F&Zhao Zhiqun,2006)。欧盟职业培训发展中心(CEDEFOP)发布的一系列报告,例如《职业教育和培训的现代化》《职业教育和培训:展望未来》等都对德国职业教育教师的职业角色和能力进行了分析并提出提高职业能力、促进职业发展的有效策略。这些均是对德国职业教育教师培养体系进行的较为全面的研究,体现出师资培养和职业教育教师专业化发展始终是德国职业教育教师研究领域的重中之重。

除了以上对于职教教师培养问题的普遍关注以外,近年来,也有学者将关注点放在德国职教教师职业发展问题的某个具体的、微观的层面来深入研究。例如菲利普·葛洛曼(Philipp Grollmann)在《职业教育教师质量:教师教育,制度角色和专业现实》一文中从职业教育教师职业发展的实际情况和其所处的制度文化环境中来考察高质量的职业教育教师的培养和聘任条件。他指出相比较于英国、巴西、日本、丹麦、美国、法国、挪威、土耳其、俄国、中国等,德国对职业教育教师的学历资格要求较高,即需要具备硕士学历;在教师培养的内容方面,德国北部的教师教育机构主要采用的是从职业学习到教师教育转换的范式,其重点在于培养教师掌握学科知识和职业技能之间的转换和融合能力;德国职业教育教师所在的学校和制度环境对教师的职业发展影响较大,职业院校和职业教育教师享有的专业自主权较为有限,这从长远来看并不利于创新。葛洛曼特别强调提高职业教育教师质量和培养效果不能仅仅依赖传统的专业化发展模式(通常在大学系统中进行的正式的、高水平的教师教育模式,聚焦于学历、专业能力提升和充足的职前准备教育),替代模式(灵活的在职培训,聚焦于具体职业现实和未来挑战,同时考虑教师所在院校环境和制度文化等客观因素维度)同样是促进职业教育教师专业能力提升和职业发展的有效途径(Grollmann,2008)。

从以上研究成果可知,对于德国高职院校教师职业发展问题的研究虽然早已进入职业教育研究者和实践者的视野,相关研究文献数量众多,但其研究主题主要围绕教师培养和专业化发展这个核心,对于具体职业院校教师职业发展的具体准确的、理论充分的、实证的描述还较为欠缺,尤其是对于高职院校教师个人层面的职业发展规划和路径选择、教学实践质量和效果、相关教师制度对个人职业发展的影响等方面的研究也存在不足。

②美国高职院校教师职业发展问题研究回顾

美国高职院校教师群体主要是指社区学院中的教师。在美国,社区学院教师没有受到从事高等教育研究的研究者们的足够重视,甚至更糟的是,社区学院教师通常被认为是"独立的,影响力较小的一类教授群体"而长期被人们所忽视。对于高等教育教师群体的研究主要集中于研究型大学教师的终身教职、晋升和绩效工资方面,对于社区学院教师队伍的构成和职业发展状况的相关研究则屈指可数。有学者统计,自1990年到2003年间,发表在美国高等教育领域最主要的五种期刊[大学生发展(Journal of College Student Development)、高等教育(Journal of Higher Education)、美国全国学生人事管理者协会期刊(NASPA Journal)、高等教育研究(Research in Higher Education)和高等教育评论(Review of Higher Education)]中只有 8% 的期刊论文是关于社区学院的(Townsend, Donaldson, Wilson, 2005)。对社区学院教师的研究往往出现在高等教育教师的研究中,并对其做基本的概括性介绍。诸如在《新学术时代——职业转型》(The New Academic Generation：A Profession in Transformation)(Finkelstein, Seal, Schuster, 1998)和《美国大学教师:重组学术工作和职业》(The American Faculty：The Restructuring of Academic Work and Careers)(Schuster&Finkelstein, 2006)两本著作中,虽然涉及社区学院教师,但却是作为与四年制大学教师在学术工作和职业生涯方面进行的对比研究,而对社区学院学生、教师及教师职业发展状况的研究则十分不深入。此外,研究大学教师的学者们习惯性地用分析四年制大学教师的思维模式和理论框架来"套用"到社区学院教师身上,并且对社区学院教师的专业化程度、学术地位及教师的能力资格等方面给予很低的评价。美国著名高等教育学者伯顿·克拉克(Burton R. Clark)在其著作《学术生活——小小世界、不同世界》(Academic Life：Small Worlds, Different Worlds)中指出,与四年制大学的教师相比,社区学院教师是能力不足的(deficient),尤其是当学术生活的标准是由研究型大学的教师群体来制定的情况下(Clark, 1987)。近年来,随着经济发展和科技进步给高等教育带来的影响以及学生需求的变化,社区学院为学生进入四年制大学前提供了很好的过渡性教育,社区学院的发展越来越受到社会和学术界的重视,有关社区学院教师研究的著作相继问世。其中最具影响力的是柯恩和布拉尔(Arthur M. Cohen & Florence B. Brawer)的《美国社区学院》(The American Community College)(Cohen&Brawer, 2003)一书,较为全面地介绍了美国社区学院的机构组成、学生、教师、课程及各职能部门的运行机制和面临的挑战等。被美国社区学院协会主席博格斯(George R. Boggs)称为想要了解美国社区学院的必读书和最重要的参考书。此外,关于社区学院教师的著作还有《一个被忽视却值得尊重的群体:社区学院教师内部观察》(Honored But Invisible：An Inside Look at Teaching in Community Colleges)(Grubb, 1999),运用质性研究方法深入考察了全美 32 所社区学院中人文、科学以及职业技术专业的教师如何运用教学方法和开展教学活动;《社区学院教授概要,1975 - 2000》(A Profile of the Community College Professorate, 1975 - 2000)(Outcalt, 2002)一书的作者主要分析了社区学院教师职业的专业化问题;《社区学院教员:新经济时代的工作》(Community College Faculty：At Work in the

New Economy）（Levin，Kater，Wagoner，2006）综合了量化和质性研究方法,考察了在全球化经济时代,社区学院教师作为专业职业的角色和其影响力。这些著作都选取了一个特定的角度来研究社区学院教师,虽然研究深度和视角值得肯定,但对社区学院教师整体的、综合性的考察则较为不足。而无论是关于社区学院教师的学术著作还是专业期刊中的论文,对于教师群体的特征、来源和结构、工作满意度、职业发展、聘任、制度性因素对教师职业的影响、专业化进程等方面虽都有涉及和介绍,但其研究深度和广度还有待进一步探究。为了弥补对社区学院教师群体研究的不足,堪萨斯大学的通布利（Susan B. Twombly）教授和密苏里大学哥伦比亚分校的汤森（Barbara K. Townsend）教授在《社区学院教师：一个被忽视和被低估的群体》（Community College Faculty：Overlooked and Undervalued）一文中对社区学院教师的组成、工作概况、职业发展、专业化、制度性因素对教师发展的影响等各方面做了较为全面和深入细致的研究（Townsend&Twombly，2007）,为考察美国社区学院教师群体提供了卓有价值的参考和借鉴。

③日本高职院校教师职业发展问题研究回顾

学术界对日本高等职业教育的研究较为成熟,但是聚焦于日本高职院校教师职业发展问题的专项研究目前尚无经典的著述或研究文献可供借鉴和参考。关于这一问题的相关研究散见于对日本职业教育和日本高等职业教育的研究文献中,例如佐佐木享的著作《近代日本职业教育、职业训练相关研究概况》（职业与技术教育学,2006 年第 17 号）和《现代日本的职业教育和职业培训研究概述》（Rauner&Maclean,2008）一文中对日本高等专门学校和专修学校教师的任职资格和能力要求做了详细的介绍;寺田盛纪在《日本职业教育和训练的研究状况及其课题》一文中从历史角度对日本高等职业教育领域中的师资培养问题进行了梳理,并指出日本有关职业教育师资培养体系的基础研究还较为薄弱,呈现出缺少研究对象的严密性等特征（寺田盛纪,2001）。此外,他在《日本职业教育教师的职业发展及现状》一文中对日本职业教育教师专业化发展的历史进程和现状做了较为全面的概述,分析了职业教育教师的培养方式和专业化的实现过程并提出了职业教育师资队伍建设改革的建议和对策（Grollmanr&Rauner,2007）。这些研究成果虽然对高职院校教师培养和专业化发展问题给予了相当的关注,但是具体到个别高职院校教师群体的职业发展问题,已有的研究和关注还十分欠缺。究其原因,笔者认为,这与日本以企业培训为主的职业教育模式下的教师职责分工有关,即高等职业院校的专职教师主要承担文化基础课和专业理论课,专业实践课和实践技能的授受主要由兼职教师承担,且兼职教师数量远远大于专职教师数量,因此,相关研究者对于师资队伍建设和教师职业发展问题的关注更多地集中在以实践技能见长的兼职教师身上,而对专业性较弱的理论课教师的关注较少。

（2）国内研究回顾

以往我国对于职业教育教师的发展问题主要侧重于由外而内、自上而下对教师实施培训和培养的视角,这种倾向从我们一贯偏好使用"师资队伍建设"的说法而非"教师职业发展"的表述可见一斑。从20世纪60年代以来,随着世界范围内掀起教师职业专业化的潮流及90年代后期职业发展理论被广泛介绍到国内,我国学术界开始关注教师的职业发展问题,由此基于个人层面的、由内而外的、自下而上的职业生涯规划和职业发展管理的视角逐渐受到研究者的青睐。以下对我国高职院校青年教师职业发展问题的相关研究重点、趋势和呈现的特征作简要梳理。

①对国外相关研究的引介和比较研究

我国关于高职院校青年教师的职业发展问题研究起步较晚,主要集中在改革开放后的近二三十年间,其中大部分是关于国外高等职业教育师资队伍建设和管理的介绍、比较和借鉴研究。石伟平的《比较职业技术教育》（2001）、姜惠的《当代国际高等职业技术教育概论》（2002）、冯晋祥的《中外高等职业技术教育比较》（2002）、吴雪萍的《国际职业技术教育研究》（2004）等著作是21世纪之初对国外职业教育发展状况进行较全面概述的典型代表。当中对德国、美国、英国、法国、日本、澳大利亚、加拿大、韩国等国家以及我国的香港、台湾地区的高职院校师资队伍建设和培养途径等问题进行了介绍。

除了以上立足于整体师资队伍建设的宏观分析以外,对国外高职院校师资队伍建设、培养、管理及专业化发展的研究更多地集中在期刊论文和学位论文中。王建初在《美国社区学院的师资队伍建设研究》中详细介绍和分析了美国社区学院在教师评聘、职前培养、在职进修等方面进行的师资管理状况（王建初,2003）。马健生、郑一丹的《美国洛杉矶社区学院教师的任用、培训经验与启示》一文以洛杉矶社区学院为个案,深入分析了该高职院校教师的聘任、评估和培训状况,并提出了对我国高职院校教师培训的几点启示,如注重教师实践能力的培养、建立科学全面的评估体系、激发教师参与培训的主动性和积极性等（马健生、郑一丹,2004）。张怀斌通过对美国社区学院进行的实地考察和研究分析指出,美国社区学院在师资管理方面具有一些显著特征:灵活的聘任标准、严格的聘任程序、弹性的工资制度、多样的评价体系、有效的培养方案以及效能显著的契约管理等。这些都为社区学院构建高水平高质量的师资队伍提供了保障,也对我国进行高职院校师资队伍的建设管理和体制改革具有借鉴意义（张怀斌，2009）。胡跃强、郝立宁在《国外高职层次教师状况及专业发展概述》一文中对美国、澳大利亚、德国高职层次教师队伍（任职资格）构建和专业发展状况（培训要求）进行了介绍（胡跃强、郝立宁，2010）。曲梦汝的硕士学位论文《中德高职院校教师专业化发展阶段与实现策略的比较研究》中对德国高职院校教师的专业化发展阶段、历程和特征做了深入分析并与我国高职院校教师的专业化发展进行比较，提出了完善教师专业化自我管理体系和完善专业化发展的实现策略。① 我国台湾地区学者杨思伟的专著《日本技职教育》和论文《日本教师教育改革之研究》对日本高等专门学校和短期大学的教师培养、资格鉴定、职业资格证书的获取等一系列教师教育和教师制度改革问题进行了全面阐述和介绍。李青霞的博士学位论文《高职教师发展研究——中挪比较视角》对挪威和中国的高职院校教师发展的实践现状；师资培养的课程体系；在职教育以及高职院校教师发展的社会、政治、经济和文化背景等方面进行了较为全面深入的对比分析。② 以上这些对国外高职院校教师职业发展问题的关注均对我国进行相关研究具有很大的启示意义和借鉴价值。

②基于"问题—影响因素—对策"的三段式研究

对于高职院校青年教师的职业发展问题，我国研究者比较倾向于从经验研究的角度首先分析青年教师在职业发展中遇到的问题，接着通过问卷调查来分析问题产生的可能性影响因素，最后针对不同影响因素，提出促进青年教师职业发展的对策建议，基本聚焦于教师个人发展、学校组织环境建设及政策制度建构等层面，如突出教师专业化发展的职业发展主线、指导青年教师进行职业规划、加强入职教育、激发青年教师职业发展的内在动力、强化青年教师的师德教育等，并建议通过创设有利于青年教师职业发展的外部环境，为青年教师职业发展提供政策、制度和文化环境等方面的保障。这种研究模式的影响较为广泛，直至今日，很多研究者仍然乐于采取这种量化的研究方法和依循"问题－影响因素－对策"的思维方式和文章架构方式来探讨教师的职业发展问题。

③以教师培养培训问题为分析对象的研究

我国研究者针对高职院校青年教师培养中存在的问题，提出了诸多构建青年教师培养机制的策略，例如从构建现代职业教育体系的理念出发，推进"以人为

---

① 曲梦汝. 中德高职院校教师专业化发展阶段与实现策略的比较研究. 东南大学 2015 年硕士学位论文.

② 李青霞. 高职教师发展研究——中挪比较视角. 厦门大学 2009 年博士学位论文.

本",贯彻"以能力为本"的师资发展内涵建设,提高青年教师的业务素质,打造"双师型"素质教师队伍(韦志文,2014);基于 Web2.0 行动导向模式构建高职院校青年教师混合式培训模式,促进青年教师职后发展(金一强,2015);从政治、职业、文化认同三个维度探索青年教师培养和师资队伍建设的路径(陈云涛,2015)。此外,孙蓓雄立足于"双师型"教师的培养问题,提出构建目标明确、灵活多样、职前职后一体化的培养机制,并探索出"双师型"高职院校青年教师的培养途径,即营造"双师型"素质的环境,加强思想品德和职业道德教育;重视"双师型"职业技能的养成,提高教学和职业技能水平;充分实现校企合作,建立双导师制,落实培养责任;完善创新激励机制,激发青年教师的工作热情;创建人才成长的良好环境,提高职业教育的吸引力等(孙蓓雄,2012)。鉴于高职院校在青年教师培养中存在体制机制不健全和缺乏系统性等问题,周佩秋提出建立国家层面的高职院校教师准入制度和青年教师培养的长效机制,探索青年教师入职培训、在职培养和持续成长的相互衔接、贯通的培养路径(周佩秋,2014)。此外,还有学者基于职教教师能力领域中的专业知识与能力,提出培养和加强职教教师职业技术能力的重要性和具体提升路径,如构建促进职业技术能力的教学模式、构建"双师型"高校教师队伍、建设校内外职业技术实践基地,开展校企合作等(谢莉花、王建初,2017)。

④以教师职业道德建设为分析对象的研究

师德师风建设是教师职业发展问题中被研究者所普遍关注的一个重要方面,杨晶将教师职业道德建设作为研究高职院校青年教师职业发展的切入点,剖析了青年教师的职业道德现状、成因及存在的不足之处,并对解决师德失范问题做了有针对性的对策探讨,例如加强教师自我道德修养;制定青年教师师德水平的考核制度、评价体系、激励机制及相关职业道德规范;营造良好的校园环境和社会文化氛围等。[①] 刘彦运用量化研究方法对青海省西宁市三所高职院校青年教师的职业道德现状进行了调查分析,发现高职院校青年教师职业道德水平整体较高,但是在一些具体行为表现上也存在一些违背教师职业道德规范的现象。因此,他提出从青年教师个人层面、学校层面和社会层面入手,建立激励机制、加强职业道德培训、完善教师管理体制,从而进一步提高青年教师的职业道德水平。[②] 江怀

---

① 杨晶.高职院校青年教师职业道德建设研究.华中师范大学 2008 年硕士学位论文.
② 刘彦.高职院校青年教师职业道德现状及对策研究——以青海省西宁市三所高职院校为例.青海师范大学 2012 年硕士学位论文.

雁等人从高职院校青年教师师德师风建设的重要性入手,分析了当前青年教师师德师风的现状和存在的问题,提出加强青年教师政治理论学习和职业道德教育;建立完善师德师风建设的"传、帮、带"机制、"教师评价和奖罚"机制和"关爱教师"机制;孕育尊师重教的社会风气等应对策略(江怀雁等,2013)。

⑤以教师职业压力和职业倦怠为分析对象的研究

高职院校青年教师是高职院校师资队伍的核心力量,而对于从教时间不长的青年教师来说,在教学、科研、学生管理等方面的工作经验尚浅,然而其工作任务量往往又较为繁重,因此容易出现职业压力和职业倦怠等不利于职业发展的消极现象,不少研究者从引发这些困境的原因和影响因素入手,剖析青年教师如何缓解职业压力和职业倦怠,得到的普遍共识是需要教师个人、学校、社会等多方面的共同努力来增强抗挫折能力和抗压能力。2015 年,腾讯–麦可思针对大学教师职业倦怠展开的一份问卷调查中(麦可思研究院,2015),也涉及高职高专院校教师的职业倦怠情况。依据量化研究的方式,该问卷经过调查发现,在我国高职高专院校中,有近58%的专任教师表示每个学期都会在实际工作中感到精疲力竭,且从教时间越长,职业倦怠发生的频率越高。和本科院校教师因科研或论文发表压力而产生职业倦怠不同的是,过半数(58%)的高职高专院校的教师将职业倦怠归因为付出与收入不成正比,除此之外,学校的制度和管理(56%)和个人职业成就感低(49%)也成为教师职业倦怠的主要原因。为应对职业倦怠,调查结果显示,大部分教师选择换工作或休假的方式,尤其在 30 岁以下的青年教师中有近三成教师表示他们曾经或正在考虑更换职业来缓解疲劳倦怠,因此,针对此问题,教师们(60%)普遍表示希望学校能够提供"更科学的教师绩效管理及评估体系"或给教师"提供更多元化的职业发展途径"(54%)和"完善教学和科研的支持服务"(37%)等措施来帮助教师克服职业倦怠。

⑥以教师职业发展的促进策略为分析对象的研究

对于高职院校青年教师职业发展历程中遇到的各种问题和困惑,在分析了影响因素的基础上,研究者对其提升策略或规划路径的研究多采取"宏观—中观—微观"三维度的分析方式,从国家政策层面到学校层面再到个人层面(郭平、杨越,2010),或从学校层面和个人层面分别给出相应的操作策略,内容涵盖以下几个部分:首先,在国家或社会层面,应出台相关政策制度保障高职青年教师的职业发展,如培训制度、专业标准、企业挂职锻炼制度等方面并努力营造健康和谐的外部环境,正确引导社会舆论导向;其次,在学校层面,做到为青年教师的职业发展提供机会和平台,并制定各项教师管理制度,如青年教师导师制、新任教师培训制度等,为青年教师的职业发展创造条件,提供支持;最后,在个人层面,鼓励教师发挥自身主体作用,引导青年教师追求自我专业发展并进行自我职业生涯管理与规划。

通过整理高职院校青年教师职业发展问题的已有相关研究发现,我国对于高职院校青年教师的职业发展问题研究尚处于起步阶段。聚焦于不同区域高职院校青年教师的实证研究、影响青年教师职业发展的因素分析和归因分析及促进青年教师职业发展路径的有效措施和基于个人、学校、政府层面的对策建议等方面的研究成果较为丰富,但研究的理论性和针对性不强,大多借鉴企业人力资源管理的相关理论,忽略了在高职院校中从业的教师群体所特有的高等性、职业性、实践性等特征,且缺乏针对不同职称、专业、性别、职业发展阶段等的不同青年教师的系统性、差异化研究,可以说还未形成科学系统的、多元化的、差异化的高职院校青年教师职业发展研究体系。此外,对于青年教师职业发展规划的实现路径分析和对策建议也多从宏观层面提出较为抽象的实施办法,其实效性和可操作性还有待深入考察、分析和实地检验。

在研究方法上,针对高职院校青年教师职业发展问题的探讨,我国学者多倾向于采用定量分析的方法,如借助调查问卷和统计分析等量化研究的手段,收集并分析资料,进而提出相应改善对策和提升建议等。这种方法虽然在一定程度上从宏观角度反映出了高职院校青年教师职业发展中的一些现实情况和实际问题,但由于量化研究遵循的是实证主义的方法原则,在具体运用中特别强调精确化、概括化、可操作性和客观性,故不可避免地将复杂多变的社会现象作形式化、凝固化、静态化的处理,从而损害了社会现象本身的整体性、复杂性和动态性,因而无法在微观层面对社会现象进行深入细致的观察分析。本研究试图努力克服以上弊端和不足,尝试用质性研究方法(深度访谈、参与式观察等)来深入考察高职院校青年教师职业发展中的问题,从青年教师个人角度剖析职业发展对每位青年教师的影响和主观感受以及教师个人在应对外在的组织结构(高职院校)和制度(高职院校教师制度)所表现出的态度、价值观和行为方式的选择等,同时从理论上结合青年教师职业发展阶段的特征、高职院校发展特色及高等职业教育的发展规律,分析高职院校青年教师职业发展与教师制度之间的相互关系以及各自的发展变迁对彼此关系产生的影响。

（二）高职院校教师制度研究综述

1. 国外关于高职院校教师制度的研究综述

由于本研究对高职院校教师制度的研究聚焦于具体教师制度,尤其是教师的资格制度、培训制度、考核制度、晋升制度和薪酬制度,故在梳理国外高职院校教师制度的相关研究时,也将以这些教师制度为主,并重点考察德国、美国、日本三个国家关于高职院校教师制度的相关理论和实践研究成果。

（1）关于德国高职院校教师制度的研究回顾

关于阐述德国高职院校教师培养制度最典型的著作是邦宁（Frank Bünning）教授和我国学者赵志群合著的《TVET Teacher Education on the Threshold of Inter-nationalisation》一书。书中对于职业教育教师的培养进行了必要性和重要性分析,并对发展和构建"国际职业教育师资硕士课程框架"以推进职业教育教师培养的国际合作和制度化进程做了深入分析,并提出了一些具体的实施策略。此外,欧盟职业培训发展中心发布的《职业教育和培训的现代化》和《职业教育和培训:展望未来》等报告也对德国职业教育教师的培养方式和具体实施办法做出了较为详细全面的规定和要求。葛洛曼在《职业教育教师质量:教师教育,制度角色和专业现实》一文中也对高职院校教师的培养方式和聘任要求做了详细的分析和阐述,具体可见本部分国外关于高职院校青年教师职业发展问题的综述部分。哈希哲（T. Hascher）（Hascher,2007）和尼古拉斯（R. Nickolaus）①等学者也对德国职业教育教师培养制度的结构、存在的问题和改革策略均做了详细阐述。此外,葛洛曼等学者在《职业教育教师:是濒危的群体还是专业化革新的主体?》一文中指出,职业教育教师的聘任制度和薪酬待遇不仅是影响教师职业生涯发展的重要因素,也会对教师的专业化发展构成制约,因此,这可以看作是高职院校教师教育和专业化发展的结构决定因素（Grollmann&Rauner,2007）。通过对已有文献的整理可以看出,对德国职业教育教师制度的研究多集中在中等职业教育阶段,而对高职院校教师制度的关注和研究还较为缺乏,这不意味着德国没有针对高等教育阶段实

---

① Nickolaus R,Abele D G S《Teacher Training for Vocational Schools in Germany:Structure,Prob-lems,Perspectives》,https://s3. amazonaws. com/academia. edu. documents/32129692/2_paper _ vocational _ teacher _ training _ de. pdf? AWSAccessKeyId = AKIAIWOW-YYGZ2Y53UL3A&Expires = 1530329722&Signature = qrnch5ICyTYgtM23BKJGEc10t1o%3D&response – content – disposition = inline%3B%20filename%3DTeacher_training_for_voca-tional_schools. pdf(访问时间2017年2月17日)。

施职业教育教师的任职要求、进修规定、薪酬制度、晋升条件等一系列制度安排，而是由于德国职业教育主要集中在中等教育阶段，高等教育阶段的职业教育可以看作是职业教育从中等阶段的教育向高等阶段的教育延伸和扩展，无论在称谓上还是内涵上，德国都不存在我国意义上的高等职业教育，也就没有能与我国相对等的高等职业院校。因此，在德国高等教育阶段实施职业教育的教师与普通高等院校实施通识教育的教师，他们在考核、晋升、评价等一些制度安排上有很大的相似性，学者们也通常将该教师群体纳入大学教师群体进行研究，目前还未有十分典型的针对性研究可供参考，而通常我们所指的德国职业教育教师群体也主要是指中等教育阶段的职教师资群体。

（2）关于美国高职院校教师制度的研究回顾

有关高职院校教师培养制度的研究，美国著名职教课程专家芬奇（Curtis R. Finch）在其著作中进行了较为详细的梳理，并介绍了美国职教教师培养体系的历史演变历程和哲学转向（Finch，1998），这是基于宏观视角考察教师培养的外在形式和模式。此外，近些年来关注职业教育教师专业化发展的内在模式的研究也受到研究者的普遍关注。美国国家生涯与技术教育研究中心（NRCCTE）在2013年开展了针对职业教育教师替代性培养路径的研究，并开发了一个基于教师专业发展的模型，对优化教师培养和进修提供了新的视角和路径（Bottoms，Egelson，Sass，et al，2013）。有关职业教育教师资格制度，泽科（C. Zirkle）等人对比分析了美国50个州的职业教育教师资格证书认证的传统路径和替代路径，详细介绍了这两种认证模式的要求和现状（Zirkle，Martin，McCaslin，2007）。有关美国高等职业院校（社区学院）教师的整体职业状况和教师的任职资格、晋升、考核、薪酬等制度设置在《社区学院教师：一个被忽视和被低估的群体》（Townsend &Twombly，2007）一文中有着较为全面的阐述，为考察社区学院教师群体提供了卓有价值的参考和借鉴。

（3）关于日本高职院校教师制度的研究回顾

由于日本职业教育的模式是以企业培养模式为主，故在高职院校从事教学任务的教师主要承担公共文化课和专业基础课，专业实践课主要在企业中完成，并通常由兼职教师，多为企业的实践指导教师来承担。学术界对日本高职院校专任教师的关注十分欠缺，相关教师制度的研究也并未成为教师问题研究的重点选题，与此相关的研究多是与别国的比较借鉴研究。如今野浩一郎的《欧美多国公共职业训练制度及现状——德、法、英、美四国比较调查》一书对德国、法国、英国和美国的职业教育教师的培养和任职资格制度做了相关介绍，并与日本的职教师资培养进行了比较,提出了一些有针对性的策略和训练方案(今野浩一郎,2009)。《诸外国能力评价制度——英、德、美、法、中、韩、欧盟的调查》一书中对英国、德国、美国、法国、中国、韩国和欧盟职业院校教师的能力评估方式和制度设计进行较为全面的调查研究和比较分析,同样可以看作是日本高职院校教师教育的参考范本和借鉴资料(天濑光二等,2012)。

2. 我国关于高职院校教师制度的研究综述

通过对相关文献分析发现,我国对于高职院校教师制度的研究主要集中于对国外高职院校教师制度的介绍、借鉴、比较分析以及对国内具体高职院校教师制度现状和存在问题的分析两个方面。

(1)对国外高职院校教师制度的介绍与比较研究

由于我国高等职业教育研究起步较晚,关于高职院校教师制度的专项研究还十分不足,绝大部分研究集中于对国外高职院校教师制度的介绍和比较分析。关于教师资格制度的研究,有研究者通过对美国、德国、澳大利亚等国职业教育教师资格制度的分析,指出应根据职业学校类别,设置职业教育教师资格认证体系,并出台有关职业教育教师资格的专门文件来保障职教师资资格要求的规范性和法制化。吴昌圣的硕士学位论文《美国社区学院师资管理研究》中介绍了美国社区学院教师的聘用管理制度、工资制度、聘任制度、评价体系和培养方案及其特点。① 汤晓华等人在《德国巴符州职业院校教师见习培养和第二次国家考试探析》一文中对德国职业院校教师的见习制度和任教资格制度等进行了详细分析,并指出其对我国职教师资培养和师资准入制度的完善具有很大的借鉴价值(汤晓华等,2015)。彭爽的《美国、德国、日本高职师资队伍建设的特色与启示》一文对美国、德国和日本高职院校教师的资格制度、聘用机制和培养制度进行了介绍和对比分析,建议我国在提升高职院校教师质量的时候需要建立适用于高等职业教育的教师资格制度;重视对教师特别是新教师的培养培训;注重教师招聘流程的规范化和科学化并构建专兼职教师比例合理的师资队伍结构(彭爽,2006)。教师培养向来是教师研究的重要内容,对于高职院校教师的培养制度问题,一些研究者从介绍国外高职院校教师培养方式入手,纷纷提出了对我国高职院校教师培养的诸多创新模式和方法借鉴。此外,还有一些研究者对国外高职院校教师的薪酬制度、评价制度、考核制度等方面进行介绍和引荐,以期对我国高职院校教师相关制度建设提供方法和建议。显然,这些研究成果对于开阔人们的研究视角和思

___

① 吴昌圣.美国社区学院师资管理研究.华东师范大学2007年硕士学位论文.

路,对此后我国高职院校教师制度的构建及研究的发展做出了必要的铺垫。

（2）对国内具体高职院校教师制度的研究

关于高职院校教师的资格、培养、聘任、晋升、激励、评价、考核、薪酬等制度的研究,大量集中于微观层面,理论研究和实践研究兼有,并以历史研究法、比较研究法和文献研究法为主要的研究方法,基于量化的数据分析方法也有涉及,但少有基于大样本、大范围的调查研究,质化研究方法也少有涉及。

①关于高职院校教师资格制度的研究

关于职教教师资格制度的研究,查吉德的《职业教育教师资格制度研究:制度有效性的视角》一书具有重要的参考价值,它从新制度经济学的理论视角出发,详细剖析了教师资格制度在职教教师队伍建设方面的有效性问题,并提出了创新职教教师资格制度的设计对策(查吉德,2011)。然而,关于高职院校教师资格制度的研究还未见有系统性的专著问世,而多见于学术期刊论文。我国对于高职院校教师的资格认证长期以来是归属于高等学校教师资格认证体系,并未形成独立的专门针对高职教师的认证标准和体系。基于此,一些研究者认为目前我国高职院校教师资格认证体系存在认定类型较为笼统、认定标准不够统一、认定机构的设置缺乏科学性、考试制度缺乏针对性以及教师证书的管理制度不完善等问题。面对这些问题,方桐清和李禄华从不同角度提出了改革建议,如确定教师类型、细化资格标准、改革考试制度、设置权威机构、加强证书管理等,这些建议对于完善高职教师的资格制度具有重要意义。此外,李禄华深入辨析了"教师资格制度""教师资格证书制度"及"教师资格认证制度"等几个相关概念,使我们加深了对教师资格制度内涵的认识和理解。[1]

②关于高职院校教师聘任制度的研究

对于高职院校教师聘任制度的研究国内一些研究者从现有聘任制度的问题入手,指出目前专门的高职院校教师聘任制度还未建立起来,因此高职院校在聘任教师时常常会面临信息不对称的问题,无法全面直接地把握有关教师综合素质、职业能力等方面的信息,进而无法保证教师队伍的质量。当教师进入高职院校组织后,由于教师的用人机制、职称晋升标准不对口等问题,教师也会面临种种矛盾和问题,如"高职院校教师要追求职务晋升就必须按照现行的晋升标准,额外完成相应的工作,而这些工作又与高职教育教学的实际需求存在偏差,致使教师既分散了精力,又不能通过职称评审来切实促进日常的教育教学工作"(陈俊,

---

① 李禄华. 高职教师资格制度改革研究. 湖南师范大学 2010 年硕士学位论文.

2009）。针对此,通过借鉴别国经验并结合我国具体情况,俞启定提议建立不同于普通高校教师的高职院校教师聘任制度,以此来突显高职院校教师的独特属性,优化高等职业教育结构,使其发挥整体性功能(俞启定、王为民,2013)。

此外,关于高职院校教师聘任制度的研究也有将研究对象聚焦于兼职教师群体的。通过分析当前高职院校兼职教师的聘任现状和存在的问题,在比较借鉴国外成功经验的基础上,提出构建适宜我国高职院校兼职教师发展的聘任制度框架。由于高职院校存在对来自企业的兼职教师的聘任难、管理难等问题,需要国家有关职能部门给予必要的政策支持来逐步完善兼职教师的选聘机制,同时还需要高职院校建立健全的兼职教师管理制度,以保证兼职教师能够"引得来""用得上""留得住"(杨京楼等,2006)。

③关于高职院校教师培养培训制度的研究

我国关于高职院校教师的在职培训、职后培训以及继续教育等概念不做详细区分,对这方面的研究主要集中在现存培训体系中存在的问题分析以及相应的改进策略研究。综合这些研究,当前我国高职院校教师培训还存在观念落后、内容脱节、针对性不强、培训时间少、方式不灵活等问题,系统完善的培训制度还十分欠缺,相关的政策法规还未配套,这些都构成高职教师职业发展的障碍。周明星基于对高职院校教师培训现状的反思,提出实施高职院校教师校本教育和校本培训,如运用立足于本院校、教师本人、本专业特色的"三本"教师教育模式、"工学结合"模式、专题讲座模式、老带新模式、课堂观摩模式、竞赛互长式模式、网络自主学习模式等多种培训模式来加强对高职院校教师的全方面、多元化培训制度的构建(周明星、焦燕灵,2003)。对于高职院校教师的培养培训问题研究者们多倾向于从整体师资队伍建设的视角来分析,提出构建高职院校师资队伍建设的整体设计方案。例如,基于对高职院校教师师资队伍建设的出发点及教师素养的个性要求,提出对高职院校专业带头人的培养、名师名家的培养、青年教师的培养以及兼职教师队伍的建设等具体培养策略(周建松,2013)。庄西真通过分析我国职教师资培养模式的历史发展过程,指出我国职教师资培养有三种不同的模式:独立设置"职业技术师范院校"时期的专门培养模式、普通高校建立"二级学院(职业技术教育学院)"时期的参与培养模式以及建立国家级"职教师资基地"时期的协同培养模式。针对我国目前职教师资实施的几种主要的培训模式(院校培训模式、校本培训模式、企业实践模式、"基地+企业"培训模式、远程培训模式和海外进修模式),他指出还存在一些难以回避的矛盾与问题,如统一的培训计划满足不了教师的个性化需求;"雇佣兵"式的培训教师队伍不能满足专业化培训的要求;松散的校企合作模式不利于"双师型"教师素质的提升;"重教轻学"的评价模式不利于培训绩效的提高等。为了解决这些矛盾,他提出改变以往"任务型"的培训方式,转向"服务型"的教师培训机制;构建高校和企业实施的"双轨制"培训模式;实施"翻转课堂"教师培训策略;实施需求定位精准、内容设计精准以及方法使用精准的教师培训方式等(庄西真,2016)。这些研究成果均对优化高职院校教师的培养培训机制提供了理论依据和实践参考。

④关于"双师型"高职院校教师制度的研究

"双师型"教师是一个独具中国特色的概念。20世纪80年代我国职业教育领域就出现了"双师型"教师的概念,但直到20世纪90年代中后期,在经历了十多年的实践经验积累之后,"双师型"教师才作为一个政策问题,出现在关于职教师资队伍建设的政策中(孙翠香、卢双盈,2013)。从20世纪90年代中后期以来,众多研究围绕"双师型"教师队伍建设的现状分析、问题剖析、对策建议及培养机制等方面展开。"双师型"教师政策也经历了一个发展、变迁的过程,政策目标逐渐明确、内容日益丰富、可操作性越来越强,这一系列变化都为高职院校教师队伍建设指明了未来发展方向。特别是《关于全面提高高等职业教育教学质量的若干意见》中明确要求"逐步建立'双师型'教师资格认证体系,研究制定高等职业院校教师任职标准和准入制度"[①],这一切都促进了高职院校"双师结构"教师队伍的建设。因此,学界对于"双师型"教师制度的研究主要围绕具体实践展开,期望理论转化为实践,倡导并推动国家层面出台一部正式的针对"双师型"教师的政策法规,进而构建"双师型"教师制度体系。

⑤关于其他具体高职院校教师制度的研究

国内学者关于高职院校教师薪酬、考核评价、激励等其他具体教师制度的研究成果大多出现在近十年间,研究所涉及的主题比较有限,基本围绕着描述现状、剖析问题、探寻原因、提出对策建议等方面进行。就高职院校教师的薪酬制度而言,刘晓林指出要综合考虑公平与效率、薪酬体系的科学性与可操作性及管理成本,并结合国家薪酬政策、高职办学目标以及高职教师的劳动特点,来建立全面弹性的薪酬制度,并坚持以人为本的原则(刘晓林,2008)。由于高职院校的薪酬制度仍然停留在传统的身份管理上,高职院校教师工资基本按照固定的职务、职称发放,教师个人的知识、业绩和能力没有得到重视,没有动态的奖惩制度,极大地

---

① 参见,2006年11月16日发布的教高[2006]16号文《关于全面提高高等职业教育教学质量的若干意见》。

压抑了教师的工作积极性和创造力,因此,赵建中强调构建动态和谐、竞争有序的薪酬分配体系在激励教师发展方面具有深远意义(赵建中,2010)。由于高职院校与教师之间存在着利益诉求方面的差异,存在合作与冲突并存的利益博弈,高明、王平安基于人力资本的视角,提出构建利益双赢的薪酬激励制度,建议以"效率优先、兼顾公平"的理念,实施和引入竞争机制,并制定完善的评价和信息反馈制度来确保薪酬制度的有效实施(高明、王平安,2010)。此外,王健通过分析高职院校教师心理契约理论的内涵和结构来揭示高职院校教师薪酬制度存在的问题,从心理契约的交易、关系和发展三个维度尝试重构高职院校教师薪酬激励制度,以期实现高职院校发展战略与教师自我发展目标的统一(王健,2014)。

对于高职院校教师的评价研究,早期多集中于对教师教学效果的评价上(阎保平,2005),随着研究视角的不断扩大,开始强调对教师综合能力的评价,如教学传授能力、专业实践能力、科研与发展能力、社会行为能力等多方面能力的评价(史枫,2008)。对教学质量评价中存在的延续本科院校评价方式的痕迹、评价观念落后、评价内容与方法单一以及评价监控制度不完备等问题,邓志良、赵佩华建议将企业引入评价过程,使教学质量评价指标更加全面、有针对性(邓志良、赵佩华,2009)。近年来,对高职院校教师评价体系的构建和改革等相关研究逐渐成为学界的研究热点,汤书福、应俊辉等人以"工学结合"人才培养模式为切入点,分析了高职院校教师评价体系存在的问题,提出从评价模式的选择和指标体系的重构等方面对教师评价体系进行革新(汤书福等,2013)。2013年,教育部印发了《中等职业学校教师专业标准(试行)》,但高职院校教师的专业标准还没有明确出台,这不利于明确高职院校教师的专业素质要求,而不能进行有效的培养培训、考核评价等工作,包金玲提出制订有学校和企业共同参与的聘期考核制度,鼓励高职院校教师积极承担和参与学校的教研活动及企业的实践活动(包金玲,2016)。对于高职院校教师的科研绩效袁慧玲运用量化评价分析方法,建立了五元联系数评价模型,提出了科学合理、切实可行的评价指标内容和评估方法(袁慧玲,2016)。周建松在《提高质量:高职院校师资队伍建设的着力点》一文中指出构建高职院校教师队伍的出发点需突出高等职业教育的职教性、高教性和行业(区域)性,并着眼于师资队伍建设的基本要求、特殊要求和个性要求,从而完善高职院校专任教师的考核、评价、晋升制度和企业挂职锻炼制度,这是加强高职院校师资队伍建设的应然选择(周建松,2012)。可以说这些探索均为建立完整全面的高职院校教师评价制度体系奠定了坚实的理论和实践基础。

我国关于高职院校教师激励制度的研究多集中于期刊论文和硕士学位论文

以及一些专著中的部分章节,专门针对此主题的博士论文和著作目前还存在空白。通过对已有文献的总结梳理,可以看到,关于激励机制的研究大多遵循"问题提出—问题分析—问题解决"的三段式结构,从教育学、心理学、管理学等学科视角分析高职院校教师激励机制的现存问题和构建原则,建议依据教师需求层次结构的特征以及不同类型教师需求的差异性来建立科学、合理、公平、多元化多层次的激励制度,以此来加强对高职院校教师的培训、管理及职业规划,促进教师个人和高职院校组织的共同发展。此外何霞结合高职院校教师流失的特点和趋势,从教师需求出发,通过实证调查分析考察高职院校教师的激励因素,提出高职院校教师的激励因素模型(何霞,2014),既从理论层面丰富了关于高职院校教师激励的相关研究,也从实践层面深入开展具体操作提供了可供借鉴的实施路径。

四、研究框架和研究方法

基于对已有研究成果的梳理和借鉴,本研究将高职院校青年教师的职业发展问题聚焦于职业道路选择这个视角,并以教师制度为主线来剖析结构性因素对教师个人职业道路选择所产生的影响及两者之间的互动关系。

(一)研究框架

本研究拟从七个部分来阐述高职院校青年教师的职业发展问题。具体章节安排如表1.2所示。

表1.2　全书结构安排

全书框架	主要关注点	篇章
引言	1. 介绍本研究的主要研究问题、背景和意义 2. 阐释相关概念 3. 相关文献综述 4. 介绍研究框架和研究方法 5. 介绍本研究的创新点	第一章:绪论

全书框架	主要关注点	篇章
理性界说	1. 高职院校组织特性 2. 高职院校教师制度 3. 高职院校青年教师队伍现状及其职业发展问题 4. 高职院校青年教师职业发展和教师制度的关系	第二章:高等职业院校组织与高等职业院校教师制度 第三章:高等职业院校青年教师的职业发展及其与教师制度的关系
国际视野	1. 德国高职院校教师制度与青年教师职业发展 2. 美国高职院校教师制度与青年教师职业发展 3. 日本高职院校教师制度与青年教师职业发展	第四章:国外高等职业院校教师制度与青年教师职业发展
本土分析	1. 中国近代高职院校教师制度与青年教师职业发展 2. 新中国建立后至21世纪高职院校教师制度与青年教师职业发展 3. 21世纪至今高职院校教师制度改革与青年教师职业发展	第五章:中国高等职业院校教师制度与青年教师职业发展
实证研究	1. 天津市高职院校教师制度 2. 天津市部分高职院校青年教师的职业发展道路选择 3. 制度性因素与高职院校青年教师职业发展的关系分析	第六章:高等职业院校教师制度与青年教师职业发展——以天津市为例
结语	1. 研究发现和贡献 2. 政策建议 3. 研究反思与修正 4. 研究局限 5. 后续研究	第七章:结语

(二)研究方法

本研究采用的研究方法主要有以下三种:

1. 比较研究法

古罗马历史学家塔西佗曾说,"要想认识自己,就要把自己同别人进行比较"。比较是认识事物、把握异同、探寻实质的重要依据和方法。比较研究法也是进行学术研究的一种具体有效的分析方法和思维方式,在诸多学科和研究领域均有非常广泛的应用。但是,运用比较研究法需要遵循一定的原则,例如可比性原则、横向比较与纵向比较相结合的原则、相同性比较与相异性比较相结合的原则等。比较研究法大致分为以时间维度为依据的纵向比较和以空间维度为依据的横向比较。在本研究的第四章内容中,主要运用了横向比较研究法,分析了若干发达国家高职院校教师制度和青年教师职业发展之间的关系,以发现可供我们参考和借鉴的经验。

2. 历史分析法

客观事物是发展变化的,分析事物需要考察其所经历的全部发展阶段和特征,弄清其实质,揭示其脉络和未来趋势。这就需要运用历史分析法来剖析问题出现的根源和来龙去脉,进而找到解决问题的办法。本研究第五章内容通过对清朝末年到 21 世纪以来,我国高等职业教育的产生和高职院校教师制度的发展变迁的历史进行梳理,对高职院校教师制度和教师职业发展之间的互动关系进行勾勒,分析高职院校教师制度这一重要因素对青年教师职业发展所产生的影响,及两者之间的互动机制,然后对不同时期具体的教师制度进行分门别类的描述和探究,以发现可借鉴之处。

3. 访谈法

本研究第六章内容通过对天津市部分高职院校进行深度访谈、参与式观察等质性研究方法进行资料收集,考察高职院校青年教师的职业发展过程,尤其是职业道路的选择过程,分析基于个人层面的高职院校青年教师职业发展状况和存在的问题。同时在调查中考察高职院校为青年教师职业发展提供的组织环境和相关政策支持,如聘任制度、培训制度、考核制度、薪酬制度及其他管理策略等,分析基于组织和制度层面的高职院校青年教师职业发展的相关影响因素。尝试通过质性研究方法聚焦于教师个体的行动策略和主观感受,并通过对数据的深入分析,揭示个体如何在相对稳定的组织环境中发挥主体能动性以及可能对组织结构和社会环境产生的影响。

五、本研究的创新点

本研究的创新之处主要体现在以下几个方面:

就研究观点而言,本研究从高职院校青年教师个人选择行动的视角出发,以教师制度为贯穿全文的主线,在更多地关注个人行动的基础上,呈现青年教师职业发展道路选择的具体过程,修正了理性选择理论对该研究问题的不当之处,指出结构化理论所具备的解释性。

就研究资料而言,本研究基于横向视角,比较了世界发达国家高职院校教师制度与青年教师职业发展的关系;基于纵向视角,考察了我国自清朝末年至今高职院校教师制度的历史演化过程及其对青年教师职业发展产生的影响。可以说,借助较为丰富翔实的资料更为全面、深入地剖析了高职院校青年教师的职业发展问题。此外,本研究通过访谈法收集了天津市部分高职院校青年教师职业发展问题的相关一手资料,借助这些鲜活生动的、丰富复杂的、极具个性特征的原始资料,对其进行理性分析并整理提炼出新的研究切入点,丰富了教师职业发展领域的研究内容。

教师的职业发展历程具有很大的异质性、特殊性和不可复制性,对于这方面的探究若仅利用量化方法研究无法做到深入、细致和丰富。因此,就研究方法而言,本研究尝试运用质性研究方法,聚焦于教师职业发展面临的实际问题、教师个体的行动策略和主观感受,揭示个体如何在相对稳定的组织环境中发挥主体能动性以及可能对组织结构和社会环境产生的影响,可以说是质性研究方法对该研究问题所做的全新探索和尝试。

第二章

高等职业院校组织与高等职业院校教师制度

　　"制度即规则"是人们普遍达成的共识。本研究将"制度"界定为在特定的社会活动领域中通过社会控制机制实施的,对个体行为准则的约束和规范,以此调节人们之间的互动关系。这个定义涵盖四个层面的内容:第一,制度与人的行为具有内在联系。制度对人际交往中可能出现的行为具有一定程度的强制性约束力,人们在制度的约束下理性地追求效用最大化,而同时制度也是"人的利益及其选择的结果"(卢现祥,1996);第二,制度是一种典型的公共产品,是对一定范围内所有人制定的公共规则,其成本和收益都是社会的,不是针对某一个个体的;第三,制度具有长效性,是一种较为稳定的,适用于一段时间的较为持久的规则,不同于问题的临时的或随机的解决方案;第四,制度有时具有排他性,如一些制度按照少数服从多数原则制定,这样对多数人有益的制度可能对少数人并不利。

　　理解制度,离不开组织。与制度一样,组织也为人们的相互交往提供某种结构(道格拉斯·诺思,2014)。但是,制度和组织是不相同的,制度是社会游戏的规则,是人们创造的、用以约束人们相互交流行为的框架。如果说制度是社会游戏的规则,组织就是社会中玩游戏的角色(卢现祥,1996)。组织可以有多种类型,如政治团体(如政党、议会、行政机构等)、经济团体(如工会、企业、合作社等)、社会团体(如教堂、俱乐部、体育协会等)、教育团体(如大学、教育培训机构等)等,不同性质的组织,规则的制定是不同的,但无论什么性质的组织都是为达成某些目标而自愿地或强制性地受共同目的约束而形成的行动团体。组织的产生和演化会受到制度框架的根本性影响,反过来,组织的发展演化也影响着制度框架的变化,可以说,为了达成组织目标,组织既可以被认为是制度变迁的动因,也是促成"制度变迁的主角(a major agent)"(道格拉斯·诺思,2014)。组织与制度密不可分,相互影响,互为依托,分析制度不能脱离对作为其承载体的组织的理解,分析组织也不能割裂、替代对制度的分析。

　　高职院校教师作为高职院校组织的重要成员,其职业发展历程主要是在高职院校这个组织机构中得以实现、开展和提升的。因此,要阐述高职院校教师的职业发展问题,首先需要分析高职院校组织的特性以及教师职业发展的重要结构性因素——教师制度。

一、高等职业院校组织特性

我国职业教育分为三个层次,即初等、中等和高等职业教育层次。高等职业教育是在中学阶段以后,培养具备一定文化基础知识、专业理论知识和实践技能的适应生产、建设、服务、管理第一线需要的应用型高技能人才,是在高等教育阶段实施的职业教育。根据联合国教科文组织 1997 年修订的《国际教育标准分类》(International Standard Classification of Education,简称 ISCED)①,高等教育阶段分为 5A 和 5B 两类,5A 教育是面向"理论基础、研究准备、进入需要高技术要求专门化"的普通高等教育,5B 教育是面向"实践的、技术的、职业的",即"定向于某个特定职业的"高等职业教育(姜大源,2008)。我国的高等职业教育即是对应此标准分类中的 5B 教育,"'高等职业教育'这一概念的出现是在改革开放之后"(马树超、郭扬,2009)。

从 20 世纪 80 年代我国开始探索高等职业教育的办学体制,即由高等专科学校、职业大学及成人高等学校这三类教育机构来承办高等职业教育,到后来的"三改一补"②政策,再到 21 世纪以来多种办学体制并存的发展势态,可以说,我国高等职业教育机构的发展经历了不断探索、改革、创新的实践过程。当前,我国实施高等职业教育的机构主要有六种类型:独立设置的职业大学以及职业技术学院、

① 《国际教育标准分类》是收集和发布国家及全球教育统计数据的一个工具,为了更好地捕捉世界教育系统的新进展,这一框架被不断更新和修订。2011 年 11 月联合国教科文组织大会第 36 届会议对该分类法再次修订。在 2011 版《国际教育标准分类法》中,高等教育被划分为 5 级到 8 级四个等级(1997 版中只有 5 级和 6 级两个高等教育等级),分别对应短线高等教育、学士或等同水平、硕士或等同水平、博士或等同水平的教育程度。其中,5 级(即 1997 版的 5B 级)所指的短线高等教育,即是指高等职业教育,也就是我国所言的"高职"教育。

② 1994 年,全国教育工作会议明确提出"三改一补"发展高等职业教育的方针,即通过现有的职业大学、部分高等专科学校和独立设置的成人高等学校改革办学模式、调整专业方向和培养目标来发展高等职业教育。在仍不能满足需要时,经批准利用少数具备条件的重点中等专业学校改制或举办高职班等方式作为补充来发展高等职业教育。

普通高校、部分承办高等职业教育的中等专业学校、专科学校、成人高等学校以及民办高等学校等(严新平,2003)。本研究集中探讨第一类办学机构,即独立设置的职业大学和职业技术学院,故本部分所讨论的高职院校组织也主要是指这一类办学机构的组织形式。在我国,高职院校作为实施高等职业教育的主要组织机构,具备高等学校组织共有的特征,同时也有其独具的特点。本部分主要从高职院校组织的目标、结构和功能来分析高职院校组织的基本属性和特征,并对高职院校组织的形象问题做简要论述。

(一)高职院校组织目标:培养具备"工匠精神"的现代高技能劳动者

现代社会是一个高度组织化的社会。高职院校作为社会组织的一种形式,其基本要素之一是具备一个明确的目的或目标。这个目的或目标是高职院校存在的依据。由于我国地缘辽阔,高职院校具有显著的区域性办学特色,具体到不同的高职院校,其组织目标各不相同,各具特色。然而,从整体上看,根据教育类型的不同,高职院校又具有基本的、共同的组织目标,即不同于以实施普遍教育(或通识教育)为组织目标的普遍高校,高职院校以实施职业教育为组织目标。这主要体现在,一方面,高职院校实施的是以就业为导向的教育,其培养目标指向"应用型高技能人才";另一方面,不同于普通高校中基于学科知识系统化的静态的课程结构,高职院校的课程结构是基于工作过程系统化的动态的结构(姜大源,2008)。尽管我国一直将高职院校的培养目标定位在培养应用型、实践性、综合型的高技能人才,但是多年来,无论从就业质量还是从技能水平来看,高职院校毕业生还远远未达到高级技工所应具备的专业水平和能力。2015年,国家人力资源和社会保障部的一项统计数据显示,我国2.25亿第二产业就业人员中,仅制造业高级技工缺口就高达400余万人(赵毅波,2016)。一方面是普通工人期待高薪岗位,一方面是企业即便出高薪也很难招到高素质高技能人才,解决这种错配现象只有回归到高职院校自身,深化教育教学改革,以质量提升作为最根本的发展策略,努力培养一批能够适应我国当前经济体制转型的现代高技能的、技术密集型劳动者。过去我国依赖传统低技能劳动者来拉动经济发展的状况已经一去不复返。现如今,高新技术的飞速发展催生现代产业体系的建立,要求我国从外延型增长为主升级为内涵型增长为主的经济发展模式,从低劳动成本、低附加值为主升级为知识型劳动和较高附加值为主的技术推动型的经济发展(姜大源,2014)。这就是说,未来推动经济发展的必定是适应现代经济发展的、高质量高水平的技术技能型劳动者。"高水平、高质量"劳动者的一个重要衡量指标是能否具有"工匠精神",即精益求精的职业素养、守正创新的职业能力以及敬业、爱业、专业的职业精神。而能够为经济发展转型升级培养相应的"现代升级版"的生产、制造、操作、管理、维修、监控及服务一线技能人才的历史重任也落在了高职院校的身上。《国家中长期教育改革和发展规划纲要(2010－2020)》中提出,"到2020年,形成适应经济发展方式转变和产业结构调整要求、体现终身教育理念、中等和高等职业教育协调发展的现代职业教育体系,满足人民群众接受职业教育的需求,满足经济社会对高素质劳动者和技能型人才的需要。"①明确高职院校的组织目标,加大人力资本的投入,改革管理体制,是推动现代高职院校内涵式发展和构建现代职业教育体系的重要举措。

（二）高职院校组织结构：从"类官僚"型向多元类型转变

　　近年来,随着国家推动职业教育快速发展的一系列方针政策的出台,高等职业教育进入新的发展时期。自2006年"国家示范性高等职业院校建设计划"正式启动以来,我国高职院校的发展逐渐进入深化内涵、提升质量、强化特色的新阶段。在这个过程中,现有高职院校的组织结构暴露出一些弱点,一定程度上阻碍了高等职业教育改革向纵深发展。这集中体现在当前高职院校的组织结构基本上沿袭了综合性大学,即本科院校的组织结构模式,普遍采用直线科层制结构。这种组织结构具有明显的传统大学官僚机构的习性,各职能部门间的联系较为松散,组织凝聚力弱,行政权力高度集中且大于学术权力,"形成了以行政权力为主导的'类官僚组织'运作机制,缺乏相对独立的学术运行逻辑和学术价值追求"（刘欣,2005）。伴随高等职业教育改革的深入开展,高职院校的组织结构也在发生变革。有学者指出,从高职院校的办学模式和人才培养目标两方面来看,现有高职院校的组织结构可以划分为三种类型:1.基于知识传授型(传统办学型)的高职院校组织结构。这种类型主要表现为模仿传统大学的办学模式,以传授知识和学生发展为取向,其组织结构是学校主导型、管理垂直化的刚性科层结构;2.基于教学和技术研究型的高职院校组织结构。这种类型以知识应用和社会发展为取向,强调教学和职业技能、技术研究并重,其组织结构是扁平化的事业部制结构;3.面向市场型的高职院校组织结构。这种类型以知识创新和培养适应市场需求的合格人才为组织目标,基本任务是实施高素质教育,培养学生的强适应性能力,其组织结构特征表现为"组织分权",属于矩阵型组织结构（黄旭东,2008）。依据

①　具体参见．国家中长期教育改革和发展规划纲要(2010－2020年).2010－7－29.

组织理论,任何一个组织都有其特定的内外部环境,面对不同的环境,组织需要构建不同的结构来适应它。这三种类型的组织结构各具优缺点,高职院校在组织结构设计的实践探索中并非仅局限于这三种类型,而是需要根据自身的办学模式和人才培养目标,在充分考量院校所在地域和市场环境的前提下,设计、构建符合自身核心战略发展方案的组织结构,并不断做出调整和改善。

(三)高职院校组织功能拓展:与普通高校建立松散耦合关系

传统意义上,高职院校作为实施高等教育的重要机构,与普通高校一样,具备教学、科研以及服务经济和社会发展的功能。这主要体现在:1. 与大学组织传授高深知识的功能不同的是,高职院校组织的首要功能是传授职业知识,培养职业技能。在高职院校组织中,职业知识的获得,职业技能的养成是建立在学生对基本文化知识的学习和掌握以及学生个人的学习态度和能力的基础上。因此,对于基础文化知识和基础专业知识的学习做到"必需、够用"的原则即可,并不需要像在大学组织中强调对理论知识的深入学习和研究,而更加注重实践技能的训练和熟练操作;2. 参与经济、社会活动的服务功能。高职院校组织的教育教学和管理活动与经济和社会发展密切相连。它们不仅通过为社会培养高技能人才的方式直接参与经济和社会活动,而且通过开展校企合作,高职院校也为合作企业和地方经济的发展贡献人力资源。此外,一些高职院校的实习实训基地、试验区、校办工厂等也直接从事一定规模的生产经营,从而发挥一定的经济和社会效益;3. 丰富和完善高等教育结构的功能。高等职业教育是我国高等教育结构的有机组成部分,高职院校有着其他普通高校所不具备的优势和特色,它实施的是"高等性、职业性、开放性、实践性"特色突出的高等职业教育,对于完善整个高等教育体系、丰富人力资源结构具有重要作用。高职院校的合理布局、不同特色高职院校的合理搭配以及与普通高校的衔接互通,可以满足不同学生的不同求学意愿和社会对教育及人才规格的不同需求;4. 专业技术技能的传播和辐射功能。高职院校组织作为专业教育教学机构,能够发挥向周围社区传播职业技能技术的作用,从而带动并促进地方经济发展。同时,高职院校周围社区可以从学校获得有益的信息,从而使社区群体和个体改变对新技术、新事物的认识,重塑其职业价值观,形成良好的文化氛围,推动社区进步。

当高职院校发展进入内涵式发展的新阶段时,在现代意义上,高职院校的组织功能也在不断拓展。自 2002 年中共十六大在总结我国过去工业化发展经验的基础上,提出了走新型工业化的发展道路。新型工业化意味着新工业革命的到来,意味着产业结构的转型升级必然需要相应地提高对人才需求的层次,也由此催生了高等职业教育层次上移的全球趋势。许多国家越来越重视本科及研究生层次高等职业教育的发展。通常,实现高等职业教育层次上移有两种路径:一是建立独立的职业教育体系,形成与普通教育并行发展的"双轨制"模式;二是依托现有普通高等院校的资源,为高职院校学生升读本科提供机会进而实现层次上移。然而对于目前我国高职院校的发展来说,改造现有的高职院校,升格为本科及以上层次院校的做法将面临极大的风险和成本。教育部关于"十三五"期间高等学校设置的工作意见也特别强调,"高等职业学校原则上不升格为本科学校,不与本科学校合并,也不更名为高等专科学校"①。此外,仍然坚持单轨制教育体系,不脱离普通教育来实施职业教育的做法也会因职业教育不足而导致一线劳动者数量短缺、质量欠缺而阻碍我国的工业化进程。匦此,目前我国高职院校要逐步建立一种与普通高等院校的松散耦合关系,即与普通高校保持一种开放沟通、立体交叉的关系。普通高校除了强调通识教育以外,也要重视面向职场的专业教育;高职院校既要强调以就业为导向的技术技能教育,又要重视文化素养和人文素质教育。同时允许学生通过适当方式在两类院校之间双向转学,并认可相关课程的学分和学历文凭,真正实现高等职业教育和普通高等教育的等值、衔接和互通。

(四)高职院校组织形象构建:一项有待完善的综合性工程

职业学校组织形象是一个综合性工程,它是一项涉及学校的教学质量、发展战略、专业学科特色、毕业生在社会中的反响、教师知名度、社会服务贡献等多因素的集合体(王清连、张社字,2008)。高职院校组织形象展现的是高职院校的综合实力和独特风格,良好组织形象的构建有助于增强高职院校的整体竞争力,体现其别具一格的内在精神和外在特征。由于我国高职院校的发展时间不长,很多院校还处于初创和探索阶段,对自身组织形象塑造未给予足够重视,也存在不少盲目性。这主要体现在:

第一,缺乏办学自主权和独特的办学理念。目前我国高职院校本身存在一定的体制局限性,学校往往被动接受政府和上级主管部门的指令性政策、计划等,未能充分发挥办学自主权。这也使得学校在发展中出现较多的趋同和跟风现象,未能形成独具特色的办学理念和风格。曾经有企业管理者尖锐指出,职业院校真正

---

① 教育部.教育部关于"十三五"时期高等学校设置工作的意见.2017－2－4.

关心产业发展要求和企业人才需求的并不多(上海市教育科学研究院、麦可思研究员,2016)。受目前教育竞争激烈和市场变化迅速的冲击,一些学校办学行为趋向利益化和商业化,办学目标短视,对办学理念的理解较为肤浅。

第二,社会认同感低,吸引力不足。全国人民代表大会常务委员会执法检查组关于检查《中华人民共和国职业教育法》实施情况的报告指出,从1996年到2014年,我国高等职业教育在校生从123万人增至1007万人,毕业半年后就业率达90%。麦可思对2015届高等职业院校毕业生半年后的跟踪调查发现,毕业生毕业半年后平均月收入为3409元,相比2011届的月收入提高26.1%(上海市教育科学研究院、麦可思研究员,2016)。不可否认,高职院校的办学质量在逐年提升,但是不少高职院校仍然遭遇报名人数持续低迷、新生报到率低的尴尬。这种"叫座不叫好"的现象,很大原因在于高职院校的吸引力不足,组织形象不佳,未能提供"让人民满意的职业教育"。除了受传统儒家文化影响,公众对高等职业教育的接受度和认同感低以外,高职院校自身发展不足,课程、教材和教学方法缺乏创新,"双师型"教师数量不足,质量不高,实践教学条件差,与行业企业实践脱节等都导致其教学质量不高,培养的学生社会适应性不强,难以满足劳动力市场的需要。

第三,组织运行模式单一,功能僵化。目前我国多数高职院校的组织运行、管理方法、规章制度等方面模式单一,组织整体功能未能得以充分发挥,未能充分调动、整合组织内外部资源,从而对充满变化的市场和社会做出迅速的反映,严重影响了高职院校组织的效能和形象。在当前国家走新型工业化发展道路,实施创新驱动发展战略的大背景下,创新和改革是社会各领域可持续发展的根基。高职院校更需要适时调整自己的组织结构和运行机制,创新人才培养模式,创新人员管理体制,创新产教融合机制,创新职业教育与普通教育的沟通方式和中职高职的衔接方式,构建创新型示范院校,为建设"具有中国特色、世界水平的现代职业教育体系"①贡献力量。

第四,故步自封,宣传意识缺乏。高职院校良好形象的构建离不开与外界的沟通和自我宣传,若仅仅满足于做好各项常规工作是远远不够的。要增强公众对高职院校的了解,消除对高职教育的狭隘理解和负面形象,都需要靠学校自身主动积极地利用各种媒介和手段,及时地将学校的出色业绩和重大举措传播给公众,以此来提升学校的知名度和认可度。近年来,通过高职院校影响力排名和服

---

①　国务院. 国务院关于加快发展现代职业教育的决定. 2014 – 5 – 2.

务贡献 50 强排名等一系列检验、彰显高职院校办学质量和影响力的措施也在很大程度上对高职院校组织的形象塑造起到了积极作用。

二、高等职业院校教师制度

亚当·斯密在《道德情操论》中曾这样写道:"在人类社会的大棋盘上,每个个体都有其自身的行动规律,和立法者试图施加的规则不是一回事。如果它们能够相互一致,按同一方向作用,人类社会的博弈就会如行云流水,结局圆满。但如果两者相互抵牾,那博弈的结构将苦不堪言,社会在任何时候都会陷入高度的混乱之中"(亚当·斯密,2008)。这里由"立法者试图施加的规则"即是我们今天所说的为了规范人类相互之间的交往行为而被人类所创作出来的制度,而"每个个体自身的行动规律"与制度之间形成的博弈关系则是我们理解制度、考察制度的起源、变迁及发展历程的基础。对于高职院校教师这个特定的职业群体来说,其职业发展的现状和未来前景在很大程度上都取决于规范和约束着他们的教师制度。

(一)高职院校教师制度的涵义

组织中的人事管理制度包括对组织人员的选拔、录用、培训、薪酬、晋升、奖励、惩罚、监督、退休与抚恤等诸多方面。高职院校教师制度同样涉及上述各个领域,每个领域都与教师职业发展有着密切联系。

在我国,教师资格制度、教师职务制度和教师聘任制度是组成高职院校教师制度的基本内容,它们是以正式的法律条文形式加以规定的。① 《中华人民共和国高等教育法》第四十六条规定,高等学校实行教师资格制度。中国公民凡遵守宪法和法律,热爱教育事业,具有良好的思想品德,具备研究生或者大学本科毕业学历,有相应的教育教学能力,经认定合格,可以取得高等学校教师资格。不具备研究生或者大学本科毕业学历的公民,学有所长,通过国家教师资格考试,经认定合格,也可以取得高等学校教师资格。② 第四十七条规定,高等学校实行教师职

---

① 在我国,截至目前除了 1996 年颁布的《中华人民共和国职业教育法》以外,还没有关于职业教育教师制度的专项法律条款,因此本研究以《中华人民共和国高等教育法》(1998 年 8 月 29 日颁布,1999 年 1 月 1 日起施行,并于 2015 年 12 月 27 日再次修订)中关于高等学校教师制度的相关规定为参照来分析高职院校教师制度。

② 参见《中华人民共和国高等教育法》第四十六条。

务制度。高等学校教师职务根据学校所承担的教学、科学研究等任务的需要设置。教师职务设助教、讲师、副教授、教授。高等学校教师职务的具体任职条件由国务院规定。① 第四十八条规定,高等学校实行教师聘任制。教师经评定具备任职条件的,由高等学校按照教师职务的职责、条件和任期聘任。高等学校的教师的聘任,应当遵循双方平等自愿的原则,由高等学校校长与受聘教师签订聘任合同。② 在实操层面,高职院校教师制度还包含以下一些具体制度:晋升制度、考核制度、奖惩制度、培训制度、薪酬制度、申诉制度等。此外,2006 年教育部发表的《关于全面提高高等职业教育教学质量的若干意见》文件中指出,高等职业院校教师队伍建设要根据国家人事分配制度改革的总体部署,改革人事分配和管理制度。③ 其中特别提到加大兼职教师的比例,逐步建立"双师型"教师资格认证体系,这可以看作是具体到某个地区或某所高职院校制定并实施具体的企业兼职教师聘任制度及"双师型"教师的认证制度和培养制度的政策依据。

上述各项制度可能并不能完全涵盖高职院校教师制度中的所有内容,但基本涉及了高职院校教师制度的主要部分。本研究以此为依据,将重点考察五项制度,这些制度与高职院校教师职业发展的内容密切相关:

高职院校青年教师作为专业人的视角——专业能力[对应教师资格制度(包含"双师型"制度)、教师培训制度]

高职院校青年教师作为组织人的视角——组织角色(对应教师考核制度、晋升制度、薪酬制度)

此外,高职院校在实际运行各自具体的教师制度时,不是仅仅按照自己院校的制度安排来实施,还必定会受到国家层面的相关高职院校教师制度规定的影响。实际上,对高职院校教师职业发展产生影响的高职院校教师制度虽然在运行中是参照具体院校的具体标准,但这些具体规则标准也已经是在国家层面教师制度的引导、渗透之后的结果,是综合考虑国家政策导向的内容和具体院校的实际情况内容之后制定出来多种制度形式的"混合物",因此可以说用下图来表示国家层面的教师度和具体院校的教师制度之间的包容、镶嵌、融合的关系,具体见图2.1 所示,其中小圆部分表示具体学校的教师制度,大圆部分表示国家层面的教师制度。

---

① 参见《中华人民共和国高等教育法》第四十七条。
② 参见《中华人民共和国高等教育法》第四十八条。
③ 参见 2006 年 11 月 16 日发布的教高[2006]16 号文《关于全面提高高等职业教育教学质量的若干意见》。

图 2.1　高职院校教师制度

（二）高职院校教师制度的构成

从高职院校教师制度的存在方式看,可以将其划分为由权力机构规定的正式制度和由社会普遍认可的非正式制度两部分。正式的高职院校教师制度是国家政府或有关权力机构以高职院校教师为管理对象而设计实施的一系列人事管理制度。非正式的高职院校教师制度是指在社会发展历程中逐渐形成的,用来规范高职院校教师行为的各种不成文规定,例如社会对于高职院校教师的职业道德、行为规范、教育观念等方面所形成的一些较为一致的、符合社会主流意识形态和价值观的看法和行事规矩。

本研究所讨论的主要是高职院校教师的正式制度,但这不意味着完全忽略或排斥非正式制度的广泛存在和其在实际中所发挥的作用。因为,无论正式制度制订得多么详尽、明确、规范,都无法涵盖现实中随时可能出现的新问题。同时,随着高职院校组织的制度化程度不断提高,曾经不少属于非正式规则方式对高职教师施加规限的领域,也会逐渐转变为正式制度,建立起正式的教师制度,例如20世纪末,在我国高等职业教育发展的初期阶段,关于高职院校教师较为完善的制度主要集中于教师资格认证体系和教师培养培训制度,考核并没有发挥特别大的影响力,不少高职院校也很少制定具有实质意义的考核评价制度,然而随着高职院校教师队伍的壮大和教师制度的日益完善,现在越来越多的高职院校制定并实施了细致严格的教师考核制度和评价制度,为教师职业发展提供了制度保障和依据。此外,值得一提的是,非正式制度在对正式制度发挥一定的调节、导向作用的时候,也会有滞后于正式制度并与正式制度的变革不能同步发生的现象出现。例如,作为非正式教育制度的教育观念,"在正式教育制度变革之前,希望出现教育观念的普遍转变是不现实的。不是不可能,而是需要付出高额的变革成本。因为正式教育制度变革之前的教育观念的转变需要个人有较高的文化水平,或者需要有来自外界的苦口婆心的劝导和师范。因此,通过改变观念来提高教育效率的做法其实效是有限的,而且在基本教育制度尚未变动的情况下也是有风险的"(康永久,2003)。

由于我国高等职业教育的发展具有较强的区域性色彩,不同的高职院校又具有较大的差异性,所以具体到各个院校,其教师制度的制订和实施也存在一定程度的差异。目前,全国尚未形成统一通用的高职院校教师制度。除了教师资格制度和职称评审制度大体沿袭普通高校教师资格认定的程序和职称评审流程以外(具体内容详见第五章第三节第一部分内容),其余关于高职院校教师的培训制度、考核制度、薪酬制度等的设计安排,不同高职院校均有不同的规定和要求。

我国对于高职院校教师进行的职后培训,一方面特别重视"双师素质"的养成(具体内容详见第五章第三节第一部分内容),一方面特别强调"加强校长培训,实行五年一周期的教师全员培训制度,落实教师企业实践制度"①。以北京电子科技职业学院为例,他们首先设定了明确的、别具特色的教师企业实践方案,即依据教师职称、岗位和实践形式的不同,分别提出不同的实践要求。如对助教、讲师的实践要求是强调以提高实践技能为主的"学习"过程,对高级职称教师的要求重点在于"实践",即不仅提高技能,而且能够在加强和企业合作方面有所作为,例如开发或承担企业科研项目、参与企业技术革新、编写工学结合教材及课程标准等方面。对于企业实践方案的制定采取自下而上的模式——由教师首先规划适合自己的任务,再与其所在系部协商并制定任务书,最后由学院根据任务书对实践效果进行验收。企业实践的评价主体由教务处、督导处、实践企业、各系部等多方构成,有利于保障评价的公平公正公开。企业实践的管理实施也由多方部门共同参与——人事部门负责企业实践相关文件的制定和落实;教务部门负责审批、协调、落实相关工作;督导部门负责制定考核办法并参与考评;各系部负责教师实践计划的制订、安排和管理各项工作;企业负责接收并安排教师开展实践,并对实践情况进行评价(米兰等,2011)。这种对企业实践活动的前期论证、协调,中期检查,结束时总结、考核等一系列注重过程管理的实施方案,几年来取得了一定成效,为提高该校教师的教学和科研能力,促进课程建设发挥了重要作用。

我国对高职院校教师的考核采用绩效考核和评价方式,主要参照现代企业的

---

① 国务院. 国务院关于加快发展现代职业教育的决定. 2014 - 5 - 2.

绩效考核制度。例如深圳职业技术学院早在 2001 年便形成以年度考核为主要特征的教师工作绩效考核制度。近年来,深职院为适应新时期高职院校侧重内涵式发展的新特征,改革旧有的考核办法,于 2011 年起开始全面实施聘期考核制度,并取得了一定进展和成效。聘期考核以教师聘期(通常为 3 年)为时限,依据教师获聘岗位进行履约考核,并采取年度考核和聘期考核相结合的方式。年度考核主要是对教师每年的教学工作和公共服务工作进行考核,并将其结果作为年度考核评优评先和奖金分配的依据。聘期考核则会结合三年的年度考核结果,重点考核教师聘期内科研工作的完成情况和其他业绩、获奖情况。聘期考核的结果作为下一期聘任的依据。这种考核方式具有一些显著特征:1. 岗位职责明确,标准量化。教师的岗位职责由教学、科研和公共服务三部分组成,每部分有明确的量化指标,即教学 8 学时/周,科研 2 学时/周,公共服务 2 学时/周;2. 以教学单位为考核主体。由教学单位根据学校要求和自身实际来制定本单位教师工作的考核细则,实施岗位考核;3. 考核方式灵活多样。对不同教师采取不同的考核方式,对长期为学校做贡献的教师实行"定期考核",对工作未满 10 年的教师实行"聘期考核",考核标准一致,考核结果的使用不同。例如,对优秀的"长聘期"教师给予"直接续聘"本岗位等政策倾斜(谷茂等,2016)。虽然这种考核方式在实行过程中还存在若干问题,但是也起到了良好的激励效应,有力地推进了整体教师队伍的建设。

　　从 2010 年开始,我国高职院校开始普遍实施岗位绩效工资制度,这种体现"按劳分配"原则的工资制度具有一定的可靠性、公正性和激励性,但也存在一些问题。有研究表明,目前高校教师对实施的绩效工资制度满意度较低(刘金伟等,2012),尤其是原本比普通高校承受更多压力的高职院校教师,其幸福感再次降低(王伟哲等,2014)。针对这些问题,随着我国现代职业教育体系的逐步建立,国家持续加大对高等职业教育的投入,教师绩效工资总领也将逐步提升,教师薪酬制度将日趋完善(具体阐述详见第五章、第六章相关内容)。

第三章

高等职业院校青年教师的职业发展及其与教师制度的关系

在对高职院校组织和高职院校教师制度做了简要阐述之后,本章重点分析本文的研究对象——高职院校青年教师群体。首先对我国高职院校青年教师队伍的整体状况做简要分析,接着阐述他们的职业发展状况,包括职业发展路径和影响因素等,最后对青年教师职业发展和高职院校教师制度之间的关系做深入分析,并以此来构建本研究的分析框架。

一、高等职业院校青年教师队伍的现状

2006 年,教育部《关于全面提高高等职业教育教学质量的若干意见》中指出,"高等职业院校教师队伍建设要适应人才培养模式改革的需要,按照开放性和职业性的内在要求,根据国家人事分配制度改革的总体部署,改革人事分配和管理制度。增加专业教师中具有企业工作经历的教师比例,安排专业教师到企业顶岗实践,积累实际工作经历,提高实践教学能力。同时要大量聘请行业企业的专业人才和能工巧匠到学校担任兼职教师,逐步加大兼职教师的比例,逐步形成实践技能课程主要由具有相应高技能水平的兼职教师讲授的机制。重视教师的职业道德、工作学习经历和科技开发服务能力,引导教师为企业和社区服务。逐步建立'双师型'教师资格认证体系,研究制订高等职业院校教师任职标准和准入制度。重视中青年教师的培养和教师的继续教育,提高教师的综合素质与教学能力"。① 这可以看作是对我国高职院校教师队伍建设的总体部署,在相当长的时

---

① 教育部高等学校教学指导委员会．关于全面提高高等职业教育教学质量的若干意见．2016.

间里,为教师队伍建设提出了明确的方向和要求。

近年来,随着高等职业教育进入内涵式发展的新阶段,国家对高职院校教师素质提出了新的目标任务,即"2017－2020 年,组织职业院校教师校长分层分类参加国家级培训,带动地方有计划、分步骤实施五年一周期的教师全员培训,提高教师'双师型'素质和校长办学治校能力;支持开展中职、高职、应用型高校教师团队研修和协同创新,创建一批中高职教师专业技能创新示范团队;推进教师和企业人员双向交流合作,建立教师到企业实践和企业人才到学校兼职任教常态化机制,通过示范引领、创新机制、重点推进、以点带面,切实提升职业院校教师队伍整体素质和建设水平,加快建成一支师德高尚、素质优良、技艺精湛、结构合理、专兼结合的高素质专业化的'双师型'教师队伍"①。此外,对于教师的示范培训也增加了新的内容和要求,即"培训要模块化设置课程,将师德素养、工匠精神、'双创'教育、信息技术等列入培训必修内容,实行集中脱产学习和网络自主化研修相结合,开展训前诊断、训中测评、训后考核,加强教师的师德养成、专业知识更新、实践技能积累和教学能力提升"②。

依据上述国家层面对高职院校教师队伍发展所做的总体要求,数年来,我国高职院校教师队伍结构随着高等职业教育的发展也发生了显著变化。尤其是自2005 年 10 月 28 日国务院正式颁布《国务院关于大力发展职业教育的决定》以来,职业教育尤其是高等职业教育更是进入高速发展的"快车道"。因此,本研究以这一年为时间节点,分析从 2006—2015 年十年间,我国高职院校教师队伍结构的变化发展状况。

(一)专任教师数量总体呈增长趋势,规模逐步稳定

2006 年,高职院校专任教师总数为 31.63 万人,2015 年增加到 45.46 万人,10年间增长了 13.83 万人。从增长率的情况看,2006—2007 年间是增长最为迅速的一年,此后,虽然高职院校专任教师总数保持增长趋势,但是其增长率是在逐渐下降。从 2006－2007 年的 12.18%下降到 2010－2011 年度的 2.11%,随后两年略有上升,到 2014 年增长率回落至 0.39%,2015 年又提升到 3.72%。从高职院校专任教师每年增长的人数看,2006－2011 年间,呈逐年下降的趋势,每年分别增加

---

① 教育部、财政部.教育部、财政部关于实施职业院校教师素质提高计划(2017－2020 年)的意见.2016－10－28.
② 同上。

3.85万人、2.23万人、1.79万人、0.91万人和0.85万人。从2012年开始,连续两年又有明显的增长趋势(2012年增加1.08万人,2013年增加1.32万人),到2014年略有回落(2014年增加0.17万人),2015年又有一定幅度的增长(2015年增加1.63万人)。具体见图3.1所示。

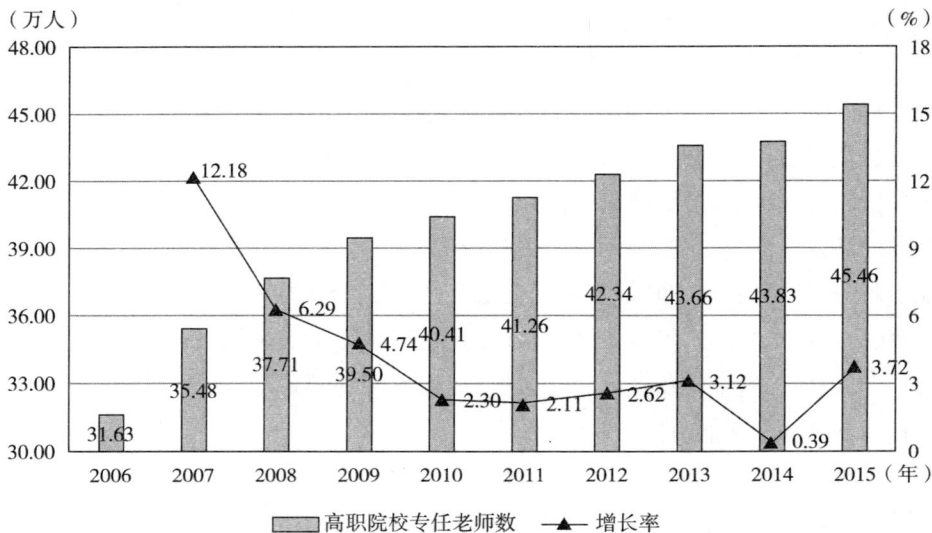

图3.1　2006－2015年高职院校专任教师规模变化①

(二)青年教师所占比例较为稳定,成为教师队伍的主力军

2006－2015年间,高职院校青年教师的数量逐渐增多,基本占到专任教师总数的50%—60%左右。从2006—2012年,对于高职院校教师年龄情况的统计是依据30岁以下、31－35岁、36－40岁、41－45岁、46－50岁、56－60岁、61－65岁、66岁及以上的划分依据。随着高职院校教师群体日渐呈现年轻化态势,从2013年开始,教育部对高职院校教师年龄情况的统计开始按照29岁以下、30－34岁、35－39岁、40－44岁、45－49岁、50－54岁、55－59岁、60－64岁、65岁及以上这个标准。因此,为了表述之便,本研究在统计2013—2015年三年间的数据时,实际上统计了39岁以下教师所占比例,由于缺失了40岁教师的数量,故在图表中比例有所下降,这并非意味着青年教师群体规模的缩小,相反,青年教师群体已经成为专任教师队伍中一支较为稳定的力量(具体见图3.2所示)。高职院校

---

①　根据2007—2016年《中国统计年鉴》的相关教育统计数据绘制而成。

生存发展的核心是教师,而青年教师又是整个教师队伍的生命活力所在,是优化师资队伍建设和保障教学质量所不容忽视的重要力量。可以说,他们的生存发展直接关系高职院校乃至整个高等职业教育的生存发展。

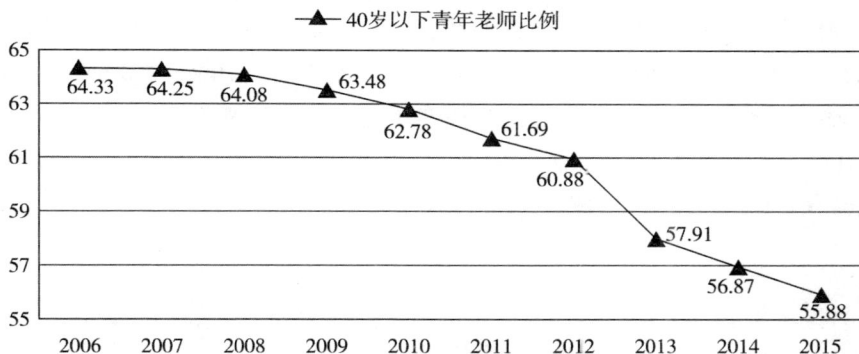

図 3.2　2006 – 2015 年高职院校青年教师所占比例变化①

（三）女教师数量持续增长,占据"半边天"

通过对比近十年间我国高职院校专任教师群体中女教师的数量,可以发现,女教师始终是教师队伍的重要组成部分。从 2006 年开始,女教师所占比例的 47.01% 到 2015 年的 52.37%,女教师比例逐年增长,并且高职院校中女教师所占比例持续高于普遍本科院校。详见图 3.3 所示。

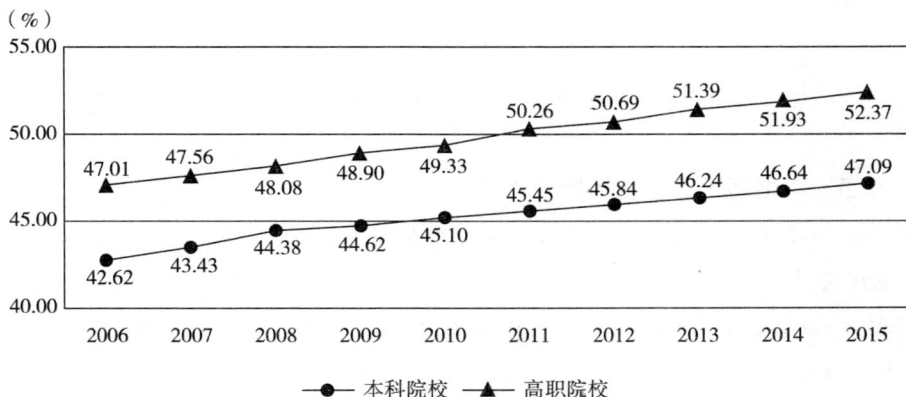

図 3.3　2006 – 2015 年普通本科院校与高职院校女教师所占比例变化对比②

---

① 根据 2007—2016 年《中国统计年鉴》的相关教育统计数据绘制而成。

② 同上。

（四）教师职称结构进一步优化，高级职称教师所占比例较低

近年来随着高职院校教师队伍建设的发展，教师职称结构逐渐优化。初级职称教师比例大体上呈现逐年下降的态势，从 2006 年的 27.48% 降低到 2015 年的 20.28%。中级职称教师数量最多，其比例由 2006 年的 34.06% 提高到 2015 年的 40.94%，呈现较快的增长速度。副高级职称教师的比例基本稳定在整体教师人数的 1/5 左右。高级职称教师人数虽然从 2006 年仅有的 2.91% 增加到如今的 4.36%，但是其所占比例仍然较低（详见图 3.4 所示）。

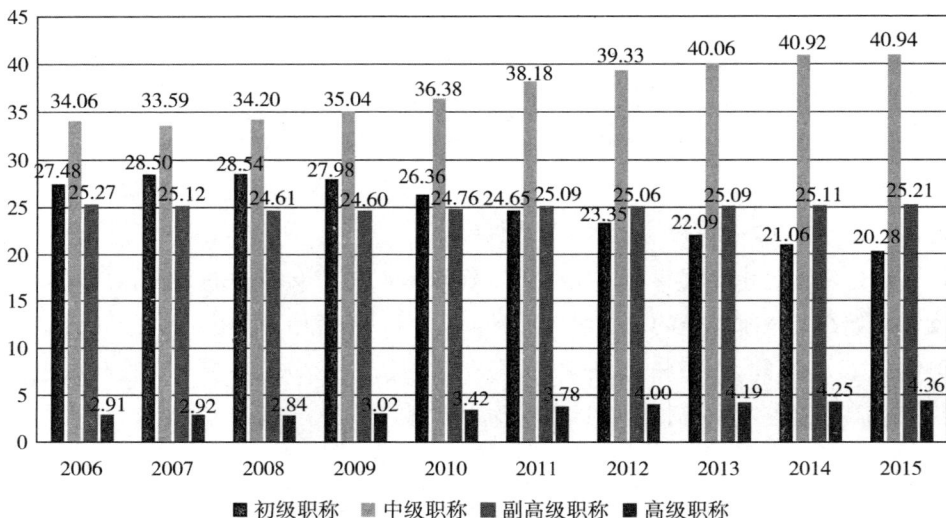

图 3.4　2006－2015 年高职院校教师职称结构变化①

（五）"双师型"教师比例持续增加

2007—2014 年间，我国高职院校专任教师中"双师型"教师比例从 2007 年的 28.42% 提高到 2014 年的 38.27%，累计提高 9.85%。从年度提高情况看，前四年间每年分别提高 1.42%、1.58%、1.91% 和 2.02%，呈现出明显的加速提高趋势。具体见图 3.5 所示。

---

① 根据 2007—2016 年《中国统计年鉴》的相关教育统计数据绘制而成。

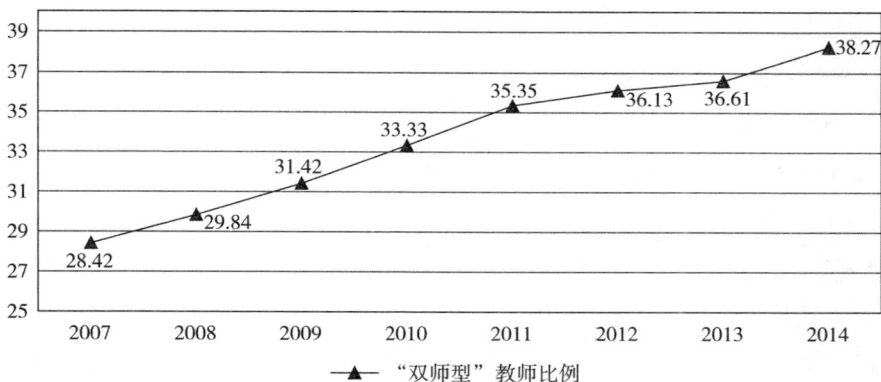

图 3.5 2007－2014 年高职院校"双师型"教师比例变化①

二、高等职业院校青年教师的职业发展

20 世纪以前,当人类社会还未进入现代大工业的飞速发展之际,社会上的职业种类十分有限,劳动分工还未细化,工作性质没有显现出明显的独特性和差异性,人们对职业的选择余地也极其有限,大多数人生来便在自身原生家庭的熏陶下,顺理成章地继承了父母所从事的职业,而这种情况并未延续至工业革命之后。工业革命引发了社会的巨变,使得人们面临可供选择的职业种类和机会越来越多,由此工作中需要面对的问题和可能出现的困惑和危机也越来越多。1908 年,有着"职业指导之父"之称的美国波士顿大学教授弗兰克·帕森斯(Frank Parsons)成立了世界上第一个职业咨询机构——波士顿地方就业局,旨在为人们提供职业指导,尤其是解决青年人的失业问题。他首次提出了"职业咨询"的概念,从此职业指导开始系统化。到 20 世纪五六十年代,美国职业管理学专家萨伯(Donald E. Super)等人提出了"生涯"的概念,于是生涯规划开始应用于职业指导的诸多方面。高职院校教师群体不同于普通高等院校的教师群体,其职业发展的内涵、特征、过程及影响因素都与普通高等院校的教师群体有很大不同,本部分将重点论述高职院校教师群体的职业发展状况。

---

① 根据 2008—2015 年《中国统计年鉴》的相关教育统计数据绘制而成。

(一)职业发展的内涵和构成

1.职业发展的内涵

根据中国职业规划师协会的定义,职业发展可以理解为组织用来帮助员工获取目前及将来工作所需的技能、知识的一种规划。因此,职业发展一词最初主要应用于企业对组织的人力资源进行的知识、能力、技术的发展性培训和教育活动方面。"职业发展"对应于英文中的"career development",也可以称作职业生涯发展,它与职业生涯(career)、职业规划(career planning)、职业选择(career choice)等概念的内涵不同,但常被混淆使用,因此要理解职业发展的内涵,有必要澄清这些相关概念。职业生涯,在广义上可以理解为生涯,是指个人通过从事工作所创造出的一种有目的的、延续不断的生活模式(罗伯特·里尔登等,2010)。职业规划,也称为职业生涯规划或职业生涯设计,是指个人在综合考虑、分析、衡量自己的兴趣、爱好、能力等主观因素以及自己所处的组织环境的客观因素的基础之上,根据自己的职业倾向,确定最佳职业目标并为实现这个目标做出相应的规划和安排的过程。职业选择是指人们根据自己的职业期望、职业理想和自身素质选择适合自己的职业的过程。通常包括帕森斯所提出的三个步骤:(1)对自身兴趣、知识、技能、价值观、目标、背景和资源的自我评估;(2)考察所有学校学习、业余培训、就业机会和各种职业的可供选择的机会;(3)根据以上两个步骤收集的信息判断什么是最佳职业选择(Parsons,1909)。职业发展是指个体逐步实现自己的职业生涯目标,并不断制定和实施新目标的过程。如果说职业生涯更多的是从静态角度(某一时点)来研究职业的发展过程,那么职业发展则更倾向于从动态角度研究个体的职业选择和职业转换过程。可以说,职业发展是每个处于职业生活中的人所追求的共同目标[1],它涵盖了一个人一生中的工作经历和发展过程,包括职业、职位的变迁,职务的变化以及职业理想的实现等多方面内容。职业发展通常作为企业人力资源管理的一项重要活动过程,与组织的人力资源规划、招募与甄选、绩效评估、人员培训、个人工作分析等方面都有着密切联系。

2.职业发展的构成

为了论述职业发展的组成部分,首先简要概述职业发展相关理论的产生和演化历程。学术界对职业发展理论的研究最早起源于 20 世纪 50 年代美国职业管

---

[1]　任福战.大学生人力资本投资与职业发展研究.河北工业大学博士学位论文.2013:27.

理学专家萨伯,他以时间为线索,从宏观和动态角度描述了职业发展过程中人们所经历的心理变化阶段历程和特点。他认为职业生涯是一个长期的发展过程,处在不同的发展阶段,其相应的职业需求和特征也不同。萨伯以年龄作为心理职业阶段的坐标将人生从出生到死亡所经历的职业生涯发展划分为五个阶段,即成长期(0-14岁)、探索期(15-24岁)、建立期(25-44岁)、维持期(45-64岁)和卸任期(65岁以上)。萨伯的职业发展理论虽然较为详尽地概括了人类生命周期的全过程,同时也考虑到社会、经济、机遇等现实因素对职业发展的影响,但并未明确说明这些诸多因素的变化对个体的职业选择和职业发展会产生什么影响。

美国心理学家格林豪斯(Jeffrey H. Greenhaus)从人生不同年龄阶段面临的不同任务的角度出发,将职业生涯发展划分为五个阶段:职业准备阶段(occupational choice:preparation for work)(0-18岁)、进入组织阶段(organizational entry)(18-25岁)、职业生涯初期(early career:establishment and achievement)(25-40岁)、职业生涯中期(midcareer)(40-55岁)、职业生涯后期(late career)(55岁直至退休)。与萨伯一样,格林豪斯也是按照年龄来划分职业生涯,但格林豪斯将关注点放在不同年龄阶段需要完成的任务的不同的角度去分析职业发展过程,如职业准备阶段的主要任务是发展职业想象力,培养职业兴趣和能力,对职业进行评估和选择,接受必要的职业教育和培训;进入组织阶段的主要任务是以求职者的身份进入劳动力市场,加入一个理想的组织,选择一个合适、满意的职业;进入职业生涯后,初期的主要任务是了解和学习组织纪律、规范、文化,逐步适应职业工作,融入组织,不断学习职业技能,为未来职业生涯成功做好准备;中期的主要任务则是对早期职业生涯重新评估,强化或转变职业理想,重新选择职业和生活方式;到了职业生涯的晚期阶段,主要任务是安于现有工作,继续保持职业成就,成为一名工作指导者,对他人承担责任,维护自尊,调整好心态做好退休打算(格林豪斯,2014)。

1959年,美国著名职业指导专家约翰·霍兰德(John Henry Holland)从静态角度来划分职业心理结构,提出了人业互择理论(也称作"职业规划理论—霍兰德六角型理论"),通过分析个人人格类型与职业类型的匹配度来指导人们选择职业。该理论认为职业选择是个人人格特质的反映和延伸,因此,不同的人格类型会对应不同的职业类型。霍兰德将人格分为六种基本类型:实际型、研究型、艺术型、社会型、企业型、传统型,这些类型之间有三种关系模式——相近关系、中性关系和互斥关系,每种人格类型都有与其建立三种不同关系类型的人格类型。与这六种人格类型相对应,霍兰德分析了与每种类型相重合的代表性职业类型,并认为个人在于其人格类型相一致或相近的工作环境中更能够充分发挥自身才能,获得内在满足感,见表3.1所示。

表3.1　霍兰德的六种人格类型及相应的职业(格林豪斯,2014)

人格类型	人格特点	职业兴趣	代表性职业
实际型	真诚坦率、重视现实、讲究实际、有坚持性、有实践性、有稳定性	手工技巧、机械的、农业的、电子的技术	体力员工、机械操作者、飞行员、农民、卡车司机、木工、工程技术人员等
研究型	分析性、批判性、好奇心、理想的、内向的、有推理能力的	科学、数学	物理学家、人类学家、化学家、数学家、生物学家、各类研究人员等
艺术型	感情丰富的、理想主义的、易冲动的、有主见的、知觉的、情绪性的	语言、艺术音乐、戏剧书法	诗人、艺术家、小说家、音乐家、雕刻家、剧作家、作曲家、导演、画家等
社会型	富有合作精神的、友好的、肯帮助人的、和善的、爱社交和易了解的	与人有关的事、人际关系的技巧、教育工作	临床心理学家、咨询者、传教士、教师、社会联络员等
企业型	喜欢冒险的、有雄心壮志的、精神饱满的、乐观的、自信的、健谈的	领导、人际关系的技巧	经理、汽车推销员、政治家、律师、采购员、各级行政领导者等
传统型	谨慎的、有效的、无灵活性的、服从的、秩序的、能自我控制的	办公室工作、营业系统的工作	出纳员、统计员、图书管理员、行政管理助理、邮局职员等

与萨伯和格林豪斯不同的是,霍兰德的人业互择理论考虑到个人人格特征和心理结构对职业选择和职业发展的影响,但在很大程度上呈现出机械性、主观性等缺陷,不能解决家庭、经济、社会等因素对个人职业选择的影响问题以及对职业类型的形成、发展和变化过程的分析解释。

20世纪60年代美国人力资源管理专家埃德加·施恩(Edgar H. Schein)针对企业如何组织和管理具有不同才能、动机、价值观不同的员工提出了职业锚理论,最早体现在施恩的著作《职业动力论》中。一般意义上,"锚"是指固定船只的有效工具,"职业锚"(career anchor)借用这个含义,指能够把职业稳定下来的有效工具,"职业锚是内心深处的自我认知,是一个人在面临困难的职业选择时,他无论如何都不会放弃的内心深层次的东西"(施恩,2004)。这个深层次的东西可以理解为一个与职业相关的自我概念,是与个人内心深处的自我认知的动机、需要、才能及价值观相关的,即使人们没有机会去实践,它仍然会存在而且不易改变。1978 年,施恩提出职业锚的五种类型:技术职能型职业锚、管理型职业锚、创造创业型职业锚、自主独立型职业锚和安全稳定型职业锚。随着研究的深入,到 20 世纪 90 年代,施恩在《职业锚:发现你的真正价值》一书中又增加了三种类型的职业锚,即服务型职业锚、挑战型职业锚和生活型职业锚(施恩,2004)。不同的职业锚类型具有不同的特点,通过把握自身的职业锚,可以有效地做好职业规划,引导个人正确审视自身的才干、动机、需求和价值观,有针对性地选择适合自己的职业发展道路,实现自身职业发展目标和组织发展目标的一致性,实现效益最大化。

从上述诸种理论可以看出,传统职业发展理论更多地关注职业心理结构和发展阶段,因此从这个意义上来讲,职业发展包含了职业选择、职业决策、职业成就等诸多因素。此外,本研究认为职业评价作为影响人们职业选择的重要因素,也应该将其包含在职业发展的过程当中。职业评价既是指对职业的外部客观情境,如职业声望、地位、经济报酬、工作环境、工作的具体地点和内容等方面的好坏优劣判断,又可以指对与工作有关情境的主观知觉和感受,如个人的兴趣爱好、态度、能力、价值观和发展趋向等的自我内在判断。职业评价可以贯穿职前、职中、职后整个职业生涯,可以说这种基于主客观多方面综合考虑和衡量做出的职业评价对职业发展过程中的决策起着至关重要的导向作用,进而,决策的结果引发相应的职业行为和选择,并勾勒出未来职业发展的路径和职业过程的整体图景。综上,职业发展大体由四部分构成:职业选择、职业决策、职业成就和职业评价。

(二)高职院校青年教师职业发展的相关问题

根据以上职业发展的构成要素来看,高职院校青年教师的职业发展内涵也应该涵盖职业选择、职业决策、职业成就和职业评价四个方面。除此之外,作为在高职院校组织中从事教学事业的特殊群体,高职院校青年教师具有双重身份——既作为教育教学的专业人员,又作为高职院校的组织成员,因此,基于专业人和组织人的双重身份有必要进一步分析高职院校青年教师职业发展的具体内容。

1. 高职院校青年教师职业发展的基本内容

20 世纪六七十年代,美国学者伯格威斯特(William H. Bergquist)和菲利普斯(Steven R. Phillips)提出了大学教师发展的理论模型。该模型基于态度、过程和结构三个层次展开论述,讨论教师发展在三个层面上的发展变化,对我们研究教师发展提供了一个很好的参照。本研究借鉴这种理论建构的方式,分别从高职院校青年教师作为专业人和组织人的双重身份入手,来考察职业发展过程在态度、过程和结构三个维度上的发展变化,并以此建构高职院校青年教师职业发展的内容框架,见表 3.2 所示。

表 3.2　高职院校青年教师职业发展的内容框架

教师	态度	过程	结构
专业人	专业态度	专业能力	专业提升阶梯
组织人	组织认同	组织素质	福利待遇提升

在态度层面,高职院校青年教师需要积累的是作为专业人角度而言的专业态度,包括与专业相关的教育理念、价值观、人生态度等诸方面,以及建立作为组织人角度而言的组织认同感,包括对职业责任感、组织归属感和依赖感等诸方面。在过程层面,主要强调高职院校青年教师专业能力和组织能力的提升,包括与专业和组织相关的各种知识、能力、信念、素质、情感等方面的成熟与提高。其中,专业能力在本研究中主要指高职院校教师的专业发展能力,"主要体现为专业教学能力和专业研究能力两个方面,其中专业教学能力包括专业理论教学能力和专业实践教学能力"(俞启定、王为民,2013),是强调理论和实践一体化的教学,是不同于普通高等学校教师"学术导向"的教学能力,而是独具特色的"双师导向"的教学能力要求。总体而言,本研究把高职院校教师的专业能力概括为教学能力、科研能力和实践技能三个方面。专业能力和组织素质的提升实质上是教师个人不断追求职业成熟的过程,也就是教师个人职业社会化的过程。在结构层面,教师通过职务、职称等的上升式阶梯晋升以及福利待遇的增加、奖励的获得、组织地位的提升、成就的认可等方面的衡量可以看作是教师获得的组织层面的发展。高职院校青年教师职业发展的三个层面六项基本内容涵盖了教师职业发展中的主要方面,这三个层面的活动在现实中是彼此影响、相互作用的,其中各个组成部分之间可能存在着部分重叠的现象,并非彼此独立的存在。当然由于实际情况的复杂性和教师个体差异性的存在,实际中的教师职业发展内容远不止这六项内容所能包容涵盖的,这里为了研究的方便,仅以此六项内容为重点来剖析教师职业发展的主要方面。此外,伯格威斯特曾提出一个非常重要的观点:任何大学教师发展都是在一定的制度环境中进行的。无论大学教师发展的维度与组成部分之间如何交叉、重叠,相互作用,相互影响,它们都是在一定的制度环境中完成的(Bergquist&Phillips,1975)。本研究也采用这种分析思路,将制度环境的影响作为

整个教师职业发展历程的关键因素来考察,此部分内容将在后文详细论述。

2. 高职院校青年教师职业发展的阶段与周期

高职院校青年教师作为高职院校教师群体的重要组成部分,其职业发展历程是一个不断前进的、连续的动态过程。在这个过程中,个体的发展会随着时间推延而呈现出某种阶段性、周期性特征。自 20 世纪 60 年代末开始大量涌现关于教师职业生涯方面的研究,半个多世纪以来,研究者们提出了许多关于教师职业生涯发展的理论和模型,虽然不同理论模型间存在诸多细节方面的差异,但它们都有基本一致的共识,即教师的职业发展过程是与人的整个生命周期存在密切关联,各个发展阶段是有顺序的,每个阶段都有需要面对的问题、内容、任务和目的。通过对多种教师职业生涯发展模型的比较分析,本研究认为美国学者费斯勒(Ralph Fessler)于 1985 年提出的一套动态的教师生涯循环理论较为完备地涵盖了教师职业生涯发展的所有阶段。以此模型为基础,结合高职院校教师职业的实际情况,可以将高职院校教师从初入职场的新手教师到成长为资深成熟教师再到职业生涯结束的整个发展过程划分为八个阶段,见表 3.3 所示(Fessler,1985)。

表 3.3　高职院校教师职业发展的八个阶段

生涯阶段	主要任务
1. 职前教育阶段 (Pre-survive)	特定职业角色的准备期,通常在大学或师范学院进行师资培育,也包括在职教师从事新角色或新任务的再培训,或者在高等教育机构内的学习和在职进修活动。
2. 实习导入阶段 (Induction)	教师任教的前几年,学习教师角色社会化,适应学校系统的运作。这一时期教师工作努力,希望获得学生、同事、上级及其他人员的接纳,并设法稳妥处理日常事务,获得被肯定的信心。
3. 能力建立阶段 (Competency Building)	在此阶段的教师努力充实教学知识、完善教学技巧、提高教学效率,善于获得新信息,发现和运用新方法、新策略,且乐于接受和吸纳新观念,乐于参加研讨会、观摩会等相关会议,积极进行进修和深造。
4. 热心成长阶段 (Enthusiastic and Growing)	此阶段教师已经具备较高水平的教学能力,并热心教育工作和继续追求自我实现,积极主动追求其专业形象的建立,不断寻求新方法来充实教学活动,有较高的工作满意度,能够积极参与学校的各种教育活动。
5. 生涯挫折阶段 (Career Frustration)	此阶段一般称为教师职业的倦怠期,教师可能会受到某些因素的影响而产生教学上的挫折感,出现怀疑自己工作能力和职业选择的正确性、对自己工作不满意甚至出现理想破灭等现象。
6. 稳定停滞阶段 (Stable and Stagnant)	这是教师职业发展的平原期。有些教师出现停滞状态,只做分内工作,不求有功,但求无过,有些教师则维持现状,普遍缺乏进取心。
7. 生涯低落阶段 (Career Wind Down)	这是教师准备离开教育职业的低潮期。有些教师回顾过往感到满足愉悦,有些教师则因缺乏成就而感到一事无成,有些教师因被迫终止工作而表现出对教育工作的眷恋。此阶段的长短因人而异。

生涯阶段	主要任务
8.生涯隐退阶段 （Career Exit）	这是教师离开教学生涯后的时期。不同的人有不同的选择，有些人可能寻找短期的临时工作，有些人可能从事非教学工作，有些人可能颐养天年，享受天伦之乐。

高职院校青年教师群体作为本研究的重点考察对象，其职业发展历程也必将经历以上八个阶段，而由于本研究将研究对象的年龄限定在40周岁（含40周岁）以下，因此这里主要讨论的青年教师其职业发展阶段并未完全覆盖这八个阶段，受年龄和教龄所限，大部分青年教师的职业发展历程会拓展到第四、第五个阶段，此外，考虑到教师个体差异性和现实情况复杂性的存在，也有部分教师达到第六个阶段。

费斯勒的这个理论模型并未明确划分各阶段之间的准确的时间界限，更多的是根据不同阶段教师的态度、教学能力水平和教育任务等内容来区分，有较大的灵活性，这同样适用于高职院校青年教师职业发展的实际情况。该理论模型勾勒出的是一条较为理想的、平滑的抛物线，大体可以描述为"准备—适应—起步—上升—高原—下降—退出"这样一个过程。然而，现实中高职院校教师职业发展的轨迹往往并非严格按照这样的平滑曲线而进行，有些教师甚至不需要逐一经历这八个阶段，间隔跨越或一直维持某阶段的情况也时有发生。因此，教师职业发展的真实情况往往是由多个波峰与波谷构成的不规则变化曲线，美国学者莫里森将其称为"第二曲线"（莫里森，1997），以此区别上述理想状态的"第一曲线"。莫里森的第二曲线理论主要是用来解释企业成长发展的规律，但用在教师职业发展过程上也具有很强的解释力。因为，所有教师在职业发展中都不可能总是一帆风顺，失败或困境来临时，需要教师主动适应、调整，即使在取得阶段性的成功后，也需要教师做出未来新的发展策略和规划来迎接新的挑战、寻求新的突破，这种新策略即表明教师职业生涯将会进入第二周期曲线。同时，教师要做整体性、长远性的职业规划，这是保证职业发展从第一曲线成功跨入第二曲线的前提条件，因为在两个曲线的世界里"变化"是确定性的正常现象。教师需要不断地使用可持续发展的战略，适时从"第一曲线"转入"第二曲线"，进而形成一个个周期链条（程振响，2006），避免职业生涯的下滑期，把握职业发展过程中重要的转折点和发展机遇。

这里值得强调的是，教师实施第二曲线的目的是使自己的职业发展达到一种新的模式或目标,这就需要教师在职业规划过程中具有强大的创新精神,因为勇于创新的教师会结合自己的知识、能力、意志、勇气等精神品质做出合理的冒险行为,即舍得放弃第一曲线中高峰时期所取得业绩。只有舍得放弃机会成本而甘愿经历暂时的下滑期,才能避免长期的整体性下滑,才可能沿着不断循环往复的新一轮的第二曲线得到事业的上升发展。毋庸置疑,善于创新和不断做出应变决策的教师才能在职业发展和生涯规划中立于不败之地。

3. 高职院校青年教师职业发展的基本路径

个人基于不同的兴趣、能力、价值观、职业动机、决策方式、机遇和组织环境等会选择不同于他人的职业发展道路,高职院校青年教师也是如此。具有专业人和组织人双重角色的高职院校青年教师,其职业发展路径可以有多种表现形式,大体上分为以下三种最主要的职业发展路径:

(1)单向型路径,即教师按照职称晋升阶梯的直线式路线向上攀升。从对教师能力要求的不同取向来看,高职院校教师队伍主要由三种类型的教师组成,即"基于教学的双师素质型教师、基于课题的专业研究型教师和基于校企合作的课程开发型教师"(马成荣,2010)。无论哪种类型的教师,都是以发展专业能力为核心来获得职业上的进步和提升,这样的教师基本上会遵循教师职称等级不断向上晋升。由于职业教育不同于普通教育的本质属性以及职教教师和普教教师在工作性质、能力和素质结构要求等方面的差异,近些年,对于高职院校教师的职称评审制度逐渐与普通高等院校教师的评审制度区分开来,逐渐从强调学术型的科研能力的评价方式向教学效果、教学质量、新产品、新技术、新工艺等的应用研究与开发研究等方面倾斜的评价方式。然而无论评价内容的侧重点如何发生变化,职称晋升仍然是高职教师职业发展的重点,这在一定程度上也体现了教师的专业水平,是对教师职业成就和胜任力的肯定。

(2)双重型路径,即教师同时占有专业技术路径和组织管理路径两个职业发展道路,既"做教师"也"当领导",两条路径互相交织、并存发展。在这个发展路径中,教师需要在不断提升自身专业水平的同时,还要不断提升管理和领导能力,并时刻关注自身上下级人员的状况和组织的整体发展状况。由于高职院校教师普遍教学任务繁重、管理事务繁杂,对遵循这种发展路径的教师提出了很大的挑战,协调不好双重身份和双重工作任务的关系,会在教师职业发展道路上出现重重困难和障碍,应予以特别的重视。

(3)交替型路径,即教师在专业技术路径和组织管理路径两条道路之间来回跨越、交替发展。教师职业发展过程可以看作是教师不断做出职业选择和职业决策的过程。因此,由于个人能力的提升,认知、态度、情感、价值观等的改变,环境的迁移,机遇的降临等都会对教师做出职业道路的选择产生一定的影响,职业道路有时并非一成不变。一段时间教师可能作为"专业人"的角色定位,致力于专业发展的职业目标,一段时间也可能偏重于谋求作为"组织人"角色的管理职位的晋升和发展。

在现实中,高职院校青年教师的职业发展路径并非仅仅局限于这三种方式。高职院校的组织环境、具体的教师制度以及教师个人的职业发展动机、需要和意识都会因时空环境的不同而使教师做出不同的职业道路选择,因此,具体到某个地区、某个学校、某个人情况会异常复杂多样、千姿百态。

4. 高职院校青年教师职业发展的主要影响因素

高职院校青年教师职业发展历程错综复杂,受许多因素的影响,来自教师个人的、家庭的、学校组织环境的、社会环境等诸多因素在不同个体身上及不同时期的不同个体身上都会发生作用。一些影响因素会起到积极的正向功能,引导并激励教师更好地寻求职业上升的道路,而一些影响因素如若处理不当则会凸显其消极效应,成为教师职业发展道路上的绊脚石。鉴于实际情况的复杂性,影响高职院校教师职业发展的因素难以在学术研究范围内穷尽,此处仅列举几个重要方面,即个人、组织、社会三个层面的影响因素。

(1)个人环境因素

费斯勒在提出教师生涯循环理论的同时,也分析了个人环境因素对教师发展的影响,他指出家庭支持(Family)、积极的关键事件(Positive Critical Incidents)、生活危机(Crisis)、过往累积的经验(Cumulative Experiences)、兴趣与爱好(Avocation Outlets)、人格特质(Individual Dispositions)(Burke,1984)等均会对教师的职业动机、选择、方向以及未来的发展机会产生影响。这些影响因素也同样适用于高职院校青年教师。高职院校青年教师作为高职师资队伍的主力军,具有年龄优势和学历优势等特点,他们进入职业生涯的时间并不长,虽然充满活力和干劲,但是由于教育实践时间较短,职业体验不足,对高职院校教师的职业特点、角色作用、素养要求、职业道德、职业教育规律等方面的认识还不是十分准确深入,对自身职业的定位、规划、目标以及未来的发展方向还不是十分明确笃定,极易受到来自个人性格、兴趣爱好、价值观、自己的认知发展及教育理念、从业动机、意志信念、家人朋友的态度和评价等各方面因素的影响,因此,对于青年教师而言认识并正确引导个人环境因素对自身职业发展的影响是保证职业道路畅通无阻的基本前提。

（2）组织环境因素

高职院校青年教师所在的高职院校组织是具有明显科层结构的组织系统,这个系统中的规章制度和管理理念、校长的管理风格、组织气氛和文化、社团组织（包括学生社团和教师社团）、教师专业组织和协会等都会对教师的职业发展有重要影响。其中学校的规章制度（主要指正式制度）是否能够科学、合理的实施对教师职业发展的影响非常大。有研究表明,不合理的管理制度会给教师造成巨大的心理压力。学校奖惩制度的公平合理性与教师的工作投入及满意度也有明显的正相关关系（费斯勒,2005）。此外,高职院校校长的管理风格和整个学校的组织氛围也是教师职业发展的外在因素,如果将校长的管理类型与教师职业成熟度相结合,那么就能对教师职业发展起到很大的激励促进作用。同样,在很大程度上能够与教师个人特质相契合的组织文化氛围不仅会得到教师的认同和接受,也会对教师发展起到积极的导向、约束、激励作用,增强教师群体的凝聚力,成为教师个人寻求职业发展的重要动力。

（3）社会环境因素

一个社会以何种方式评价教师职业及其教学成效会在很大程度上影响教师以何种方式看待自己的职业发展和职业价值,并影响教师文化的形成。作为社会环境因素影响教师的成长,特别是教师专业发展的因素有很多,如社会经济、文化的发展水平,全社会对教育和教师的地位与价值的认识和看法,教育改革和发展对学校教育和教师的要求,教育行政部门对教师培养和发展的政策导向、奖惩机制等方面（马庆发,2011）。此外,信息技术的发展和高科技手段在教育领域的广泛应用也逐渐成为影响教师发展不容忽视的外在因素。

国家政策对于高职院校青年教师的引导作用在近些年显得尤为突出。近几年我国特别强调加快职业教育的发展和现代职业教育体系的构建,出台了一系列有关职业教育改革和发展的政策文件,尤其是对"双师型"教师队伍建设构建的重视,极大地影响了高职院校青年教师规划自身职业发展,定位职业素养提升的方向和目标。这些政策和相关制度的出台实施对高职院校青年教师提出了新时代背景下的新要求,教师如果无法适应这种变革无疑会在职业发展中感到困难重重。

近年来,以云计算、大数据、移动互联网、人工智能等新兴信息技术为核心的科技革命和产业变革正在进行并渗透到各行各业,对社会各领域带来了巨大的冲击和挑战。当这些技术逐渐应用于教育领域,对教师来说既是机遇又是挑战。而由于职业教育向来与社会经济发展的关系紧密相连,其感受和把握时代潮流的敏感性更是非同一般,高职院校教师尤其会较早地感知到这种变化,这便需要高职院校教师时刻保持对科技发展和社会环境变化的敏感度,不断更新知识,学习掌握应用先进技术手段来革新教学方式,发展自己的职业生涯。

上述各影响因素在教师职业发展的过程中是复杂地交织在一起,并非由单个因素主导教师的整个职业发展历程,同时,每种因素对教师产生的影响也并非是单一方向的,既有可能促进、激励教师的成长,也有可能阻碍、禁锢教师的发展。那么如何使其发挥正面的影响,除了国家政府层面行政手段的引导、干预,教师个体也会给予反馈和应对,而往往教师个体能动性的发挥会起到关键的决定性作用。例如,良好的外部环境条件并非一定能产生良好的教师发展效果,也有人会在舒适安逸的环境中反而变得懒惰、脆弱、封闭、安贫乐道而不思进取,同样,有时候逆境和不利的外部环境反倒能够极大地激发教师个人的潜力、斗志和毅力,迎难而上且愈挫愈勇的情况也时有发生。因此,在既定的外部环境和教师个体的能动抉择之间始终存在着一种微妙而不容忽视的张力,这种张力的作用和产生的影响也正是本研究探究高职院校教师职业发展过程的兴趣所在。

三、高等职业院校青年教师职业发展和教师制度的关系

通过前文对于高职院校教师制度和高职院校青年教师职业发展问题的概括性梳理,可以看出高职院校教师制度实质上是高职院校组织对教师群体实施的一系列人事管理制度,而教师的职业发展过程则是在组织的制度环境下通过衡量主客观因素对自身职业道路做出的选择和规划并依据此规划使自身得以成长、成熟的过程。如果说高职院校和青年教师之间的关系体现的是结构与行动、组织与个人之间的关系的话,那么高职院校教师制度则是高职院校为有效达成组织发展目标而对其组织成员(高职院校教师)进行控制和管理的手段。身处高职院校组织的青年教师在职业发展中既受到相关教师制度的约束,同时又会因为自身决策力量的发挥而选择不同于制度规范下的职业发展道路,因此教师制度对于教师个体的规约充满了不确定性。具体的高职院校教师制度与教师个体行动决策相互作用的产物构成了高职院校教师复杂的职业发展过程。

（一）高职院校教师制度——规范和约束青年教师职业发展的人事管理制度

美国著名管理学大师戴维·赫尔茨曾说，"管理是由心智所驱使的唯一无处不在的人类活动。"只要有人类存在，对人的管理的活动就无处不在、无时不在。所谓管理（Management），是"管理者为了有效地实现组织目标、个人发展和社会责任，运用管理职能进行协调的过程"（周三多，2014）。组织实施管理的过程便是对资源进行合理地规划、协调、控制的过程，这里的资源通常包括机器设备、原材料、信息技术、资本以及人员等，其中，对于人员的管理称之为人事管理（Personal management），是人力资源管理发展的初始阶段，存在于人类社会各领域的社会组织中。管理活动的实施离不开制度，任何管理活动都是在一定的制度框架内实现的，通过合理的制度安排来规范和约束人类活动以达到组织管理的职能。高职院校教师制度是高职院校人事管理制度的一个重要组成部分，对教师个体的职业发展产生最直接、全面、深刻的影响。

高职院校青年教师作为构成高职院校师资队伍的新生力量，其职业发展不仅仅是个人的事情，也关乎组织发展是否顺利，是否取得预期目标。因此，为保障个人发展和组织发展的一致性和匹配性而设计出来高职院校教师制度，在为高职院校教师限定了职业发展的边界的同时，也为高职院校教师的职业发展提供了方向和保障，起到了维持高职院校教师队伍稳定和谐的作用。

首先，高职院校教师制度限定了青年教师职业发展的边界。高职院校青年教师进入高职院校组织以后，如何开展具体工作，要做什么、怎么做、什么能做、什么不能做，都需要有相应的教师制度来发挥控制、规范、约束、协调、引导的作用，而非教师个人漫无边际、随心所欲的自由意志选择。高职院校教师制度通过对教师的入职资格、任用方式、考核要求、奖惩条件及晋升、培训等方面的规定来为教师活动划定一个基本的行动边界和空间。教师通常会依据此框架来规划、实施自身的职业发展，并在取得一定成就后得到制度上的合法性及一定程度的褒奖，同时获得自己、学生、同事、领导、家人等社会评价上的普遍认可和接受。相反，如果超出制度限定的边界，教师行为或活动也难免受到所在组织、上级教育部门以及社会舆论等各方的惩罚、谴责和诟病。

对于高职院校组织来说，为教师制定相应的教师制度的重要意义之一是维持教师队伍的稳定和谐，形成合理有序的组织环境，把妨碍组织里人与人之间合作的消极因素降到最低限度。由于高职院校教师来源的多样性和年龄、学历、职称、"双师素质"、专兼职等结构的复杂性，不同教师在理论教学和实践教学、教学技能和技术能力等方面的优势不同,形成教师队伍里多方面竞争的现象在所难免,如专兼职教师之间的竞争、"双师型"教师与非"双师型"教师之间的竞争、理论课教师与实践课教师之间的竞争、普通高等院校毕业的教师与有丰富实践经验的,来自企业的教师之间的竞争等。这样的竞争存在一定的普遍性和长期性,这时候需要有一套规范、公平、科学的制度安排从而引导教师之间的良性竞争、和平共处、相互交流促进,进而共同发展提升。因此,高职院校教师制度不仅是对教师职业发展划定了界限和范围,也为教师能够在组织环境中公平、自由、有序地探索职业发展道路提供重要保障。

其次,高职院校教师制度为青年教师职业发展提供了方向和保障。有效的制度能够降低市场中的不确定性因素,抑制人类行为的机会主义倾向从而降低市场交易的成本。高职院校教师制度也同样能够发挥这样的功能,高职院校教师制度为初入教育领域的青年教师提供了如何规划职业道路的相关稳定的、充足的信息,例如如何达到考核评价的标准、如何获得奖励、如何取得晋升机会等。这为青年教师提供了一定的参考和方向,大大降低了教师通过直接经验学习获得信息所耗费的时间、精力和风险,缩小教师个体的职业预期和梦想与现实工作情景之间的差距,避免在职业早期发生施恩所言的"现实的震荡"(施恩,2004)。此外,高职院校教师的职业发展过程是一个持续的、长期的、复杂的过程,在此过程中,无论是工作条件、内容、待遇、人际关系等外在环境可能随着时间的推移而发生新的组合和变化,还是教师自身对工作的认知、能力、态度、价值观、心理感受等也会随着教师经历不同职业发展时期而呈现不同的阶段性特点,这些都会对教师职业发展产生深刻影响。复杂多变的情形不可避免地造成教师发展的障碍,而教师制度的存在有助于缓解这些变化带来的躁动不安。高职院校教师制度通过明确规范高职院校教师在学校组织中所能享有的权利及需要履行的职责和义务使环境中的不确定性因素得到有效控制,保障教师职业发展的顺利进行。

(二)教师决策——影响高职院校青年教师职业发展的个体力量

存在主义哲学有个观点:"人生即选择。"高职院校青年教师的职业发展道路本质上是由教师个体人生道路上持续不断的选择所构成,而职业的成功必然是教师本人自觉选择的结果。作为独立的个体,每当遇到职业问题时,教师都需要权衡利弊,分析不同选择的成本、收益和风险,进而做出合乎理性的、效用最大化的决策。

1.高职院校青年教师:高职院校组织中的决策人

决策在传统中被认为是组织中掌握领导权或管理权的人所具有的职责和特权,但随着组织理论的发展,研究者们颠覆了这一认识,逐渐深入剖析组织中个体行为产生的可能性并对引发行为的动机和原因做出解释。对组织中的"人"的认识,大体经历了三个发展阶段。

(1)"经济人"假设。被誉为"科学管理之父"的美国管理学家泰勒(Frederick Winslow Taylor)认为人的行为是完全可以预知的,在追求最大利润的时机中,每个行动者都是理性的,都会以固定不变的方式来应对环境的变化。组织中的个人行为是建立在经济动机的基础上,个人为了追求自己经济收益的最大化,会屈从于经济刺激,即只要在一定限度内给其提供更多的经济报酬,个体便会更快更好地完成工作任务。这种人类行为的假说过于机械简单地将"人"看作"经济动物",认为人的一切行为只是为了满足自己获利的私欲。

(2)"社会人"假设。"一战"结束后不久,西方资本主义经济危机不断爆发,劳资矛盾愈演愈烈,泰勒的科学管理理论在工业化过程中出现的新问题显得解释力不足,受到各方质疑。这时,行为科学的奠基人梅奥(George Elton Mayo)主持进行了霍桑实验,并提出了"社会人"的基本假设,认为人类社会性需求的满足,即良好人际关系的维系以及组织归属感的获得,比单纯的经济报酬更能激励人的行为。这种关于人类行为的假设为管理实践开辟了新的方向,人们普遍认识到人在组织中的行为不仅受到正式规章制度和等级关系的限制,也会受到非正式的社会群体规则、人际关系及个人心理需求等方面的影响。这个发现极大地丰富和发展了研究者对组织中人类行为的认识,使对人类行为的解释也更贴近真实世界的情况。

(3)"决策人"假设。无论是建立在科学管理理论基础上的"经济人"假设还是建立在人际关系学说基础上的"社会人"假设都属于古典组织理论的观点,是将组织看作为实现特定目标而由人类设计出的工具性实体。通常组织中的成员被看成是具有与组织目标一致的个体目标,且组织成员具有高度的同质性,其需求是可以被预知和操控的,如果能够找到个体行动的动机要素,便可以通过对个体行为进行预测和监督并加以控制、引导使其促成组织既定目标的实现。古典主义组织理论虽然对人们认识和研究组织具有重大贡献并在很长一段时间里为人们所普遍接受和应用,但它不可避免地暴露出忽视组织成员个体的创造性、自主性和自由性等缺陷。

20世纪60年代以来,法国组织社会学研究中心(CSO)对组织现象的分析不同于古典主义组织观的研究路径,强调将组织看作是一种动态的而非静止的行动领域。正如法国杰出的组织社会学大师费埃德伯格（Erhard Friedberg）所言，"组织是对行动领域——集体行动得以发生的领域——进行构建和再构建的过程"，"组织既是一种容器，又是容器中的内容；既是结构，又是过程；既是对人类行为的制约力量，同时又是人类行为的结果"（费埃德伯格，2005）。可见，组织成员（行动者）不是仅仅在组织的制度规约下被动行动的个体，相反，个体为了求得自身发展，会不断以自主的方式，排除环境制约，调整行动方案，并在不断地影响和反作用于组织环境（结构）的同时构建新的组织环境，如此循环往复。在这个意义上，组织成员个体是充分发挥自我能动性的决策人。这种基于"决策人"假设的组织理论为本研究深入分析高职院校教师制度与高职院校青年教师职业发展的关系问题提供了一个崭新的分析视角。

2. 高职院校青年教师个体决策的产生

从上述"决策人"假设的分析可以知道，高职院校青年教师既是高职院校组织的组织成员又是可以对自己职业发展做出选择的决策人。决策（Decision - making），最直接的理解即是指决定策略或办法，决策的制定往往需要一个过程，决策管理大师西蒙（Herbert A. Simon）将其概括为四个主要阶段，即"找出制定决策的理由；找到可能的行动方案；在诸行动方案中进行抉择；对已进行的抉择进行评价"（西蒙，1982）。那么如何保证决策过程的顺利进行并达到较好的效果，首先对决策产生的逻辑基础做简要论述。

（1）决策产生于有限理性选择

在新古典经济学中，人们的决策行为通常被抽象化为按最大化原则实现个人目标的理性选择过程。这个决策模式通常包括以下四个要素或假设：（1）人们知道自己的目标（效用函数）；（2）人们知道面对的选择；（3）人们知道这些选择的后果；（4）人们知道并遵守（最大化）决策的规则以进行选择（周雪光，2003）。从这个理论模型可以看出，决策过程是建立在决策者占有"充分信息"的基础上，即决策者能够掌握所有选择及预判这些选择可能引发的所有后果。同时，决策者还拥有"充分理性"，即有能力收集、加工信息并做出完全理性的决断。显然这种观点与现实情况大相径庭。随着研究的深入，决策模型不断发展变化，研究者逐渐认识到信息的不确定性给决策带来的重重困难，由此"充分信息"假设的观点开始松动，然而"充分理性"假设并未发生明显变化。近几十年，博弈论的发展，使决策模型引入"信息不对称性"的假设，使人们认识到决策选择可能不存在"最佳方案"（李友梅，2001），并且有时理性选择的结果并非如人所愿。从决策模式的演变过程不难看出，这个理论模式是一个建立在完全理性基础上的"理想模型"，是一种

"应然"状态的决策行为模式,与现实生活的实际决策行为相去甚远。现实中,由于人们认知能力的有限性、信息掌握的不完备性、组织适应的危险性、在不确定条件下经验估计可能发生的偏差和谬误等都会致使决策行为的发生始终是在有限理性的范围内。因此,人们的实际决策行为往往是基于有限理性的逻辑基础之上,"最优"(first best)选择的状况只存在于乌托邦式的虚幻想象之中。

(2)决策产生于"合乎情理的逻辑"

当代管理学大师马奇(James G. March)在1994年提出的"合乎情理的逻辑"的决策模式可以很好地解释决策行为发生的逻辑基础。马奇认为,人们的决策过程通常会受到"合乎情理的逻辑"所支配,即是受到人类社会所普遍接受的行为规范的制约。因此从这个视角来看,人们在决策时将面对三个问题:①这是什么样的情形? ②我在扮演什么角色? ③在这样的情形下我的角色应该如何行为? (周雪光,2003)。可以看出,这三个问题分别是关于识别情境、定义身份和遵循规则的问题。在马奇看来,情境、身份和规则会对决策行为的产生有深刻影响。人们做决策时,会对自己所处的具体情境以及自己在此情境中所扮演的角色给出准确合理的判断,接着人们会按照社会对这一角色的行为规范和评价期待来规范自己的行为,并且"'自然而然'地按照自己所属群体的成员角色去行为,维护自己群体的利益而排斥另一群体的利益"(周雪光,2003)。例如,1971年,闻名世界心理学界的著名实验"斯坦福监狱实验"在一定程度上能够很好地解释情境和角色对于人类行为产生的巨大影响。实验将经过专门测试挑选的身心健康、情绪稳定的大学生随机分为狱卒和犯人两组,并将其置身于模拟的监狱情境中。实验一开始,便有受试者强烈地感受到角色规范的巨大影响,努力地扮演着既定的角色,扮演狱卒的大学生变得残暴不仁,而扮演犯人的受试者也呈现出消沉沮丧、心理崩溃的现象。原本计划实施两周的实验,在持续了六天之后,由于情况变得过度逼真而被迫强行终止。斯坦福监狱实验得到的其中一个主要结论是:不论是细微或明显的情境因素,皆可支配个体的抵抗意志(菲利普·津巴多,2010)。可见,不同的情境、身份和规则会引发不同的行为方式和决策方式,而这种"以规则为基础的决策过程与理性决策过程不同,以规则为基础的推理过程是一个确立身份,并使规则与已识别的情境相符合的过程"(马奇,2007)。

从上述分析可以看出,决策行为的产生无论是基于有限理性的逻辑还是强调规则遵循的逻辑,都是理性的、合理的决策过程,都可以为决策行为研究提供部分有效的分析框架。换言之,决策行为的发生是综合考虑了个体的有限理性和外部规则的限定两方面之后而形成的结果。具体到高职院校青年教师的职业发展决策,他们在决策时要同时兼顾个体的内部需求和外部的规则以及与规则相适应的身份等诸多因素,这样的决策过程充满了个人选择的自由性和外界规则的限定性之间所构成的张力。

3. 高职院校青年教师职业发展的决策行为

美国芝加哥大学政治学教授乔恩·厄尔斯特(Jon Elster)提出的偏重于个人行动的理性选择理论指出,一个行为是否属于理性的选择要满足以下三个条件:(1)该行动必须是基于自己的信念(beliefs),并为达到个人愿望(wants or desires)所能采用的最佳手段;(2)根据能够掌握的证据(evidence),个人所持有的是最优化的信念;(3)个人必须收集合适数量的证据,证据的数量取决于他/她想要达到的愿望、所要做出的决定以及收集更多证据需要付出的成本和能够得到的回报(Elster,1989),具体如图 3.6 所示。对于教师而言,要解决职业发展中的问题,需要充分掌握自己当下所处的职业发展状况和理想中期望达到的目标状况等一系列相关信息,并在综合衡量和核查这些信息之后基于自己的信念

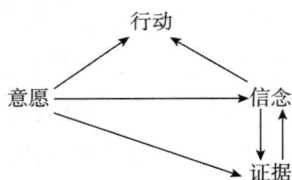

图 3.6　理性行动的基本过程

和愿望,做出最合乎情理的、最可行的也是在当下看来最佳的决策,这个决策不仅直接影响当下,更会对未来的若干年产生长期的潜在影响。该理论模型有助于解释个人达到目的所采用的手段,但是由于无法明确区分由于个人的偏好、信念、愿望、行动逻辑、收集到的信息以及考虑的成本和收益的不同而可能产生的行为选择的差异性,该模型也会表现出解释力较弱的情况。

2009 年,厄尔斯特在新的著作中重新阐述了理智(reason)和理性(rationality)的概念。他指出,理性行动理论由于未能考虑导致一些非理性(irrationality)行为的因素而无法解释人的全部行为,进而无法解释一些与预计相悖的行为。因此,他修正了之前的理论模型,加入了"情感"(emotion),认为情感因素会对愿望、信念、信息、行动产生影响(Elster,2009),如图 3.7 所示。故教师在面临职业道路选择的时候也不可避免地受到情感因素的影响。

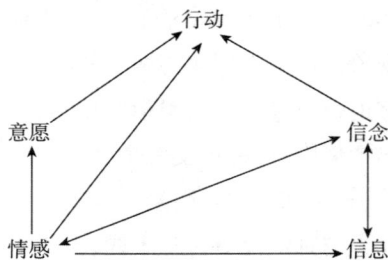

图 3.7　情感因素对理性选择理论的影响

对于高职院校青年教师来说,职业发展是一个长期持续的过程,职业发展中

的决策行为,即职业道路的选择行为,在这个漫长的过程中也是需要反复经历的活动,并非一劳永逸的一次性行为。青年教师在进入工作岗位后,随着时间的推移,当个人能力的提升、晋升机会的出现、职业高原现象的发生、发展轨迹的迁移等一系列影响职业发展的关键性事件出现的时候,都需要教师做出明智的抉择。从本质上讲,教师做决策的过程也就是解决职业发展中出现的各种纷繁复杂的问题的过程,然而这个问题解决的行为选择不同于我们在日常生活中面对难题时采取的应对方案,也不同于大多数人通常都会做出的最"合情合理"或最符合"人之常情"的一般选择。基于理性选择理论,教师要解决职业发展中的问题,需要充分掌握自己当下所处的职业发展状况和理想中期望达到的目标状况等一系列相关信息,并在综合衡量和核查这些信息之后基于自己的信念和愿望,做出最合乎情理的、最可行的也是在当下看来最佳的决策,这个决策不仅直接影响当下,更会对未来的若干年产生长期的潜在影响。

除此之外,作为自身职业发展道路的决策者,高职院校青年教师在力求做出最正确的抉择时,总是要面临决策环境的复杂性和不确定性,这种不确定性是指"无法确切地估计当前行动的未来结果"(马奇,2007)。不确定性限制了决策者对信息的掌握和理解,还可能引发情境的模糊性,使决策者变得不自信,不能确信情境中事件的真实性以及信息解决问题的可靠性,因此,针对每一次职业发展中出现的问题,教师们无法保证一次性的决策行为能够应对所有问题以及将来可能出现的新问题,这是决策之所以要伴随职业发展过程不断循环往复的原因所在。此外,一次决策行为的发生也可能包含多个独立的选择,决策制定通常是由多个彼此独立又彼此依存、彼此影响的选择行为所构成的集合体。决策制定对于青年教师来说是一个复杂连续的过程,这个过程的顺利完成有赖于教师在充分考虑自己的价值观、兴趣、技能、职业理想等方面的基础上,能够不断积累关于自我和职业的各种知识,并适时运用恰当的决策技能,最终将决策规划付诸实践。对于尚缺乏充足教育实践经验的青年教师来说,通常会依据自己过去积累的经验在实践中通过不断的"试错"抑或借鉴他人及前辈的成功经验来找寻最可行的决策方案。

(三)教师职业发展——高职院校教师制度与青年教师个体决策相互作用的产物

高职院校青年教师的职业发展是一个相当复杂的过程,从时间维度上看,它既会受到高职院校教师制度的历史变迁的影响,又会受到青年教师个人职业发展过程的阶段性特征的影响;从空间维度上看,青年教师个人的具体生活环境、高职院校组织以及整个社会背景既构成了青年教师职业发展的基础和条件,又在很大程度上对其造成约束。此外,青年教师个人的价值观、个性、兴趣、能力、职业理想等方面的发展变化和心理体验也会使其职业发展历程呈现出很大的个体性差异。基于研究对象的复杂性,为了在复杂性中探究其可能蕴含的规律性特征,本研究试图从"制度"入手,考察组织层面的高职院校教师制度对于个人层面的教师职业发展所产生的影响,找寻教师制度与教师职业发展之间的关系。

基于前文对教师制度和教师职业发展的分析,可以看出,高职院校青年教师的职业发展是高职院校组织发展与青年教师个体发展的一个交叉地带。高职院校教师制度是影响高职院校青年教师职业发展的一个重要因素,这种影响同时具有制约性和使动性两种特性。一方面,高职院校教师制度对青年教师的职业发展起到强制性的约束、规范和引导的作用,并对青年教师的职业发展设置了边界和发展路径;另一方面,高职院校教师制度也为青年教师的职业发展提供了机遇和条件,减少了青年教师职业发展的多种不确定性,使青年教师的职业规划有章可循。青年教师在选择职业发展道路的时候,既会受到高职院校教师制度的影响,又不会完全处于一种被动地位。事实上,发展总是个人自觉、主动的努力和选择的结果。因此,青年教师在职业发展道路中所做出的决策也会受个人的专业能力、在组织中的角色和地位以及自身的性格特征、价值观、职业理想和追求等方面的影响。可以说,青年教师作为高职院校的组织成员,其职业发展是在自主选择(个人)和高职院校教师制度规约(结构)的共同作用下得以实现的。

图3.8展示了本研究的整体框架,即制度规约下的高职院校青年教师职业发展的基本过程。该过程由三个部分组成:高职院校青年教师的职业发展道路选择的准备阶段、职业发展道路选择中的决策和青年教师对职业发展路径选择结果的调整。在这个过程中,职业发展的影响因素始终在发挥作用。

任何研究框架都是对复杂现实问题的简化,在本研究中,将影响高职院校青年教师职业发展的众多因素简化为两个方面:高职院校教师制度和教师个人因素。其中,高职院校教师制度包括教师资格制度、培训制度、考核制度、晋升制度和薪酬制度。教师资格制度和培训制度是从高职院校青年教师作为专业人的视角,对青年教师专业能力的衡量;教师考核制度、晋升制度和薪酬制度是从高职院校青年教师作为组织人的视角,对青年教师组织角色的考察。在这个意义上,高职院校青年教师兼具教师职业的专业人和学校成员的组织人的双重身份,青年教师的职业发展既受到高职院校教师制度的规范和约束,同时也受到学校组织环境的影响。国家层面的高职院校教师制度是针对全国高职院校教师做出的统领性、宏观性、普适性的规范和行动方针指引,当其落地到高职院校时,必定会与高职院校的某些具体的教师制度相结合,高职院校在实行具体的教师制度时也会主动依据、参考国家层面教师制度的相关条例和规定。因此,可以说,国家层面的高职院校教师制度与高职院校层面的具体教师制度是相互融合在一起,高职院校的教师制度是在国家教师制度的框架下制定并推行实施的,图中用饼状图来表示国家层面的高职院校教师制度和具体高职院校的教师制度之间的包容镶嵌关系。其中小圆部分表示具体院校的教师制度,大圆部分表示国家层面的教师制度。

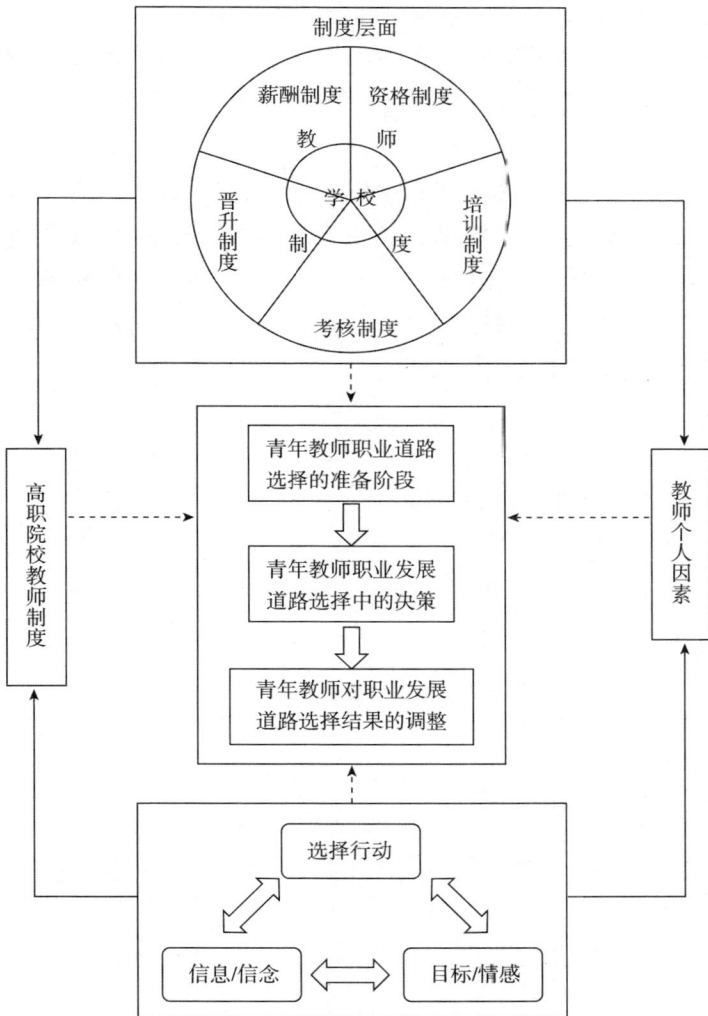

图3.8　高职院校青年教师职业发展的基本框架

　　基于职业发展道路选择的个体(青年教师)来说,他/她无时无刻都处于制度环境的影响之下。作为行动主体,他/她有一个想要的东西,这个东西可能是基于理性的清晰目标,也可能是一种强烈的情感促使所形成的一种冲动;同时,他/她对自己和环境有一些了解,这种了解可能是可以被验证的信息,也可能是行动者主观持有的一种信念;目标/情感和信息/信念之间是一种相互影响、不断调整的过程;基于目标/情感和信息/信念,行动者做出相应的选择行动;行动的结果和反馈又促使行动者重新调整目标/情感和信息/信念,进而促成下一轮的选择行动,这样便形成教师职业发展道路选择过程的连续转化的各个阶段。三者之间不断调整和循环,既不是纯粹的理性计算,也不是纯粹的生物性冲动,而是在综合考虑各种内外部因素的影响下所做出的实践行动。图中用柱状双向箭头来表示三者之间的互动关系。

　　制度层面的因素和个人层面的因素相互作用,共同影响着青年教师职业发展的问题、决策和道路选择,图中用虚线箭头来表示两个层面的因素对青年教师职业发展的影响。青年教师在其职业发展道路中会遇到各种各样的问题,正是这些问题推动着教师不断向前发展,做出决策,探索职业提升的路径,图中用柱状单向箭头来表示青年教师职业发展的历程。

第四章

国外高等职业院校教师制度与
青年教师职业发展

    "制度分析在本质上是比较性的"（青木昌彦,2001）,制度安排也会因国家而异。我国比较教育学家王承绪先生在《比较教育学史》一书中曾指出,"只有依赖比较和历史的知识,才能更好地理解制度安排在某个特定国家生成演化的原因和历程。以一种正确的精神和严谨的治学态度研究国外教育制度的作用,其实际价值就在于,它将促使我们更好地研究和理解我们自己的教育制度"。基于不同国家高职院校教师制度的分析及其对高职院校教师职业发展影响的考察,有助于我们发现教师制度与教师职业发展之间的关系及相互间的影响作用,对于起步较晚的我国高等职业教育,如何构建一支成熟稳定的高职院校教师队伍来说具有重要的借鉴意义,尤其针对现代职业教育体系构建中的师资队伍建设具有重要的参考价值。

    在世界范围内,高等职业教育的发展历史并不长,主要兴起于 20 世纪六七十年代,首先出现在经济发达的欧美国家。有学者指出,"从当时高等职业教育的发展背景看,主要基于科技革命发展和人力资源安置两大现实要求以及大众化教育理论、国家安全理论和人力资本理论三大理论学说的影响,德国、美国、英国、法国、澳大利亚、加拿大、日本等国分别结合各自不同的国情,发展形成了一系列各具特色的高等职业教育体系,此后新加坡、印度等一些新兴经济体国家也立足本国现实和发展需求,通过学习借鉴,形成了高等职业教育的模式和特色"（徐成钢,2014）。按照学界对职业教育类型划分方法的普遍共识,现今世界职业教育可分为三大模式,即"双元制"职业教育或职业培训模式、学校职业教育模式和企业职业教育或职业培训模式。本章依据此划分方法,分别选取德国、美国、日本为各类型的典型代表国家,重点考察以此为代表的发达国家高等职业教育体系中教师发展的相关基本问题,以期其中一些有益经验在可行的前提下为中国所借鉴吸收,促进我国高职院校教师的职业发展。另外,笔者在收集相关研究资料时发现,世界各国对于高职院校教师群体的研究较少有关于不同年龄阶段教师群体的针对性研究和可供参考的文献,而是更多地聚焦于整个教师队伍,故本章在论述高职院校青年教师职业发展问题时也主要依据整个教师群体的职业发展状况。并且,教师制度对教师职业发展所产生的宏观层面的影响不会因教师年龄的不同而呈现出较大的差异性,故本章不对教师年龄做特殊区分,关于青年教师职业发展问题的阐述也主要依据目前所收集到的国外高职院校师资队伍的整体情况来展开。

一、德国高等职业院校教师制度与青年教师职业发展

德国是最早开展职业教育的西方国家之一,其"双元制"(Dual System)职业教育是世界职业教育的成功典范,它为推动德国经济发展提供了一支高素质、高技能、专业化的劳动大军,是德国经济腾飞的"秘密武器"。"双元制"是一种极具德国特色的教育类型,是德国职业教育体系中的主流教育模式①,是"一种岗位相关的企业培训和部分时间制学校教育进行补充的培训形式"(Kutscha,1982)。它依托学校和教育企业②双元办学主体,其中教育企业承担职业教育的主要部分,职业学校作为教育企业实施职业教育的补充。两个学习场所各自拥有独立的法律框架,其中教育企业这一元的法律基础是《联邦职业教育法》,而职业学校这一元则由各州自己的《学校法》做出相关法律规定。这两个法规相辅相成,达成一致目标,即培养生产服务第一线某一专业范围内的熟练技术工人(李继延,2014)。"双元制"教育中的学员具有双重身份,既是在职业学校中接受专业理论知识教育和普通文化知识教育的学生,又是在企业里接受职业技能实践训练及相关专业知识

---

① 德国学校职业教育除了双元制职业教育,还包括全日制职业教育和过渡阶段职业教育。全日制职业教育的学生与企业没有培训协议,通常为升学做准备以便获得高校入学资格;过渡阶段职业教育是为暂时未获得企业培训合同的学生做职业准备教育,通常毕业后再接受双元制职业教育。在德国接受双元制职业教育的学生比例占所有职业教育类型学生数量的一半以上,因此是德国职业教育的主流教育形式。

② 在德国,企业有参与职业教育的义务,那些符合德国《联邦职业教育法》的资质标准,并由行业协会审查认定的企业拥有招收和教育学徒并开展企业职业教育的权利,这类企业被称为教育企业,另外还有一些不具备招收和教育学徒资格的企业通常会委托由行业协会建立的跨企业培训中心来履行其参与职业教育的义务。德国的教育企业普遍具有将实施职业教育作为其社会责任一部分的意识。

培训的学徒①。学生需要与企业签订《职业教育合同》,学习年限根据职业的不同有两年、三年或三年半三种类型,学习期间实施职业教育的企业需要给予学生生活津贴,学生毕业后必须参加由行业协会②组织的统一考试,考试合格方可获得相关的职业资格证书,成为技术工人并直接进入工作岗位。"双元制"的职业教育模式打破了以往以学校教育为主的"一元制"模式,将德国传统的学徒培训方式和现代职业教育思想相结合,打破了理论学习和实践学习的区隔,将学校和企业相结合,并由各地的工商业联合会负责管理和质量监控。德国教育家胡勃认为:"德国的职业教育体系与其称之为一种教育制度,不如称它为一种'思想',是一种注重实践、技能,为未来工作而学习的思想"(马树超,瓦格纳,2001)。

(一)德国高职院校师资认证的构成特征

通常情况下,职业教育体系的完整层次为初等、中等、高等三个层次,并与国家教育制度相关层次对应和衔接(黄尧,2009)。德国的义务教育年限为12年,之后开始实施职业教育,也就是说,德国职业教育是建立在初等教育的基础上,只包含中等和高等③两个层次,具体见表4.1所示。因此,德国职业教育教师主要是在中等职业教育阶段和高等教育阶段担任职业教育工作任务的教师。考虑到本研究将研究对象聚焦于高职院校教师群体,故此部分对于德国职业教育教师的讨论也集中于高等教育阶段中实施职业教育的教师群体,并从职业教育教师的类型、任职资格、工作职责和专业能力四方面来深入考察德国高职师资队伍的构成

---

① 有研究者(姜大源,2013)将其称作"准学徒""被教育者"或"受教育者",即德文的 Auszu-bildende(Azubi),是德国专门为既非传统企业里的学徒,又非学校里的学生所造的一个词。

② 按照德国法律规定,德国企业必须加入相关行业协会(在德国设计职业教育的行会主要有工商业行会 IHK 和手工业行会 HWK)。行会在德国职业教育中扮演了重要的角色,行会负责监督企业的职业教育培训,同时负责对学生的最终考核。企业和职业学校只负责对学生进行教学,不承担考核任务。

③ 有研究者(姜大源,2013)指出,德国高等教育领域的双元制教育是职业教育向高等教育的渗透、延续和升级,不属于职业教育的范畴,只是高等教育和职业教育相结合的产物。此外,由于高等教育领域里学生接受的职业教育和职业学校接受的职业教育基本相同,获得的职业资格证书也相同,都属于初始职业教育(Erstausbildung),故德国没有高等职业教育这个概念,职业学院(BA)、高等专科学校(FH)和各种高校的双元制培养模式均不能称为德国的高等职业教育。基于此,本研究姑且将其称为德国高等教育阶段的职业教育。另外,为表述方便,文中暂且将在德国实施高等教育阶段的职业教育机构中的教师称为"高职院校教师"。

特征。

表 4.1　德国职业教育层次①

层次	实施主体
中等职业教育（第一阶段）	主体中学 实科中学 完全中学
中等职业教育（第二阶段）	双元制职业学校与培训企业 职业专科学校 专业高级学校 职业高级学校
高等教育阶段的职业教育	高等专科学校 职业学院 专业学校② 职业培训机构③

1.教师类型特征

（1）教师来源：理论教师＋实训教师。德国"双元制"教育体制下的师资由企业或跨企业培训中心的企业培训师或师傅以及职业学校的教师构成。在德国，要成为一名职校教师极其不易，需要接受长时期的培训和严格的资格考核，而职校教师也因其具备的高素质和高质量受到学校的普遍欢迎。职业学校的教师主要教授理论知识（包括一般性知识和与职业相关的知识）。职业学校的教师主要分为两种类型：教授普通课程的理论教师和教授与职业相关的实践课程的实训教师。其中，理论教师通常是指文化课专业课教师，他们必须具备硕士水平（EQF④

---

① 此表根据德国教育系统的基本结构［EB/OL］. http://www. eduserver. de/db/mlesen_e. html？ Id＝12000. 所提供的相关内容制成。

② 德国的专业学校是德国高中后培养技师、专业经济师和技术员的职业教育。从国际教育分类标准来看，专业学校是针对中等职业教育阶段的毕业生开展的职业教育，属于高等教育层次 B 范畴的教育，即 5B 教育，是高等职业教育，而高等专科学校（FH）和职业学院（BA）虽然也实施"双元制"职业教育，但其招收的学生均是毕业于普通高中或专科高中而非中等职业学校的毕业生，因此属于普通高等教育，即 5A 教育，不是中国意义上的高等职业教育。

③ 主要指由高等教育机构（如综合性大学等）所提供的类似于"双元制"教育的培训。

④ EQF 是欧洲资格框架（European Qualifications Framework）的英文简称，是 2008 年欧盟应各成员国和社会有关方面的要求所制订的涉及各级各类教育和培训体系的资格框架，试图以实际知识、技术和能力水平对学习成果做出等级评定，共分为 8 个等级，其中第 5－8 级分别与欧洲高等教育区资格框架中的短期高等教育（专科）、学士、硕士和博士层次相对应。

第 7 级水平)的大学学位。① 实训教师通常是指在学校实验室、实训车间及实训基地等场所教授实践技能的教师。

(2)教师的聘任:兼职教师多于专职教师。同世界许多国家的做法一样,德国高等教育阶段的职业教育也普遍采用专职和兼职教师相结合的招聘办法,兼职教师多由企业中经验丰富的工程技术人员担任,以此来强化教师的职业实践经验。德国职教教师队伍中兼职教师往往比专职教师多,一般占到教师总数的 60%,有的职业学院甚至高达 80%,体现了德国职业教育对实践性的高度重视。

(3)高职院校教师的学术级别较低于大学教师。从教师的工资级别和学术等级差异来看,按照德国《高等教育总纲法》的规定,德国高等学校的教师分为教授(包括正教授和副教授)和教授之下的学术中层(Mittelbau)人员②(包括学术助教、学术助理和合同教师,属于 C1 级教师)两类。教授分为 C2、C3、C4 三个级别,以此代表不同等级的工资水平和学术能力,其中 C4 级教授的级别最高,"原则上,只有大学,包括艺术高校才拥有该职位"(周丽华,2001)。通常 C2 和 C3 级教师的教学和研究领域较之 C4 级教师要窄一些,在高等专科学校中的教授以 C2 和 C3 级为主,C4 级教授的数量极少。

2.完备的教师资格制度

德国自 19 世纪初就开始建立教师资格制度,发展至今已经形成较为完善的教师资格制度体系。在德国,要成为正式教师,必须经过国家组织的教师资格考试,考试合格后可获得教师资格证书,随后还要参加各州及地方教育委员会组织的考试或参加实习试用期的教育培训,并考试合格后方可。对于职业教育教师来说,德国于 2005 年颁布并实施新的《联邦职业教育法》中规定,"只有具备相应人品和专业资质者,才能教育受教育者"(姜大源、刘立新译,2005)。其中对于人品资质的要求需排除两类"特别不适合"的,即"不允许雇佣儿童和青少年者;或一再严重违反本法或依据本法颁布的法令或规定者"(姜大源、刘立新译,2005)。对于专业资质的合格者的认定是指"具备传授教育内容必需的职业及职业教育学和劳

---

① 来源于 Kristina Alice Hensen – Reifgens 的文章"Ute Hippach – Schneider, Supporting teachers and trainers for successful reforms and quality of VET – Germany"具体可参见 http://www.refernet.de/images_content/DE_Article_TT.pdf

② 在德国,教授和学术中层的教师在不同类型高校之间所占的比例差别很大。通常,在综合性大学中,教授与学术中层教师分别占到 30% 和 70% 左右,而在高等专科学校中该比例是 96% 和 4%。由于聘任条件和职责内容的不同,在德国,同为教授,还存在着大学教授与高等专业院校(实施职业教育的高等院校)教授之别。

动教育学的技能、知识和能力者"(姜大源、刘立新译,2005)。此外,德国对高职院校教师的资格要求也有明确的法律规定。2007 年德国新修订的《高等教育总法》中,第 44 条第 3 款规定,高等专科学校的教授必须具备四个聘任条件:"具备大学学历;具有从事教学工作的能力,通常由教学或培训中所获得的经验来证明;具有从事学术工作的能力,通常由获取博士学位来证明,或者具有从事艺术工作的特殊能力;根据不同的任职岗位,需要具备突出的科研成果或艺术成就、在应用程序或科学知识和方法发展方面成绩突出,且具备多年的专业实践经历。"[1]严格的教师资格制度为德国职业教育提供了高水平的职教师资,进而保障了德国职业教育的教学质量。

3. 多重的教师职责

1965—1975 年间,德国教育委员会在教育系统结构计划中明确地描述了所有教师的一般岗位职责,包括教学、培养、判断、评价和创新五个方面,而从事职业教育的教师有其专门的岗位职责。德国职业教育教师的职责与非职业教育教师的职责具有明显区别,尤其在高等教育阶段的职业教育中表现最为突出。在德国的高等教育体系中,有学术性高等学校和非学术性高等学校两种类型,其中非学术性高等学校中的高等专科学校(FH,即德文的 Fachhochschule,学制 4 年)和职业学院(BA,即德文的 Berufsakademie,学制 3 年)是"双元制"教育的主体,它们"以培养实用技术人才为目标,即以培养工程技术人才、操作型工程师、企业和行政管理人员以及社会工作者为主"(吴雪萍,2007)。不同于学术性高校教师要么以科研工作为主要职责,要么以教学和科研工作并重,在高等专科学校和职业学院任教的职教教师主要是以教学为主要工作职责,从事的科研大多是围绕应用研究、开发研究或与教学有关的研究而非偏重学术性质的研究。例如,德国普通大学的教授每周一般上 8 小时的课,而高等专科学校的教授每周一般上 18 小时的课,其教学工作量是大学教授的两倍多(吴雪萍,董星涛,2005)。

除了教学工作以外,德国高职院校教师的职责还包括导师职责、监测评估职责以及管理者职责。导师职责既是针对学生而言,也是针对教师而言。对于学生来说,教师是实施职业教育的教育者和向学生传授实践性专业知识的实践者,教师需要履行教导学生、向学生传授正确的道德观和价值观以及培养学生高尚人格的导师职责;对于新教师来说,教师有责任参与新教师培养阶段中的师范教育过程,承担导师职责。检测评估职责是要求高职院校教师能够履行对学生学习进行

---

① 德国. 高等教育总法. 参见 http://www.buzer.de/gesetz/2476/a35217.htm.

检测评估的责任,即能够认真、准确、客观地测评学生的入学基础、学习过程中的表现以及学习效果,并能够为家长提供必要的教育咨询。最后,管理者职责是指高职院校教师除了完成分内的教学工作,还需要承担诸如学生注册、实验室管理、仪器设备的维护等管理工作,个别教师还承担着各系部的领导职责。管理者职责虽是高职院校教师必须履行的工作职责,但这些琐细的管理工作是不作为教师法定工作时间来计算的。

4.全面的教师专业能力标准①

德国职业教育教师的专业能力是依据欧盟职业培训发展中心(European Center for the Development of Vocational Training, CEDEFOP)下属的培训师网络培训(Training of Trainers Network, TTnet)在2006年进行的"职业教育与培训专业人员界定"的研究中制定的标准框架所涵盖的四个方面,即管理、教学、专业发展与质量保障、建立人际网络。具体能力要求有:

(1)管理。第一,组织和规划。参与招收学生、参与学生选拔、记录学生成长、记录自己的活动、计划和组织课程、参与团队活动并与其他员工合作、指导新教师;第二,项目管理。书写项目申请书、建立合作伙伴、申请经费、管理项目、项目经费控制、汇报项目成果。

(2)教学。第一,教学设计。与同事和企业合作设计课程或学习项目;分析学生的学习需求以及劳动力市场需求;将培训与政治和社会发展重点问题联系起来;规划学习活动和过程,包括结构、内容和材料;建立个人学习计划;与企业合作组织工作场所学习;第二,学习指导。管理和实施学习过程和活动;将培训与实践联系起来;指导学习;支持、激励和引导学生;处理紧急事件;创造并使用资源和素材;与家庭合作;支持和指导学生向工作本位培训和劳动力市场过渡;第三,评价。管理诊断性技能测试;与同事和企业培训师一起评价学生的学业成就;监督企业培训师;提供反馈以支持学生学习和培训师专业发展。

(3)专业发展和质量保障。第一,教师个体专业发展。了解专业领域的发展动态;规划自己的长期专业发展;参与在职专业发展活动;第二,促进组织发展;第三,质量保障。参与设计质量保障工具;收集反馈意见和数据;规划改进措施;进行自我评价。

---

① 付雪凌,石伟平. 美、澳、欧盟职业教育教师专业能力标准比较研究. 比较教育研究. 2010 (12).

(4)建立关系网络。第一,内部网络。参与组织内部的网络和团队;促进同伴学习;第二,外部网络。与其他教育机构建立联系;与社会建立联系;与劳动力市场和利益相关者合作;参与国际网络和合作;参与专业网络。

(二)德国高职院校教师制度及其特色

结合德国职业教育体系建设和高职院校教师制度的相关内容,以下从教师的资格制度、聘任制度、培养培训制度、薪酬制度等方面来考察德国高职院校教师制度建设的具体内容,并从中发现其师资队伍建设的制度特色之所在。

1. 德国高职院校教师相关制度

(1)高职院校教师资格制度

加入博洛尼亚进程①前,在德国,要成为职业学校的教师通常要参加两次国家教师资格考试,即第一次国家考试(The First State Examination)和第二次国家考试(The Second State Examination)。每个阶段都有详细的规定,例如,有意成为教师的人员必须在大学或者同等性质的机构学习至少两门专业课,包括教学方法、教育科学知识和教学技能知识,随后才可以参加第一次国家考试(李继延,2014)。通常在正式上岗前,教师需要经历2-3年的职前教育。在德国,职业教育教师大多来自职业教育师范学院的毕业生,职业教育师范学院的学制为4-5年,其招生条件很严格,既要求具有完全中学(13级)毕业②或同类学历,又要求经过双元制的职业培训并至少从业半年以上(有些州要求一年以上)(李继延,2014)。这类学校主要按照国家对职业学校或中等专业学校专职教师的规格和要求来培养中等职业教育学校的师资力量。德国在加入博洛尼亚进程后,取消了传统的工程类硕士(Diplom)、文科类硕士(Magister)和国家考试(Staatsexam)的学制,采用国际统一的学士和硕士学制,德国职教师范类专业也逐渐取消了第一次国家考试制度,采用了本科硕士的培养模式,职教师范生毕业后取得硕士文凭,等同于通过第一次国家考试,毕业生可以直接申请见习(高松,2011),但并不能直接进入职业学

---

① 博洛尼亚进程(Bologna Process),是29个欧洲国家于1999年在意大利博洛尼亚召开的会议上提出的欧洲高等教育改革计划,目的在于整合欧盟的高等教育资源,打通教育体制。会议中,《博洛尼亚宣言》作为博洛尼亚进程的纲领性文件,其签署标志着该进程的全面正式启动。

② 指高中毕业或完成中等职业教育二级阶段的教育,年龄通常在18岁左右。

校任职,还必须经过为期 1 – 2 年的预备期(Referendariat)①工作并通过第二次国家考试之后方可获得职业教育教师资格。

对于高职院校教师来说,要想成为合格专职教师,既要有高等教育经历又要有实践工作经验。德国大部分州规定,高等专科学校(FH)的教师要具备博士学位及 5 年(其中至少有 3 年是在例如技术领域、工程领域、管理领域等高校以外的职业经历)以上本专业的实践工作经历,职业学院(BA)的教师要具备硕士学位及两年以上的企业工作经验,同时要接受 2 – 3 年的教师职业培训并参加第二次国家考试,成绩合格者可以取得高职院校教师资格。成为高等专科学校和职业学院的实训教师,则必须同时具备以下三个条件,即高等教育学历、通过技术员或技师考试、受过专门的职业教育培训并具备职业操作的实践经验。一般的企业员工要想成为实训教师,则必须工作满 2 年后进入技术员学校进修 2 年,经考试合格获得技术员资格,或工作 1 年后进入师傅学校学习,经考试合格获得师傅证书,再经过 200 多学时的教育科学知识、教学方法、教学技能知识、心理学等教育学专业培训才可获得任职资格。此外,德国规定高职院校教师如果参加职后进修、培训等继续教育,便可获得高一级的任职资格,或者是另一种新资格,如某专业的任教资格、督学任用资格、校长任用资格等。

(2)高职院校教师聘任制度

在德国,要成为正式的高等教育阶段的职业教育从业者,在取得任职资格后,还会经过严格的聘任、选拔、录用方可进入高等院校。德国有着一系列严格的聘任制度,主要以《高等教育总法》为依据,通常实行公开招聘的办法,招聘程序严格,选聘和任用机制相结合,并由各州教育、科学、艺术部代表国家进行招聘。具体流程为:招聘之前成立负责遴选工作的招聘委员会,招聘委员会根据国家统一的职业教育教师的任职资格及各院校专业建设和教学需要拟定正式的招聘标准,随后通过报纸、网络等方式发布教师招聘信息;初步筛选后,符合条件的应聘者要参加面试及两次专业内容试讲,以此来着重考察应聘者的专业能力、教育教学能力和与企业界的联系能力;考察过后,招聘委员会列出候选人名单并排序,经学校学术委员会审议通过,由校长签字后呈报所在州的教育、科学、艺术部审批。其中值得一提的是,德国高职院校教师招聘过程的一个特色是,学生代表也可以参加

---

①　预备期是指职教师范生大学毕业后需要完成的为期 1 – 2 年的见习培训,见习培训介于两次国家教师资格考试之间。在这段时间里,三分之二的时间作为见习教师在职业学校或中等专业学校实习上课,剩余时间在国家开办的教师实习学院学习师范专业理论知识。见习结束后,见习生要参加第二次国家考试,考试合格可获得执教资格,成为正式教师。

应聘者的试讲环节并提出评价意见。

（3）高职院校教师培养培训制度

德国职业学校的师资一般是在普通大学的职业教育院系进行的，因此师资培养表现出较强的学术化特征。此外，职业技术师范院校也是德国中等教育阶段职业教育师资的主要培养机构，培养培训过程严格规范，制度较为完善。与此类似，高等教育阶段的职业教育师资的培养教育体系也具有专业化、标准化、制度化等特色。如前文所述，成为高职教师除了具备某一专业的博士学历或是某一学科专家并且具备 5 年（不少于 3 年以上的高校外实践）以上的企业实践经验等严格的任职资格以外，成为正式教师后也需要不断地接受校内外的各种进修、培训或参与企业实践活动。每年每位高职院校教师至少接受五个工作日的脱产带薪培训进修，有全州集中性的培训、地区性的培训以及学校内部的培训等多种形式。有的州还规定专职教师任教满 4 年后可脱产半年，去专业对口的企业进修以便了解本行业最新技术或从事应用研究以更新知识结构（周丽，2012）。在德国，为高职院校教师提供培训的机构多种多样，有专门的职业教育教师培训机构、在职业学院和高等职业学校内部成立的教师培训机构、学校之间及学校和企业之间的联合培养机构等。综合性大学的教育系以及企业也会举办一些培训，向高职教师提供培训。此外，德国针对高职院校教师制定了一整套严格规范的法律法规，配套以一系列系统的激励措施和具体的操作方法，并确定具体的培养培训内容，要求高职院校教师持续不断地参加从教后的继续教育，以此来加强教师理论与实践知识的融合，加强教师与企业、社会的密切联系。为了激励高职院校教师参加进修，按照德国相关法律规定，每隔四年高职院校教师需要接受一次教育局督学对其进行的考核，考核过程严格，程序规范，考核成绩通常与教师职称/职务晋升挂钩。德国对于高职院校教师的培养培训是一个长期持续的终身过程，虽然由于社会环境的变化及学生需求的改变等因素的影响，培养培训的方法和内容也会面临新的挑战和变化，但是将培养培训贯彻高职院校教师职业发展过程的始终却是得到社会和教育界广泛认同的普遍做法。

（4）高职院校教师薪酬制度

在德国，教师属于国家公务员（有的州是国家雇员），其中只有极少数的 C2 级教授是有期限的职位，其他教授原则上都是终身的国家公务员。德国实行由国家立法决定的、相对集权的高校教师薪酬管理制度。高校教师与国家公务员的身份相同，并享受与国家公务员相同的报酬待遇和社会地位，基本处于社会中上水平。毋庸置疑，德国高职院校教师也属于高校教师群体，与公务员（C 系列）一样，由国家法律①统一制定工资标准,并由州政府统一发放。C 型酬劳主要由基本工资、工龄工资(每两年增加一次)和地方津贴等组成。由于教师职称和工龄的不同,德国高校教师的年薪有显著的差别,但这种差别并不悬殊,例如教师中工资最低的助教,其年薪也能达到年薪最高的 C4 级教授工资的百分之六、七十。德国教授中还有些人可以得到各种特殊津贴,如住房津贴(周丽华,2001)。近年来,德国高校开始进行薪酬改革,注重将教师工资与绩效挂钩。从 2002 年起,德国教授实行了新的薪酬体系,即 W 型薪酬体系,它取代了过去的 C 型薪酬制度,教师工资不再与工龄挂钩,而是由固定工资和短期奖金两部分组成,并分为三个级别,即 W1—青年教授,W2—高等专科学校的教授,W3—艺术院校和大学的教授。其中,青年教授试用期为六年,可独立从事教学、科研和指导博士生。凡教学科研成果突出者,六年试用期满后,可直接晋升为 W2 或 W3 级教授,享受终身公务员待遇,若试用期满后,教学科研成果平平者则必须离开高校,自谋职业(汪雯,2008)。改革后的教师工资的固定部分虽然低于 C 型酬劳,但教授可以通过教学科研中的突出成绩或承担管理工作而获得短期奖金,进而提高收入。对于 2002 年之前已经享受 C 型酬劳的教授,可以自主选择两类薪酬体系,尽管大多数教授最终还是选择 C 型酬劳,但德国高校薪酬改革的目标依然是建立以业绩为导向的灵活的劳动关系和薪酬结构(魏洁,2014)。德国教师素来以质量高、治学严谨、敬业精神强等特征著称,因此,德国高校教师工资待遇中较少体现市场经济的竞争激励机制。德国高校教师的薪酬制度中"唯一竞争激励机制是:在同一所高校一旦签订合同确定教授等级,便终身固定下来,无论服务多少年都不能提升等级。如若提高教授等级只有到其他高校再应聘"(应永胜,2007)。这种"非走不升"的用人机制是以严格的制度性考核为基础和前提的,它不仅能够最终决定教师是否能够享有丰厚的薪酬待遇,而且有利于教师流动,促使教师在本职位内不断突破,积累成绩,为到其他高校应聘更高等级的教授职称创造条件。

2.德国高职院校教师制度的特色

从以上对德国高职院校教师相关制度的分析可以看出,德国高职院校教师制度较为完善规范,这为保障职业教育的高质量提供了坚实的基础,并促进了德国职业教育体系的有效运行,具体来说,主要有以下几个方面的特色:

(1)德国高职院校教师资格要求多元化、职业准入严格化

---

① 德国《公务员法》《公务员薪俸法》《高等教育总法》及各州的《高等教育法》对高校教师的工资和福利待遇均做出了明确规定。

　　德国对高职院校教师资格要求的多元化取向,不仅是由于实施职业教育本身所需要的多种职业技能的这一天然属性,而且是与职业教育的高社会认可度及其在国家教育体系中的地位和作用息息相关。德国是一个高度重视职业教育的国家,在德国上职业学校是一个普遍的社会现象,学生不会觉得低人一等。早在19世纪初,德国教育家威廉·冯·洪堡(Wilhelm von Humboldt)在《立陶宛的学校计划》中就指出,"普通教育应当使各种能力,即人本身,增强起来、纯洁起来,并得到调节;而专门教育只是使人获得有用的技能。"①这里的"专门教育"即是我们今天所言的职业教育。此外,洪堡还指出,"整个教育也只有一种完全相同的基础。因为,无论是最普通的雇佣工人,还是最有教养的人,假如我们不应当为了使前者具有尊严而让其变得粗鲁无礼,不应当为了使后者具有人的能力而让其变得多愁善感,或沉湎于幻想和乖戾怪癖的话,那么,两者的心灵一开始都必须得到同样的训练。"②由此可见,职业教育与普通教育在德国向来具有同等重要的地位和作用,只是其各自发挥不同的功能而已,德国社会有着共同的认识:"培养一个技术熟练、精湛的劳动者与培养一个知识广博的大学生相比,对国家的经济和社会发展具有同等重要的意义。"③

　　此外,德国素有崇尚技艺的文化传统,高度重视手工技能,尊重工作和劳动。兴起于中世纪的师傅,因为掌握突出的手工技艺而具有很高的社会地位和威望,他们享有特权,受人尊重,地位远远高于欧洲其他国家的师傅。这种尊重劳动、崇尚技艺的传统深刻地影响了德国今天的职业教育。时至今日,许多年轻人也主动选择接受职业教育。德国的文化传统和职业教育的地位在很大程度上影响着职业教育教师的资格要求和准入制度,既然职业教育是与普通教育同等重要的,那么要想成为一名合格的职业教育教师则也和普通教育教师有着旗鼓相当的资格要求和严格的准入制度——既要有高等教育经历,掌握一定的专业理论知识,又要有长时间的实践工作经历,具备一定的实践操作技术技能和知识,还要经过严格的职前、职后及在职教育,不断更新知识和技能,实现持续不断的培训进修和终身学习。

　　此外,健全细致的法律法规保障了德国职教师资的资格和质量,例如由联邦

①　翟宝奎主编,李其龙,孙祖复选编．教育学文集(第21卷):联邦德国教育改革．北京:人民教育出版社,1991(4).
②　翟宝奎主编,李其龙,孙祖复选编．教育学文集(第21卷):联邦德国教育改革．北京:人民教育出版社,1991(5).
③　孙玫璐．职业教育制度分析．华东师范大学博士学位论文,2008:82.

劳动和社会秩序部通过的《实训教师资格条例》,是根据《联邦职业教育法》的规定而制定的,对企业学徒培训师资的要求做了明确而详细的规定。具体到某一行业则更为周密,如《工业行业实训教师资格条例》《农业实训教师资格条例》《公共事业实训教师资格条例》等(吴雪萍,2004)。

(2)德国高职院校教师培训主体多元化,培训方式规范、内容灵活

德国是联邦制国家,各州享有高度独立的行政自主权,教育制度存在一定差异,故各州的高职院校教师培养培训体系也较多样化,培训渠道、内容和方式各不相同,但其最突出的特色均是提倡各个部门、机构之间的合作培养,实现优势互补。例如,大学阶段校际之间的合作培养,企业和职业学校、培训中心之间的合作培养,教育学院和职业学校之间的合作培养等。为了将高职院校教师的培养培训作为教师发展的一项硬性要求,德国早在1969年制定的《联邦职业教育法》和1973年颁布的《高等教育、职业教育专业培训及考试细则》中就对高职院校教师的进修培训做过详细明确的规定,使得高职院校教师的培养培训体系走上制度化、规范化的道路。

德国职教教师的培养方式灵活多样,充满弹性。20世纪末,德国职业教育一度面临师资严重缺乏的困境,德国通过州文化部长联席会议制定的框架协议,通过吸纳普通教育性质的专业学院毕业的工程师、经济师,使其进入大学的职业师范专业学习,并承认其原来的专业。他们完成师范专业的学习后,获得从事职业教育的相关毕业证书和资格证书,进入职教师资队伍。这种"半途上车"的职教师资培养方法成为特殊时期缓解师资匮乏的一剂良药。德国职教师资的培训内容不是固定的、统一的,而是会根据专业教师、普通教师、新任教师等不同类型制定具体的、有针对性的培训内容、培训计划和评估标准。此外,职教师资培训在德国已经形成了全国性的培训网络,州、地方、学校等不同层级之间的培训内容和要求各不相同,但都基本以进修教师的实际需要来统筹安排。如州一级的教师培训,"注重的是教师各方面能力的综合提高,如专业能力、社会能力、方法能力等"。通过培训,帮助教师们掌握新的教学方法和形式。例如德国黑森州的教师进修学校,环境优美,设施齐全,实验设备先进并与业界保持更新,如最新的农业生产用具,包括新型收割机、耕作机、畜牧的饲料进食定量器、新型猪舍框架,新型蓄粪池解剖构造等。教师在进修过程中既了解了新技术、新工艺的原理及运用方法,又保证了教师知识体系的不断更新(曲铁华、马艳芬,2007)。

此外,德国在对高职院校教师的培养培训中还特别强调专家型教师的培养。德国鼓励教师参加职业教育研究所的研究工作,全职工作五年回校后可以晋升,

非全职工作五年,每周两天在研究所工作,三天在学校工作,晋升机会也较大,通常五年换一批人。教师通过参与课题研究会催生一些教学改革和发展的新理念、新思路,成为职业教育的专家,有利于推动学校乃至整个职业教育的发展(邓敏,2014)。

(3)德国高职院校教师的终身制度和丰厚薪酬保障了教师队伍的稳定,产生强大的竞争和激励作用

德国高职院校教师同普通高等院校教师一样,经过严格筛选和考核后一旦成为国家公务员,只要不触犯国家法律,不得随意被解雇,均享有终身教职,这个制度"保证教授可以不为其生存条件和世俗要求所困扰而能独立、自由地从事教学和研究活动"(周丽华,2001),这是教师获得可靠的生活和发展的基本保障,自然起到稳定教师队伍和不断吸引、激励人才的作用。丰厚的薪酬不仅保障了高职院校教师的物质生活条件,也使他们更加专注地投入到教学和科研工作中。大学的教学研究活动与外界,特别是经济界较少发生联系。他们中相当多的人信奉:学者们在从事科学活动的时候,不介入政治,也无须考虑经济因素(周丽华,2001)。此外,德国高职院校教师薪酬制度的一个特色还在于,教师除了可以享受优厚的终身医疗保险之外,"国家还为他们及配偶和未成年子女至少支付一半的医疗保险费用;高校教师按工龄每年享受 26-30 天的全薪休假;按工龄、职称、职务和家庭情况,国家对教师发放数量不等的特殊补贴;高校教师年满 65 岁退休后,可领取的养老金高达在职期间最后一个月工资的 75%;如果高校教师退休后亡故,配偶和未成年子女可领取相应的补贴,并享受先前同样的医疗保险待遇"(赵丹龄等,2004)。显然,这些极具人性化的社保制度和薪酬体系是德国高职院校教师得以生存并不断寻求职业发展的坚实前提和有效动力。

(三)德国高职院校教师制度对青年教师职业发展的影响

从以上分析可以看出,德国的高等专科学校(FH)和职业学院(BA)是高等教育阶段实施职业教育的主要机构,但它们与我国的高职院校又有着本质的区别,不能简单地将其称之为"高职",因为这些院校在"专业设置上没有明确的职业导向性,专业设置趋向于普通高校,与综合性大学相比只是更强调学生实践能力的锻炼,教育内容中涉及更多的应用型知识"(高松,2012)。如果与之类比,大体可以说,我国的高职院校是介于德国职业学校(中等教育阶段的职业教育)和高等专科学校(高等教育阶段的职业教育)之间的一类学校形式。由此可知,德国的高职院校教师与我国高职院校教师在来源结构、任职资格、聘任、晋升、考核、评价及薪

酬福利待遇等诸多方面存着在巨大差异,不同的教师制度对教师职业发展的影响也不尽相同,因此,德国高职院校青年教师的职业发展是在德国特有的职业教育体系、教师制度和文化传统的影响下形成的,尽管其职业发展的路径因教师个人的能力和机遇有所不同,但都不可避免地在很大程度上映射出德国高职院校教师制度规范之下的职业发展图景的模样。概况来说,德国高职院校青年教师的职业发展呈现出以下一些特征:

第一,高职院校青年教师普遍享受优越的薪酬待遇,这是教师寻求职业发展的基本物质保障。在德国,高职院校教师与综合性大学的教师一样,均享有较高的社会地位和声望,受到社会的普遍尊重。这不仅因为要成为高职院校教师有严格的入职资格和聘任条件,而且入职后也能享受较为优越的物质待遇,与国家公务员的地位、待遇一样。20 世纪 90 年代以来,随着全球高等教育进入大众化阶段,教育资源匮乏、国际竞争加剧使以往高校教师工资以"论资排辈"、晋级提薪为特色的管理制度暴露出种种弊端,世界各国纷纷采取措施,改革高校教师薪酬制度,德国也不例外。在新的工资制度中,德国高职院校教师的工资仍然由固定工资和补贴两部分组成,但补贴部分所占额度较大,约占到总工资的四分之一,这部分工资主要取决于教师的教学质量、科研成果(如发表论文的数量等)、在国际上的知名度、指导硕士生和博士生的数量、科研成果的转让数量、吸引外来资金的数额以及学生对教师的授课评价等多种指标。可见,教师的收入在基本保障稳定的基础上,很大部分取决于个人业绩,既有利于解除教师物质生活的后顾之忧,安心科研,又能够很好地激励教师通过个人绩效积累来增加收入,进而促进自身及整个教师群体的质量提升和职业发展。

第二,高职院校青年教师普遍具有较高的学历,为教师职称/职务晋升奠定了坚实基础。从上述关于德国高职院校教师资格制度的概述可以知道,德国对于高职院校教师的任职资格有着严格的要求,尤其是教师的学历要求,高等专科学校(FH)的教师必须具备博士学历,"职业学院(BA)的理论课教师最低学历为大学本科,有的学校教师中有博士学位的占 50%"(匡瑛,2006)。严格的师资要求,体现出德国高职院校教师队伍建设的高度专业化水平,同时也为高职院校青年教师未来的职称、职务晋级做好了有利的前瞻性铺垫。这也在一定程度上彰显了德国高职院校教师的专业化程度和职业化特色,进而再次印证了德国社会对于职业教育和职业教育教师的高度认同和尊重。

第三,高职院校青年教师均需要接受严格的、长期的职前职后培训,虽然保障了教师质量,但培养培训时间过长也带来诸多问题。德国高职院校教师的培养培训周期较长,通常要经过大学阶段的学习、校外实践、职前培训、在职进修等,如若需要转换岗位或职业还需要接受职业继续教育和转行业职业教育等一系列长期持续的培训过程。从经济学的角度来说,生产周期过长自然导致成本的提升和经济效率的下降。以此类比,高职院校教师经过长期的"生产"周期,当其被"制造"出来以后,进入工作岗位之时,年龄基本都已超过 30 岁,这大大缩短了其职业生涯的时间,不利于整个职业过程的发展和规划。由此高职院校教师职业对于一些优秀青年的吸引力不足,现有师资队伍构成又呈现老龄化趋势,一定程度上造成了师资短缺的窘境。

第四,高职院校青年教师的职称晋升道路漫长艰辛,教师之间等级分明,阶层区隔明显。与综合性大学的教师一样,德国高职院校教师需要获得执教资格才能成为高校教师,但这时的高职院校教师还不属于国家聘任的正式教师,不能享受国家提供的固定薪金,主要收入来自学生缴纳的听课费。处于这一阶段的高职院校教师被称作私讲师(Privatdozent),是流动的非正式教师,通常在教授指导下开展教学和科研活动。为了获得终身教职,私讲师需要经过漫长、艰难的晋升过程,虽然这对德国高校选聘高质量的教授、积蓄教学后备力量、保障师资队伍的专业化和学术化等方面所起到的作用功不可没,但这样的教师制度也使德国高职院校教师群体逐渐"分化成两个对比鲜明、地位悬殊的阶层:一方面是生活优裕、大权在握的教授阶层,一方面是收入菲薄、生活缺乏保障、晋升前景渺茫的编外讲师阶层"(吴艳茹,2013)。正如马克斯·韦伯(Max Weber)的著名演讲《学术作为一种志业》中提到的,学术生涯是"一场疯狂的冒险"(韦伯,2010),"许多人尽管才气纵横,但因时运不济,而不能在这套选拔制度里,取得他们应得的职位"(韦伯,2010),因此仅靠教师个人的勤奋、学识和才华不能保证通往教授之路一帆风顺,机遇也尤其重要。这种极具风险性和不确定性特色的德国高职院校教师晋升制度将不可避免地引发诸多问题,不利于整体教师队伍的稳定,尤其使青年教师的职业发展道路布满荆棘而举步维艰。

二、美国高等职业院校教师制度与青年教师职业发展

美国是当今世界上最发达的资本主义国家和第一经济体大国,其经济雄厚的原因是多元复杂的,但教育在其中所发挥的作用不可否认,尤其是职业教育。职业教育为美国各产业培养了各种人才,成为推动经济发展的重要力量。美国的职

业教育是教育系统中的重要组成部分,主要在中等和高等教育阶段实施,具体如表4.2所示。由于美国的职业教育是与普通教育高度结合在一起的,不是单独的系统,专门的职业教育机构也较为少见,大多是与普通教育一起在同样的教育机构中并行实施的,可以说美国的职业教育是以学校教育模式为主的,其中中等职业教育主要在公立综合高中(Comprehensive High Schocl)中实施,高等职业教育主要在社区学院(Community College)(两年制)和技术学院中实施。主要培养介于工程师(Engineer)和技术员(Technician)之间的技术师(Technologist)。美国的社区学院最早创建于19世纪末、20世纪初的初级学院运动(Junior College Movement)时期,从创建于1901年的第一所社区学院——乔利埃特初级学院(Joliet Junior College)伊始,社区学院迄今已有115年的历史。社区学院以年满18岁的青年或成人为教育对象,具有地方性和大众化等多种特色,承担实施职业教育、普通教育、大学转学教育、补偿教育、社区教育等多种职能。目前美国有1108所具有副学士学位授予权的社区学院,其中公立982所,私立90所,宗教性质36所。社区学院由于学费低[公立社区学院的年学费为3430美元,而公立四年制大学的年学费是9410美元(韦伯,2010)],没有严苛的入学要求,课程灵活多样,且离家近(社区学院遍布全美各城市和郊区,通常美国青年可以在距离自家附近25英里范围内就读)等诸多优点吸引了近一半的大学生来就读。美国学者柯恩(Arthur M. Cohen)和伊格奈希(Jan M. Ignash)曾强调:"毫无疑问,社区学院最主要的职能是培训劳动者,并且这一职能得到了充裕的资金支持。"①例如在2013 – 2014年间,社区学院得到联邦政府、州政府及地方的财政资助高达约363亿美元,占其全部收入的62%。社区学院在促进经济发展方面的贡献也是显著的,美国社区学院对美国经济和学生个人的发展来说是不可缺少的恩惠,据统计,仅2012年间,社区学院对于美国经济收入的贡献就达到8090亿美元,相当于国内生产总值(GDP)的5.4%。

---

① 吴雪萍. 国际职业技术教育研究. 杭州:浙江大学出版社,2004:270.

表 4.2　美国职业教育层次

层次	实施主体
中等职业教育	公立综合高中 职业高中 地区性职业学校或地方教育中心 职业学院
高等职业教育	社区学院 技术学院 成人学习中心

(一)美国高职院校教师的构成及其特征

美国职业教育教师主要是指在中等职业教育阶段的综合高中和高等职业教育阶段的社区学院里从事教学活动及其他与教学相关工作的专业人员,由于本研究主要讨论高职院校教师群体,故这里对于美国职业教育教师的介绍主要集中于高等职业教育阶段的教师,即社区学院的教师。

1. 教师类型特征

(1)兼具专、兼职教师的聘任方式。美国社区学院的教师分为专职和兼职两种类型。专职教师一般要取得学士或硕士学位(近年来具有博士学位的教师比例在逐年增加),主要从事基础理论与其他基础性较强的课程教学。专职教师通常由终身聘任和非终身聘任两种在职状态。取得终身聘任的教师可以终身在学院任教直至退休,在不触犯法律的情况下,学院不能随意辞退教师,因此获得终身教职是许多教师的终极目标和梦想,但这需要经过一系列严格苛刻的考核方能实现。社区学院中,专兼职教师的比例一直比较稳定,通常,兼职教师占教师总数的65%。[①] 几十年间,兼职教师虽然在数量上远远超过专职教师,但就全国范围内来看,兼职教师仅承担社区学院三分之一的课程(Benjamin, Roueche, Roueche, et al., 1996)。兼职教师通常讲授应用性、针对性较强的课程,由社区内的企业家、某一领域的专家以及生产一线的工程技术人员、管理人员等组成(吴雪萍,2004)。兼职教师通常不实行任期制,没有试用期,而是按学期与聘用学校签订合同,工作量往往也少于专职教师。由于社区学院许多课程的应用型较强,因此聘用有实践经验的兼职教师对教学十分有利。通过聘用兼职教师,课程可以更灵活地与生产实践结合,课程内容也可以通过不断调整来更好地满足学生需要。此外,聘用兼

---

① 数据来源于期刊. American Association of Community Colleges. 2016,4(10).

职教师在经济上也较合算,费用要比长期在编教师少得多。兼职教师中,有属自我雇佣者,也有来自医院、基金会、政府机关、企业等部门的工作人员(王建初,2003)。

(2)以白人教师为主。在美国,社区学院的教师(包括专职教师和兼职教师)主要由白人组成,占全体教师总数的 75.9%,剩余的教师由其他族裔群体组成——黑人占 7.4%,拉丁裔占 5.5%,亚裔及太平洋原生民后裔占 4.3%,其他未知族裔(占 4.4%)及少数族裔共占 6.8%。①

(3)教授不同课程的教师比重不同。按照教师教授的课程来看,社区学院的教师又可以被划分为两大类,一类是承担大学转学教育课程的教师(academic/transfer education faculty),一类是教授职业和技术教育课程的教师(career/vocational education faculty)(Seidman,1985)。从这种划分可以看出,社区学院开设的课程主要是围绕大学转学教育和职业技术教育两个主要方面来展开的。除此之外,还有少部分教师从事发展教育或补偿教育的工作、图书馆的管理工作及教育咨询活动等。

2.分散自主的教师任职资格

在美国,社区学院教师的任职资格会因所教科目的不同而略有区分。担任大学转学教育的教师需要具备硕士学历和在教学领域累计至少 18 个小时的工作经历;承担职业教育方面课程的教师则需要具备学士学位或个别不具备学士学位,但同时要有相关专业的工作经验(Townsend&Twombly,2007)。社区学院教师通常要具备与所教授专业相关的一年以上的实际工作经历和最新的行业经验,或者在相关的技术领域有 5 年以上的实践经验,同时具备当顾问和独立判断及研究的能力。此外,获得社区学院教师资格,教师"还需要接受专门的师范教育,渠道可以是通过师资岗前培训项目,或者是在当地学校系统或州教育部门资助的教学基地接受培训"(菲利普·葛洛曼,2011)。通常,兼职教师的学历要求略低于专职教师,但对其实践工作经历和教学经验方面的要求较为严格。由于美国教育实行分权制管理,各个州的社区学院教师资格要求不尽相同,有些州要求教师必须达到一定的学历条件和资格要求,有些州则不做严格要求,但总体来看,多数社区学院都希望教师入职前接受过一定程度的师范教育或相关的教师教育和培训,并具有相关专业的工作经历和职场经验。

---

① 数据来源于期刊. American Association of Community Colleges. 2016,4(10).

3. 以教学工作为主的教师职责

教师工作通常由教学、科研、实践和服务工作四部分组成。美国社区学院教师的主要工作职责是教学类工作,教师在完成基本教学工作的基础上,还要承担专业或学科建设的任务,同时与地方经济发展密切结合,服务社区经济发展,另外还参与一些学校管理和咨询服务工作。教师不仅要注重自身专业实践能力的培养和提升,还需要在培养学生的过程中偏重学生实践能力的训练。在此基础上,教师在职期间不断接受长期的、持续性的培训和实践也属于工作职责的重要部分。美国社区学院教师在科研方面的工作开展得较少,兼职教师平均每周工作时间在 33 小时左右,专职教师平均每周工作时间至少在 47 个小时左右(James&Palmer,2000),包括备课、授课、批改作业、接受学生答疑、参加会议等,其中教师花在教学及与教学相关的工作上的时间占到总体工作时间的 85% 左右(Rosser&Townsend,2006)。可以说,美国社区学院教师的专业发展活动主要是通过教学活动来实现。① 此外,社区学院的教师还需要承担除教学以外的一些服务性的工作,比如"为学院招生做宣传,许多教师需要去高等教育学校参加为学生提供课程衔接和转学帮助的各种会议"(孔祥兰、张桂春,2011)、参与教工管理、主持或服务部门或委员会的活动、协助管理学生工作、在校友会上发言以及安排访学者活动等校内服务(Internal Service)。另外,提供校外服务(External Service)也属于社区学院教师的工作职责,包括为社会团体或个人提供专业知识咨询服务;为政府、商业和企业出谋划策;协助其他院校解决相关专业问题;开设短期课程、工作坊、培训、论坛等活动;协助社区解决问题,开展健康服务、安全教育等活动(叶依群,2015)。

4. 以学生利益为前提的教师专业能力标准

20 世纪末,为了适应日益加剧的国际竞争以及新技术革命引发的社会经济变革对高素质劳动者的迫切需求,美国建立了全美教学专业标准委员会(NBPTS),并不断反思如何通过促进教师发展来推动教育的改革和进步,从而保证高素质劳动力的供应。该委员会在 1997 年制定了《生涯和技术教育教师标准》,提出了 4 大类 13 项标准,并以此来评估职业教育教师的专业能力标准。美国职业教育教

---

① 由于社区学院教师较少从事科研活动,与四年制综合性大学不同,社区学院甚至并不积极倡导教师从事科研活动,由此教师大部分时间和精力都用在教学活动上。有学者(Townsend&Rosser,2007)在 2004 年对社区学院教师工作量的调查中显示,教师的平均周工作量维持在 49 小时左右,低于四年制文理学院教师 52 小时的周工作量以及研究型大学教师 55 小时的周工作量。因此,社区学院教师的科研压力相对较小,工作满意度也较高。

师的专业标准是建立在五个观点的基础之上,即教师应对学生学习负责;教师应具备所教授学科的知识并知道如何进行传授;教师有责任管理和监督学生学习;教师应系统反思其实践并从经验中学习;教师应是学习共同体的成员。具体内容包括:创造生产性的学习环境、促进学生学习、帮助学生完成向员工和成人角色的转换、通过专业发展和拓广提升教育质量,这些方面集中代表了能够胜任 11 – 18 岁 CTE① 学生的教师的教学特点。13 项标准中的每一项都描述了教师胜任教学活动的一个方面,并且以可观测的教师对学生施加影响的行为来表示。以评审教师的应知应会为基础,确保了学生的学习效果,能够顺利通过职业技术教育领域国家评估的教师,就是专业方面最优秀的教师。教师必须拥有至少 3 年的教学经验,并取得学士学位②,才有资格申请国家评估和认证(菲利普·葛洛曼,2011)。

(二)美国高职院校教师制度及其特色

结合美国高等职业教育的发展和社区学院师资队伍管理的相关内容,以下从教师资格制度、聘任制度、培养培训制度、薪酬制度等方面来考察美国高职院校教师制度建设的具体内容,并从中发现其师资队伍建设的制度特色之所在。

1. 美国高职院校教师资格制度及其特色

(1)高职院校教师资格制度

美国是世界上最早实行教师资格认证制度的国家,经过近两百年的发展和不断完善,时至今日已经形成了较为完善的各级各类教师的资格认证体系。由于分权制管理,美国 50 个州对职业教育教师资格认证的政策和程序各不相同。所有州都会设定一个最低标准,比如身体健康、无犯罪记录等;有些州要求是美国公民并有意愿从事与孩子或青少年和谐相处的工作等。通常,除职业教育中某些特定领域的教师外,其他所有的教师必须获得学士学位,一些州要求硕士学位以上。有些州要求所有老师必须达到学术能力考试要求的最低分数,其中最典型的考试

---

① 在美国,各个州开设的与就业有关的教育项目名称各不相同,如职业教育、职业技术教育、劳动力教育、劳动力教育与发展、职业生涯与技术教育等。但是一般来说,大部分州和地区的大部分专业都普遍理解“职业生涯与技术教育”(Career and Technical Education)这个名称,在文献、州立法和宣传资料中也广泛使用该名称去说明这一领域,因此,美国的职业教育即是指职业生涯与技术教育,简称 CTE。

② 2015 年 3 月,美国专业教学标准全国委员会发布对职业技术教育优秀教师专业标准新修订的版本,新标准中允许没有学士学位的教师参加职业技术教育优秀教师认证,并鼓励招聘具有非传统教育及工作背景的职业技术教育教师来突出职业技术教育的社会实践性(陈德云,2016)。

是美国教育考试服务中心的普瑞克西斯考试体系(Praxis series 2003)。该体系的实行是美国教师资格认证制度分类化的最突出表现,是针对不同类型教师进行的资格认证。该体系分为三级,普瑞克西斯考试体系Ⅰ主要考察教师的阅读、数学、写作等基本学术能力,通常在学生进入学院或大学学习师范教育之前进行;普瑞克西斯考试体系Ⅱ主要考察对物理、生物、商业教育等特定科目的掌握情况,通常在师范专业学习的最后阶段或颁发初级教师资格证书之前进行,通过考试则可以申请取得有效期一年的初级教师证书①;普瑞克西斯考试体系Ⅲ是评估实际课堂教学能力和课堂表现的教学场所评价手段,通常在教师结束第一学年的教学工作后进行,通过考试的教师可以获得教师资格认证(菲利普·葛洛曼,2011)。

美国实行对教师资格证书在州一级政府的统一管理,各州都有自己的认证标准和认证程序,并且制定了教师资格认证机构,规定"无证"教师不得上岗。随着教师群体间交流的增多,为了加强教师州际间的流动,州与州之间开始协调互认教师资格证书,一些全国性的教育机构也先后成立为教师提供资格认证,比较著名的有美国全国教师教育评估委员会(National Council for Accreditation of Teacher Education,简称 NCATE)、全美专业教学标准委员会(National Board for Professional Teaching Standards,简称 NBPTS)、美国优质教师证书委员会(American Board for Certification of Teacher Excellence,简称 ABCTE)等。其中 ABCTE 对教师资格证书也进行了分类化管理,分别为新教师颁发教学证书通行证(Passport for Teaching Certification),为教学经验丰富的教师颁发熟练教师证书(Master Teacher Certification)。

(2)高职院校教师资格制度的特色

美国高职院校教师资格制度经过长时期的发展和完善,现已形成较为成熟的制度体系,其资格证书管理的集中化、资格标准的专业化、资格证书的分类化以及资格评价的综合多元化是其最显著的特色。严格的职业教师资格制度不仅保证了高职院校师资队伍的整体水平,也在很大程度上促进高职院校教师专业化水平的提高,从而保障高职院校教师享有较高的社会地位和声望,得到社会的普遍认可和尊重。可以说,严格细化的教师资格制度为社区学院吸纳优质人才奠定了坚实基础,也为后续教师聘任工作的顺利开展做好铺垫。取得教师资格证书是成为

---

① 在美国有教师执照(licensure)和教师资格证书(certification)两个概念。教师执照由各州政府颁发,证明持有者达到了从事教学的最低标准;教师资格证书由专业协会颁发,证明持有者具备从事高水平专业活动的能力,是同行间进行的一种专业评价。

高职院校教师的先决条件和必要条件。

2. 美国高职院校教师聘任制度及其特色

(1)高职院校教师聘任制度

美国社区学院教师通常依据教师岗位需要聘用合适人员,采用公开招聘和竞争上岗的制度,除了要求教师具备州政府颁发的相关教师资格证书外,还特别强调教师具备与专业相关的实际工作经验。因此,除了聘用一定数量的专职教师来承担公共课程和专业基础理论课程的教学工作外,社区学院通常会聘用大量极富实践经验的企业家、行业专家及来自生产一线的技术人员担任兼职教师,以此强化学生的实践动手能力,保证社区学院教育的职业性和实践性。

社区学院通常采取一系列标准的招聘程序。以美国加利福尼亚州的农业核心地区圣华金河谷的社区学院——红杉树学院为例,其教师聘任采用"专职与兼职相结合、引进与培养相结合、个人发展与工作绩效相结合"的基本原则。教师招聘遵循如下程序:招聘教师先通过由教授组成的系聘任委员会的考察,报院长审核通过,最后经校董事会同意。聘用教师必须经过 1 - 3 年的试用期,期满经审查合格后方可成为正式的专职教师(张怀斌,2009)。如若学院不予以续聘,教师就需要另谋他职。除了任期制以外,社区学院对正式专职教师还实行终身聘任制,通过严格考核最终能够晋升为终身聘用制的教师可以一直在学院任教直至退休。美国的社区学院中一般有 70% 左右①的专职教师都能获得终身教职的资格。兼职教师和专职教师一样,也是最初和社区学院签订一段时间的任用期限(也有社区学院的兼职教师不实行任期制,没有试用期,按学期和校方签订工作合同)(马健生、郑一丹,2004),而后在续聘时,兼职教师需要向由校方专门成立的审查委员会递交续聘申请和相关材料,而学院会根据当年的招生情况调整对兼职教师的聘任,如果录取率下降,校方可以对师资做出调整,停止对兼职教师的继续聘任。这里值得一提的是,社区学院组织的审查委员会除了对受聘教师过往工作表现做出评价来决定是否续聘以外,通常还会重点参考学生评价及其他教师对受聘者工作的评价意见。

---

① 据美国国家教育统计中心 1998 年的统计数据显示,社区学院中有 72% 的专职教师可以取得终身教职,尽管这个比例低于综合性大学 94% 的比例(Parsad&Glover,2002)。但是,近年来综合性大学中终身教职的数量逐年减少,有限任期的非终身职位逐年增加,学术职业晋升的难度也在加大,晋升变得日益困难。而这些难题似乎在社区学院中的表现并不明显。

（2）高职院校教师聘任制度的特色

不同于四年制综合性大学对教师的聘任多来自取得硕士或博士学位的应届毕业生,社区学院的教师来源多种多样,有来自商业或工业部门的,也有来自接受完 K－12 教育（从小学到高中的基础教育）的毕业生,还有来自四年制大学的毕业生,与高等教育领域的其他类型院校相比,社区学院在教师聘任方面表现出很大的灵活性和多样性。美国高职教师的聘任制度完善有效,聘任标准灵活,聘任程序严格,评价方式多样。与普通高校一样,社区学院对教师的聘任也是实行严格的"非升即走"（up or out）的合同聘任制度,即合同期满没有得以晋升的教师需要另谋职业,另外还有一些社区学院不规定具体的试用期期限,未得到晋升的教师可以和学院反复续约。美国社区学院教师的聘任制度在很大程度上产生于市场运行机制中以竞争为突出特征的现实背景下,是将优胜劣汰的市场竞争规则和公平、开放、多元的文化价值取向高度结合的产物,这种极具竞争性的制度安排也恰好与美国自由开放的社会生活及崇尚实用、讲求效益的民众心理相契合。教学岗位的实际需求和教师的"真凭实学"是社区学院聘用教师的最基本准则,这使"按质论价"的市场规则在教师聘任中得到充分渗透和贯彻,对学院和教师都构成了一定程度的约束力,不仅有利于排斥特权、消除平庸、避免因人情关系引发的不公正的聘用现象,而且有利于保证教师队伍的整体专业水平和素质。

3. 美国高职院校教师培养培训制度及其特色

（1）社区学院教师的在职进修与业务培训制度

美国对职业教育教师的培养主要采取结果导向模式。这里"结果"是指为教师职业发展提供方向的教师职业标准。只有达到职业教育教师标准要求的人员才能取得相应的职业资格证书。结果导向模式以实施模块化课程为特征,学习者可以根据需要自行安排课程内容和顺序,具有较大的灵活性。

美国是最早提出"教师专业化"概念的国家,特别重视伴随教师整个从业生涯的专业发展和职后培训。社区学院对取得职业教育教师资格并开启执教生涯的教师会给予长期的在职进修与专业发展等活动,例如为教师提供校内进修和培训以及短期或长期的国外访学机会、为教师参加专业会议提供经费支持、邀请专家到学院开设工作坊（workshop）、研讨会或讲座、开展学术假制度、为提高教学效果提供资源支持等。还有一些社区学院特别注重与附近大学的合作,以此实现资源共享,互惠双赢,在实现教师进修的同时鼓励教师提升学历层次。通常,社区学院每年会有一定的专项经费用于教师进修和培训,例如位于佛罗里达州的布罗瓦德学院（Broward College）每年"拨出相当于上年度学院经费 2% 的费用作为教师专业发展基金"（王建初,2003）。此外,教师参加教学研讨会、课程进修及其他培训也可以享受相关费用的报销或减免学费的待遇。

社区学院注重对教师教学技能方面的培训。一些学院让教师接受成人学习者的学习风格、班级评价、教学互动等方面的培训,一些学院采用班级观察、参观、考察及评价等方式,一些学院内部教师通过自己建立教与学的团队实现互帮互助,提高教学能力,还有一些学院鼓励教师到企业实践,获取新知识和新技术并更新教学技能。此外,有些社区学院每年会面向所有人员开设专业发展日,实施人力资源轮训,内容包括计算机应用和教学方法,教师还可以在暑假接受函授培训（王建初,2003）。

社区学院对刚入职的青年教师有一套详细明确的培养培训计划,并通过多种方式开展。为了使青年教师尽快明确工作职责,熟悉学校的各项教师制度和工作程序,社区学院会开展针对新教师的培训计划、专题研习班、研讨会及教师评价等入职教育,并对青年教师实行导师制来提高其专业水平。还有不少社区学院开设了专门负责教师教学能力培训的教学中心,通过组织研讨会、交流会及网络培训等方式来加强对青年教师的专业指导和培训。

此外,对于社区学院的兼职教师,在受聘期间,学院会发给教师《兼职教师手册》,内容涉及学校发展、办学理念、兼职教师的权力和义务及其他有关教学管理的规章制度等,帮助兼职教师尽快了解并融入学校工作。学院还会为新兼职教师安排一名专职教师,为其提供必要的指导和帮助。在多数社区学院,兼职教师均可以接受相关的教学进修和培训,费用由学院承担（王建初,2003）。

（2）美国高职院校教师培养培训制度的特色

美国高职院校教师的培养培训制度较为完善,其中最为显著的特色是多元培训途径的综合运用和实施具体的、有针对性的培训计划,尤其特别重视对新教师的培养。社区学院对新进教师的培养也是极具针对性的,对于受过师范教育的教师,通常进行为期一年的引导,对于没有受过师范教育的教师引导期则要达到五六年,引导期内,学院会根据每个教师的个体特征和实际情况开展与教学相关的各种培训项目,包括在专业认识、专业教学、学生服务、课程实施、教育计划、制度体系、学习共同体等方面的具体要求。培训项目的开展不仅局限于社区学院系统,还可以由州教育部、教师教育机构、专业行政组织等多种机构来共同支持。此外,社区学院还尤其重视与工商企业界的联系,整合多种资源为教师提供专业发展的基地和平台,促使教师迅速成长为教学能手,保障职业教育师资整体素质的提高。

4. 美国高职院校教师薪酬福利制度及其特色

(1)高职院校教师薪酬福利制度

美国社区学院教师的薪酬由三部分组成,即基本薪酬、津贴和补贴薪酬。基本薪酬是指教师所在院校付给教师每年 9－10 个月工作的报酬,津贴和补贴薪酬所占比例很小,是付给教师每年由于超额完成教学任务或承担其他管理任务的补贴性的薪金。据 2005 年美国教育部的统计数据显示,社区学院专职教师的基本薪酬平均在一年 53932 美元(U. S. Department of Education,2005)。通常在社区学院,专职教师的工资和其他待遇保障由学校董事会和工会共同签订的集体合同来规定的,并且根据教师的任职资格给予不同等级的薪金待遇。兼职教师由于合同期短且属于个人行为,其工资和待遇没有稳定的保障和后盾,也随时面临失业的风险。兼职教师的工资水平往往低于专职教师的工资水平。据资料统计,2003年,社区学院将近70%的兼职教师年平均工资在 1 万美元以下(U. S. Department of Education,2005)。随着近年来,社区学院中兼职教师人数的增多,许多州开始纷纷立法来保障兼职教师的待遇。薪酬以外,社区学院还为教师提供多种形式的福利待遇,如养老金计划、医疗保险、人身保险、失业保险、残疾保险及社会安全福利等。此外,社区学院教师还可以享受子女入学免学费的待遇,以及部分院校为教师提供的住房补贴等福利。通常,美国高校教师的福利大约占基本工资的20%－30%,且近年来福利比例呈现上升趋势。

(2)高职院校教师薪酬福利制度的特色

毫无疑问,丰厚的薪资和福利待遇是社区学院吸引并留住优秀人才的最重要因素之一。美国社区学院的教师大多具有较高的职业满意度,尽管高职教师工作繁重,责任重大,但优渥的待遇免除了教师们的后顾之忧,有些社区学院教师的工资水平甚至高过四年制综合性大学教师的工资水平。这使他们能够全身心地投入到教育工作中,不仅有利于自身的专业成长,更为整体教师队伍的稳定和素质提升奠定了必要基础。此外,由于社区学院倾向于聘用本地区的教师,所以在一定程度上教师的薪酬标准不像研究型大学那样因受到市场力量影响而有较大的等级区分。社区学院会尽量避免诸如计算机网络专业的教师比英语专业教师薪酬高的现象出现(Twombly&Townsend,2008),这在很大程度上保证了教师薪酬的相对公平,有利于教师队伍的稳定。

(三)美国高职院校教师制度对青年教师职业发展的影响

随着美国高等职业教育的发展,高职院校教师制度也在发生变革和调整。尤其自 20 世纪中期以来,高等教育持续扩张、政府财政投入日趋减少、市场经济的运行机制在高等教育领域的渗透、信息技术的发展、学生来源结构的多样化以及学生需求的变化等一系列问题使美国高等职业教育的发展经历了前所未有的挑战和变化,高职院校教师制度也面临着变革的迫切要求,一些社区学院业已开始探索各种新形式的教师制度革新。

1. 高职院校教师的培训内容由教学逐渐向科研侧重

在美国,社区学院教师的工作任务是以教学为主,故在很长一段时间里对于高职院校教师的培养培训活动也是围绕着如何有效提升教学来开展的,教师研究课堂教学,提高学生学习成效是教师工作的重心,对科研的关注则有所忽略。由于社区学院学生来源结构的复杂多样性,学生在年龄、入学身份和原因、家庭背景、过去学业成绩、兴趣、能力等多方面存在很大差异,教师需要以此为依据考虑课程内容的安排和具体实施方案。除了上课以外,教师往往要花不少时间给学生辅导和答疑。另外,社区学院对教师的考核评估也主要以教学活动为主,如教学工作时间、授课内容、教学效果、辅导学生等方面。基于以上原因,社区学院开展的教师培训活动自然离不开与教学技能密切相关的所有内容,而对于教师科研能力的评价和培训则长期未给予足够重视,这也使得社区学院的地位长期游离于高等教育主流之外,社区学院的办学层次和教师的学术地位长期未得到应有的提升,教师专业能力的发展也因其呈现出的片面化弊端而阻碍了教师个人和群体的全面发展。

到 20 世纪八九十年代,一些学者(Cross&Angelo,1989)开始注意到这个问题,指出对教学进行科研的重要作用和价值,例如改进教学方法和学习方式,开发学科间的学术研究项目,帮助学生和教师分别在其求学生涯和职业生涯的早期就对科学研究产生兴趣并掌握从事科研的方法,并培养批判性思维等(Owens&Murkowski,2011)。1990 年,美国著名教育家、卡内基教学促进基金会前主席厄内斯特·博耶(Ernest Boyer)在《学术反思——教授工作的重点领域》(Scholarship Reconsidered:Priorities of the Professoriate)一书中重新定义了学术的概念,提出"学术"涵盖四个相互联系的部分:教学学术、探究学术、整合学术和应用学术(Boyer,1990)。这个对学术概念的重新定义消除了高等教育领域长期关于"教学—科研"二元对立的弊端,赋予了教学学术性的内在属性及其与科研同等重要的地位。这也为社区学院教师进行科研提供了理论依据和现实可能,随之而来的对教师的培训内容则更多地聚焦于科研的内容和方法方面,呼吁教师进行科学研究,包括对课程内容、课堂教学方法和学生学习成效的研究。随后,社区学院社会科学协会和社区学院人文学科协会等专业协会先后成立,并为社区学院教师创办学报,如数学学报、新闻专业学报和英语教学学报等。由此,学报成为社区学院教师建立专业联系和交流教学经验的平台(叶依群,2015),教师从事科研的积极性也由此得以提升。不同于综合性大学以生产和创造知识为其职能之一,社区学院的主要教育职能是传授知识,所以从这个角度说,社区学院教师的工作还是围绕着教学活动展开,其所从事的科研活动也必定是以教学学术为主的。教师培训内容和方式的调整无形中为社区学院教师重新定位自己的专业提升方向提供了依据和参照,教师在重新调整自身角色和作用的同时,潜移默化地形塑和探索着自身的职业发展道路。

2. 高职院校教师自治权力有限,职业专业性不强,学术地位低下

如果说问责(Accountability)和评估(Evaluation)给高等教育领域带来了不可小觑的冲击,并使教师的自治权力(Authority)较之以往有所下降,那么,在社区学院,教师自治权力的窄化则不仅仅是因为社会环境改变所带来的问责和评估对其产生的影响。无论是现存的社区学院还是其产生之初的初级学院,其运行机制具有很强的科层组织特征,行政人员和管理层人员具有较大的行政权力和权威,教师的自治权则十分有限(Alfred,1994)。科层制在大学组织的渗透不仅是由于大学组织机构的复杂化趋势,也是由于其管理体制的高度理性化和高效化特征。无论在理论上还是在实际中(如研究型大学中),科层制在大学组织中的渗透并未完全消解教师的自治权力。如科森(J. J. Corson)所言,现代大学的组织结构呈现出"一种奇特的二重性":其一是科层管理结构,其二是教师在其权力范围内对学校有关事务做出决策的结构。并存的两种结构分别建立在不同的权力系统上,管理权力的基础是上级对活动的控制和协调,专业权力的基础是教师个体的自主性和个人的知识(罗伯特·伯恩鲍姆,2003)。然而,在社区学院中,事实并未如此,社区学院教师在学院组织结构中所呈现的自治权力微乎其微,甚至可以说是缺位的。尽管社区学院教师具有一定的参与学院共同治理(Shared Governance)的权力,但是鲜有研究能够证明其在教师工作生活中的所起到的作用和重要性。有研究者指出社区学院教师通常认为在共同治理机制中,管理者的表现往往更加专制而非民主(Thaxter&Graham, 1999)。社区学院虽然在增加教师参与学院治理活动的人数方面做出过不懈的努力,但是这种做法带来的结果仍然是为了更好地服务于学院管理和行政方面的利益,而并未给教师带来直接利益(Levin, Kater, Wagoner, 2006)。教师具有的决策权主要限于课程内容的选择和课程设置方面,而跨越教室之外的学校活动,例如学校教育目标的设定、聘任和评价教师、学校运行经

费的预算编制流程等方面的院校治理活动,教师则较少能够参与并表达其个人意见(Thaxter&Graham,1999)。因此,教师由于其有限的自治权力,并未在学院管理和教学事务中显示出应有的话语权和专业权威,在很大程度上影响到社区学院教师职业的专业化进程。此外,由于社区学院教师较少从事像四年制研究型大学教师一样的学术性较强的科研工作,加之社区学院本身并没有直接地、积极地倡导教师进行科研活动,社区学院教师在学术领域表现出明显的弱势,学术地位低下,长期得不到应有的职业尊敬和普遍的社会认可。研究型大学教师通常会对社区学院教师的专业认可度不高,甚至连社区学院教师群体内部也有因所教专业不同而产生的"歧视他人"和内部分化现象,教师群体也表现出明显的地位等级的高低不同。这一系列问题不仅影响到教师个人的职业发展动力和方向,也对整个社区学院教师的职业化产生不小的负面影响。

当然,换一个角度看,学术压力较少也成为社区学院吸引女性教师的一个优势。女性教师在社区学院占到将近50%的比例,这在美国所有高等教育机构类型中女性教师在全体教职员的比例中是最高的(Townsend&Twombly,2007)。对于大多数女性教师来说,选择在社区学院任教常常是主动性的有意识选择,因为这样可以使她们很好地在"拥有事业的同时也兼顾到照顾家庭"(Townsend&Twombly,1995)。在机会和条件均等的情况下,女性教师往往主动放弃去四年制大学任职也是因为社区学院的工作可以使她们"避免家庭时间和个人生活的过度牺牲,同时免受学术论文发表的巨大科研压力"(Townsend&Twombly,1998)。

3. 男女教师薪酬待遇相对公平,专兼职教师间薪酬待遇差别较大

从上述可知,社区学院对女教师来说具有很大的吸引力,且女教师在社区学院中的数量基本和男教师数量相当。女教师基本能够得到与男教师一样的职业发展机会和上级领导的认可以及来自各方的尊重。通常,社区学院教师的初始工资主要是由教师的资历、学历、所教课程学分以及以往相关工作经验等因素来决定。其中,学历和教师所教课程的学分数又被看作是决定教师薪酬高低的最主要因素(Rhoades,1998)。由此可知,教师工资的等级制定更多的是依据教师的工作绩效和能力,而不会因教师的性别、资历或其他突出表现而有较大差异,这在很大程度上保证了教师薪酬待遇的相对公平。据相关资料显示,社区学院里,在职称级别相似的教师群体中,女教师的薪酬待遇通常可以达到男教师薪酬待遇的96%。可以说,社区学院是美国所有高等教育机构中在工资待遇方面最能体现男女平等的地方。

　　然而这种公平似乎并未在兼职教师身上得以体现。在社区学院里,兼职教师虽然数量庞大,但因其担任课程较少,在聘任资格、管理方式等方面又与专职教师有很大不同,兼职教师的流动性大,稳定性差,工资待遇也远远低于专职教师。有学者对社区学院中担任不同专业课程的兼职教师做过调查并指出,以传统学术领域教学为主要工作任务的兼职教师比专注于职业领域教学的兼职教师的工资要高。例如,艺术人文学科的兼职教师,其59%的收入来源于学术工作,而计算机专业的兼职教师相应的收入比例只有30%(Levin,Kater,Wagoner,2006)。此外,兼职教师中的一大半教师并非仅在一所社区学院兼职,他们往往游走于许多不同的学院之间。也许,对于某一所社区学院来说,他们是兼职教师,但对于另外一所或几所他们长期供职的学院来说,他们是专职教师。对于一些兼职教师来说他们主要的工作和经济收入是在社区学院之外的行业领域,社区学院之所以雇佣这些教师是看重其在特殊行业领域的高技能水平。这类兼职教师主要担任职业技术专业的课程教学任务。而另外一些教师在社区学院之外并未有太多的职业选择机会和空间,因此他们在社区学院兼职除了获得经济收入外,还希望寻求长期的、稳定的工作保障而努力转化为专职教师。这类兼职教师往往由于其工资低、灵活性大而被社区学院所青睐,并大多承担着传统的大学转学教育任务。然而,近年来,随着社区学院规模的日益扩大,其从公共渠道获得的资金又日益减少,大量雇佣兼职教师以缓解巨大的经费支出是许多社区学院的不二选择。但是,对于日益增多的兼职教师,社区学院究竟如何给予其应有的权力、地位和待遇便成为横亘在学院和教师之间一个十分棘手的难题。兼职教师是否应该被排除在教师职业发展活动的规划之外,是否应该在社区学院中取得合理合法的一席之地,是否应该获得与专职教师一样的薪酬待遇,是否应该被给予相当的职业满意度从而更好地履行教师职责等一系列问题,在学界都还未有细致深入的研究和共识。但确定的是,社区学院、国家、社会以及教师的相关政策制度等都会对兼职教师个人及群体的职业发展产生巨大影响。在未来,社区学院有责任保证兼职教师科学有效地完成教学任务,以达到社区学院育人的最重要的目标。对于学生来说,社区学院有责任、有义务为其提供高质量的教学和服务,无论是由兼职教师承担还是专职教师承担。

三、日本高等职业院校教师制度与青年教师职业发展

日本是第二次世界大战的战败国,战争曾给日本的政治、经济、军事、文化等社会各方面带来毁灭性的打击。然而,二战后,日本经济迅速崛起,1968 年,一跃成为世界第二大经济体(2010 年后中国经济总量超过日本,随后日本保持在全球第三大经济体的位置)。经济的迅速恢复和发展是由多种因素推动的,其中教育的作用不可忽视,日本是一个高度重视教育的国家,多年来始终坚持"教育立国"和"教育先行",教育发展在国民经济发展中具有举足轻重的作用。日本职业教育作为日本教育系统的重要组成部分,在为日本经济发展提供实用型、应用型技术人才方面发挥了巨大作用。日本现行的职业教育体系包括三大部分:一是学校里进行的职业教育,二是企业内的职业训练,三是公共职业训练(吴雪萍,2004)。其中,学校职业教育(vocational education)由文部科学省管辖,企业内的职业训练和公共职业训练,即职业培训(vocational training,现改为职业能力开发)由厚生劳动省管辖。学校中进行的职业教育大体分为中等职业教育和高等职业教育两个阶段,具体的实施主体如表 4.3 所示。日本实施高等职业教育的学校,除了高等专门学校主要由国立性质的学校组成,短期大学和专修学校都是以私立学校为主。如果说美国以公立社区为主的高等职业教育体系是"公共政策型"的话,那么日本可以说是"市场依存型"的体制。这种职业教育体制的特点是能充分调动民间教育资源并充分发挥市场的调节作用,使学校自觉适应社会需求(匡瑛,2006)。短期大学和高等专门学校主要以培养从事实际工作的应用型高级技术人才和管理人才为主要培养目标。专修学校的培养对象较为广泛,有三种类型,第一种是初中毕业程度的学生,主要为其开设高职课程,学习 3 年达到高职毕业程度(这类专修学校又被叫作"高等专修学校");第二种是高中毕业程度的学生,为其开设专门课程,学习两年,相当于短期大学程度(这类专修学校也叫作"专门学校");第三种招收对象不限资格,为其开设普通课程,对部分青年具有补习功能,对成人则有终身教育的功能(冯晋祥,2002)。三类实施高等职业教育的学校专业分工明确,各有侧重。短期大学主要招收高中毕业生,以女生为主,女生人数占到全部学生人数的 90% 左右,主要设置人文、教育、家政类专业,学制为 2 - 3 年;高等专门学校主要招收初中生,通常学习 5 年,学生以男生为主,主要设置工程技术类专业,如机械技术、电气技术、土木技术、航海技术、造船技术、市政工程等;专修学校专

业设置较为多样,涵盖多种专业门类,如工业、农业、医疗、卫生、教育和社会福利、商业业务、家政、文化教育等(吴雪萍,2007)。

表 4.3　日本职业教育层次

层次	实施主体
中等职业教育	职业高中 综合高中职业科 各种学校和专修学校
高等职业教育①	短期大学 高等专门学校 专修学校 技术科学大学 专业研究生院

（一）日本高职院校教师的构成及其特征

本研究将在日本高等职业教育的主要实施机构(短期大学、高等专门学校和专修学校)中从事教学及与教学相关工作的教师称为日本高职院校教师,并分别对高职院校教师的类型、资格和工作职责做简要介绍。

1.教师类型特征

日本高职院校教师的来源多种多样,有普遍本科生、硕士生和博士生,有短期大学或高等专门学校的毕业生,也有社会或企业中有丰富职业经验的技术人员。在短期大学和高等专门学校中有教授、副教授、讲师、助教和助手五种类型的教师。教授、副教授和讲师通常需要承担教育上主要科目的授课,助手通常是在开展课堂讨论、实验、实习或实际技术时配备的教师人员。此外,学校在有教育和研究方面的需要时,还可以配备不担当授课的助教来辅助专任教授、助教授和讲师的工作。与世界其他国家的高职院校教师构成特色一样,日本高职院校也特别注重聘请一定数量的兼职教师。在日本,高等院校聘任兼职教师被认为是师资力量强、教学水平高的表现。聘任兼职教师不仅有利于学校根据社会、企业需求变化而迅速调整招生规模和专业设置,也有利于提高教学质量、促进学术交流、节约教

---

① 在日本,实施高等职业教育的机构主要有五类,即短期大学、高等专门学校、专修学校、技术科学大学和专业研究生院。其中,前三类属于专科层次的职业教育机构,技术科学大学属于本科层次的职业教育机构,专业研究生院属于研究生层次的职业教育机构。因本研究主要讨论专科层次的职业教育,故本部分对日本高等职业教育的讨论主要集中于短期大学、高等专门学校和专修学校三类教育机构。

师开支。

2. 严格规范的教师任职资格

在短期大学中,要成为教授通常需要具备博士学位以及相关专业的研究成绩,或者"在艺术上被认定为具有优异的业绩者和在以掌握实际技术为主的领域具有优秀的实际技术与教育经验者"(王保华,2000)。此外,成为教授还需要有在短期大学或高等专门学校担任教授或助教授的经历且被认定为有教育和研究方面的成绩,或是在研究所、试验所、医院等任职十年以上并被认定有相关的研究成绩。高等专门学校的教授资格与短期大学类似,除了需要教师拥有博士学位和在大学担任至少三年以上的助教授或专任讲师的工作经历以外,一些专业教师的学历要求较为灵活。例如,"拥有学士学位者有 8 年以上,拥有准学士称号者有 11 年以上,在学校、研究所、试验所、调查所等从事教育或研究工作或在工厂及其他事业所从事有关技术业务者"(王保华,2000)也可以申请成为高等专门学校的专任教授。要取得短期大学或高等专门学校教师的副教授资格,除了具备硕士学位外,还需要教师在大学有三年以上、在高等专门学校五年以上担任助手或相当于助手的经历或在高等专门学校有两年以上专任讲师经历。此外,在研究所、试验所或医院有 5 年以上任职经历以及在研究上有卓有成绩的教师也可以获得副教授资格。高职院校教师的讲师资格通常需要教师拥有学士学位并在大学或高等专门学校担任一年以上的助手工作,或是拥有准学士称号并在高等专门学校担任 4 年以上的助手工作。助手通常是指取得学士学位或准学士称号的教师,是指进入高职院校的教师所获得的最低一级的职级。此外,无论是专职教师还是兼职教师,日本对高职院校教师的要求都体现在两个相辅相成的方面,即教师要具备与专业相关的资格证书,如工程师证书或师傅证书等,同时又要有相当长时间的企业工作经历和行业经验。

3. 丰富多样的教师职责

日本高职院校教师中具有授课资格并承担授课任务的是具有教授、副教授和讲师职称的教师,助教和助手是不具有授课资格的。实施教学是日本高职院校教师工作的重心,除此之外,教师一般要承担相应的学生管理、实验室管理等行政管理类的工作。日本高职院校教师的大部分工作职责虽然被限定在教学活动的范围内,较少涉及科研工作,但一些教师也会参与相应专业的课程开发工作。课程开发通常实行集中管理的方式,由文部科学省统一指导教师在各地方组织一年至少一次的专题研讨会,讨论如何将地方学校典范型的教育实践融入相关的课程领域。另外,在课程实施过程中,某些专业并未有统一的教材可供参考,例如,由于需求量远远低于普遍教育课程教材,职业教育课程的教材就没有统一的参照范本。因此,一些教师会主动利用个人时间积极参与课程开发的相关研讨会和研究活动来共同研发课程教材,以保证日常教学的正常开展。此外,由于职业教育需要与行业企业密切联系的特有属性和规律,日本高职院校教师们也会与地方行业企业保持密切的沟通和联系,帮助自己熟悉行业一线的实际状况和工作需求,给予学生即时的实践指导,并将此作为自己必须要承担的重要职责。通常,在每年7－8月的暑假期间,高职院校教师会忙于参观访问相关企业,并尽可能地通过与企业的沟通帮助学生寻求工作机会。

(二)日本高职院校教师制度及其特色

总体来说,日本对高职院校教师任职资格主要从学历和实际工作经验两方面来考察,并且在高职院校教师的聘任、培养培训和薪酬待遇方面都有相关的制度安排来保障教师队伍的质量和稳定性,表现出日本高等职业教育师资的别样特色。

1. 日本高职院校教师资格制度及其特色

在日本,专修学校、高等专门学校和短期大学对教师的资格要求各不相同,各具特色,但都具有完善明确的法律规定,可以分别从《专修学校设置基准》《短期大学设置基准》及《高等专门学校设置基准》中考察其具体内容。见表4.4、4.5、4.6所示。

表4.4　专修学校专门课程教师入职资格政策规定①

政策文本	入职资格条件	
《专修学校设置基准》(昭和五十一年文部省令第二号)第18条	必须具备所担任教学领域相关的专门知识、技术、技能,且满足右侧6项条件之一者	1. 专修学校专门课程修完,且相关专业从业时间至少6年
		2. 大学毕业且相关专业从业时间2年以上,或者短期大学、高等专门学校毕业并有至少4年的相关专业从业时间
		3. 2年以上的高中正式教师经历
		4. 拥有硕士学位或者专业硕士学位
		5. 在特定领域有特别丰富的知识、技术、技能、经验者
		6. 被认定为具有与上述要求同等能力者

---

① 根据李梦卿、安培:《日本高等职业教育教师入职资格研究》一文的相关内容编制。

从专修学校教师资格的相关规定可以看出,日本对高职院校教师除了学历上的严格要求,还特别注重对应聘者的技术技能掌握情况以及具备相关的实际工作经验,这也充分体现了对高职院校教师的职业性、实践性方面的考核和评价。无独有偶,日本短期大学和高等专门学校在其分别实施的教师资格制度中,也突出了以学历为基础,兼具重视对实践技能、经验及科研能力考核的特色,并在不同职级的教师之间规定了具体的资质要求,以教授和副教授资格要求为例,具体见表4.5 和4.6 所示。

表4.5　短期大学教师入职资格政策规定①

政策文本	入职资格条件(职级)		
		教授	副教授
《短期大学设置基准》(昭和五十年四月二十八日文部省令第二十一号)	从业者必须被认为有承担短期大学教育的能力且符合右侧条件之一者	1. 拥有博士学位,且有研究业绩	1. 符合做教授条件之一者
		2. 被认为有与博士学位获得者同等的研究业绩	2. 有在大学、短期大学、高等专门学校从事助教或与此类似的工作经历者(在国外与此相当的职员经历同等看待)
		3. 获得专业硕士学位并且在该专门领域的实际工作业绩	3. 获得硕士学位或专业硕士学位者(国外授予的与此相类似的学位同等看待)
		4. 被认为有优秀的艺术业绩、高超的技术、丰富的实践经验	4. 被认为在特定领域有丰富的知识和经验
		5. 在大学、短期大学和高等专门学校等有担任教授、副教授、专任讲师的经历者	
		6. 研究院、试验所、医院等的在职人员,并有优秀研究成绩者	
		7. 被认为在特定领域有丰富的知识和经验者	

---

① 具体可参见日本文部科学省.短期大学设置基准(最终修订平成二十八年三月三十一日文部科学省令第十八号)。

表 4.6 高等专门学校教师入职资格政策规定①

政策文本	入职资格条件(职级)		
		教授	副教授
《高等专门学校设置基准》(昭和三十六年八月三十日文部省令第二十三号)	从业者必须被认为有承担高等专门学校的教育教学能力且符合右侧条件之一者	1. 拥有博士学位	1. 符合做教授条件之一者
		2. 获得专业硕士学位,有相关专门领域的业务实绩	2. 有在大学、高等专门学校做助教或有与此大体相同的职务经历者
		3. 有在大学、短期大学、高等专门学校任教授、副教授、专任讲师经历者	3. 获得硕士学位或获得专业硕士学位
		4. 学校、研究所、试验所、调查所的在职人员,有教育研究实绩,或者工厂、事业单位的在职人员,有技术业务实绩	4. 被认为在特定领域有丰富的知识和出色的技能经验
		5. 被认为在特定领域有丰富的知识和出色的才能	5. 有与上述各项要求同等能力并被文部科学大臣认可者
		6. 与上述各项要求同等能力并被文部科学大臣认可者	

　　从以上各基准性的政策法规可以看出,日本对各种类型高职院校的教师以及各个职称的教师资格均做出了详细明确的规定,具有很强的操作性和实际参考价值,这无疑为高职院校教师质量的保障从入口关做了充分的准备工作。不仅为高职院校吸收有能力的从业者奠定了坚实的法律基础,也极大地拓宽了高职院校教师的来源渠道,体现了高职院校教师队伍结构的优质化和多元化特色,有利于提高整体教师队伍的质量和活跃性。此外,从这些资格制度中可以看出,日本高职院校对教师资格偏重于实践工作经验的考核,这体现出高职院校教师资格标准的综合能力化特色,不是"唯学历论"的标准体系,而是注重对应聘者的职业态度、能力和综合素质的全方位考察。这也符合日本高等职业教育"产学合作"的人才培养模式特色,遵循了高等职业教育的发展规律,对促进日本职业教育发展起到重要作用。

2. 日本高职院校教师聘任制度及其特色

日本高职院校招聘教师通常实行"二次选考"的聘任程序。应聘者要在第一

① 具体可参见日本文部科学省.高等专门学校设置基准(最新修订平成二十八年三月三十一日文部科学省令第十八号)。

次选考,即申报材料并由学校审核通过后方可进入第二次选考,即面试环节。其中,第一次选考中,应聘者申报的材料基本包括 5 项内容:个人简历、教育研究业绩书(主要的研究业绩、曾经的研究领域与研究内容、发表的论文和著作、参加会议发表演讲的内容、取得的各种奖励证书等)、录用后对应聘学校的教育、科研、学生指导等方面工作的想法及抱负志愿书、有企业实践经验的人可提供企业履历书以及由学校教授或企业研究所所长等有一定社会地位人士出具的推荐信(李梦卿、安培,2016)。这些材料经学校审查合格后,应聘者可以进入由学校选考委员会组织的面试,内容主要有角色扮演、模拟试讲和职业适应性测试等。选考委员会根据应聘者的建立、教学能力、研究业绩、个人素质及对应聘校的奉献意愿、忠诚度等方面进行综合考量,筛选出优秀人员并由校长最后决定录用者名单。

由于日本高校具有高度自治的治理环境和行政权力式微、学术权力至上的文化氛围,在聘任高职教师时,程序简单,周期短、效率高。同时,学校具有很大的程序自主权,各高职院校可以根据自身情况自主决定招聘人数、资格标准、考核内容及具体的实施方式和步骤。灵活自主、个性化的聘任制度为日本高职院校招聘到来源多样、高素质、适合高职院校发展、符合高职院校实际需求的优秀人才提供了保障。

3. 日本高职院校教师培养培训制度及其特色

如前所述,日本高职院校教师的来源渠道多种多样,除了从社会上公开招聘优秀人员进入高职院校以外,日本的职业能力开发大学也是高职院校师资来源的主要机构。职业能力开发大学类似于我国的职业技术师范院校或技术教育学院,是日本专门培养在职业高中、专修学校、短期大学和公共职业培训机构中从事专业技能教学的职业教育师资,其课程设置以学科为核心,同时特别注重培养学生的实践能力。学生毕业后可以取得教师资格证书,随后要去相关企业或实际工作岗位工作一段时间后,再转到教师岗位任教。职业能力开发大学隶属于日本厚生劳动省,设立有四年制长期课程、两年制研究课程及六个月短期课程等多种学制类型。除了职业能力开发大学以外,日本在诸如北海道大学、东京工业大学等国立大学的工学院里设置培养工业教员养成所,有计划地培养职业教师。职业学校教师一般从工科院校毕业,取得学士学位后,再到师范院校教育系、教育学院或职业教育培训单位进行教育理论学习及生产实习和教育实习,经考试合格后可以取得职业学校的任教资格(穆小燕、王传捷,2006)。另外,对于高职院校教师的在职培训,日本也有具体的法规来明确教师在职进修的相关事项,如《教育公务员特别法》中规定,学校要为职业教育教师提供进修所需要的设施并通过制定计划、创造机会等方式鼓励教师进修,既可以离开工作单位进修,也可以进行长期的在职进修。由此,日本建立起从中央到都道府县各级教师进修的制度体系。

日本对于高职院校教师的培养培训建立了一系列完整的、全面的制度体系。其培训内容丰富,涵盖高职院校开设的各个专业领域;培训方式灵活多样,校内校外、长期短期等多种进修方式相结合;培训目标明确有针对性,既有按照教师从教年限的不同(如5年、10年、20年教育经历等类型)而安排的分阶段进修活动,也有针对不同专业和处于不同职级阶段的教师开展的专项培训计划。一系列培养培训活动一方面提高了教师的专业知识、技能和实践操作能力,一方面也使教师意识到在职进修的必要性和重要性,唤醒了教师主动寻求知识更新、掌握新技术、不断学习、不断提升自我的意识,为保证教育质量的提高奠定了基础。此外,日本职业学校还十分重视对教师国际化素质的培养,包括培养教师的责任感和使命感,使教师认识到自己是培养国际型职业人才的主要担当者,自觉地养成培养国际型职业人才的意识。同时,也注重加强对教师进行国际理解教育,组织教师进修,派遣教师带领学生赴国外修学旅行、海外进修和留学,并组织教师参加海外志愿服务活动,以此来开阔教师视野,使教师形成全球意识思考问题的习惯,进而通过言传身教使学生养成国际化的基本素质和能力(冯晋祥,2002)。

4. 日本高职院校教师薪酬制度及其特色

日本国立、公立学校的教师属于国家和地方公务员,教师身份、任免、工资待遇及劳资关系等均按照国家和地方公务员法实施。私立学校教师工资和补助由开办学校团体的负责机构来决定,实行不同的工资标准。有些高职院校教师的工资甚至高过国家和地方公务员的工资,且基本工资每年晋升一级,增长幅度一般略高于物价上涨的幅度。[①] 高职院校教师的工资由基本工资、奖金和津贴组成。其中基本工资实行的是职务等级制度,不同级别的教师职称对应不同的薪酬水平,在同一级别内又根据教学年限和教学经验递增工资。奖金制度与政府机关公务员及公司职员基本相同,每年发两次奖金,奖金多寡因校而异,一般相当于四个半月到五个月的工资总额。高职院校教师工资体系中的津贴部分通常是指抚养子女、住房、交通、生活费用调整补贴及加班费等。虽然日本高职院校教师的薪酬待遇优厚,但这种薪酬制度相对而言缺乏激励和竞争,容易产生懈怠现象。此外,对于教授不同专业的教师其工资待遇也会因教学难度、专业地位、业绩绩效等的不同而有所区分。例如,一般从事职业教育的教师工资比从事普通教育的教师工

① 梁丽华. 战后日本高等职业教育的特点与地位. 山东大学2009年硕士学位论文.

资要高出 6—10% ,这是因为他们一半以上的工作时间要用在专业课程的教学上。高出的酬劳通常被看作是行业教育补贴,用来奖励有特殊专业技能的教师和实习助教。然而,这个薪酬措施将教授普通课程的教师排除在外,也在一定程度上导致同一所学校内部教师群体之间因工资的区别性待遇而产生的矛盾冲突(Grollmann&Rauner, 2007)。

(三)日本高职院校教师制度对青年教师职业发展的影响

日本职业教育之所以闻名世界主要是因为其职业教育的"企业模式"在培养技术工人并促进经济发展中所发挥的巨大作用。二战后,日本经济的迅速复苏也在很大程度上得益于发达的企业职业教育和高质量的职业培训。然而近年来,随着全球经济结构的调整,日本中低端制造业逐渐向海外转移,产业结构逐渐向高端制造业和现代服务业两大领域集中。"产业空洞化"的形成使得能够大量吸收就业人数的企业逐渐减少,日本失业率由此增高,同时员工终身受雇于一个企业的模式也逐渐式微,这一变化对日本企业职业教育模式产生重大影响,并触发了日本职业教育体系的改革探索(姜大源,2012)。无疑,职业教育体系的改革势必会给高职院校发展和高职院校青年教师的职业发展带来不小的影响。

1. 高职院校由以理论知识为主的教学转向教学内容的"双元性"

21 世纪以来,为应对全球经济的发展和国内经济结构的调整,日本职业教育模式逐渐从在企业中开展职业教育和培训向企业和学校合作的"双元制"模式转变。这一模式改变了日本传统职业教育企业和学校的分离状况,为帮助有就业困难的年轻人实现职业自立、职业安定起到重要作用,同时还促使职业学校和产业企业在各自发展过程中探索建立良性的合作关系,探索建立新型的职业教育制度。这种新的职业教育模式的改革不仅体现在宏观层面,教育部门与劳动部门实现行政管理的共同合作,也体现在中观层面,企业和学校作为办学主体的积极合作,同时在微观层面,教师也需要重新调整教学内容。以往以企业为主的职业教育模式,企业是职业教育和培训的主体。一方面,这与企业关于职业培训的一个观念有重要关系,即认为学校不可能培养职业能力,职业能力只能在工作中形成,学校所能培养的只是"可培训的能力";另一方面,日本企业因其长期实施的终身雇佣制、年功序列制等用人制度、管理措施、独特的企业文化和以大型企业为主的企业结构等,为企业成功实施"企业模式"职业教育提供了充分条件(袁雄,2010)。在这种模式下,高职院校所承担的培养任务主要是基础知识和专业理论知识的教学,高职院校青年教师自然也就承担着理论知识讲解的任务,对实践技能方面的内容则较少涉及。因此,无论是在设计课程内容方面,还是在寻求自身能力提升方面,高职院校青年教师都将注意力集中于基础性的、宽松性的通识知识和专业理论知识方面,而实践技能操作部分的内容则完全交由企业来完成。此外,企业也希望从职业院校吸收来的学生是具有较为宽厚基础知识的学员,这样才能更好地对其进行突显专业性、实践性、职业性特色的职业教育和企业内培训。然而,在"双元制"的职业教育模式下,高职院校青年教师则要丰富教学内容,使其体现"双元性",又要提升自身实践技能,而不能只见树木(理论知识)不见森林("理实一体"的综合专业能力)。教学内容的"双元性"主要体现在企业和职业院校共同开发教学内容,共同制定教学计划。职业院校实施与企业同一职业领域相关的理论知识的教学,企业则需要根据双方共同制定的培训计划和方案开展实习和在岗培训。可见,在这种模式下,高职院校青年教师不仅需要与企业保持密切合作关系,而且需要时刻根据企业需要、市场需求以及经济发展状况来调整教学内容和实施方式,由此才能帮助学生充实知识、强化实践能力、促进其劳动观和职业观的形成。

2. 雇用环境的结构性变化引发高职院校青年教师聘任方式的转变

从 20 世纪 60 年代,日本高等专门学校建立之初至随后的三十多年间,高等专门学校雇佣教师的方式以推荐制为主,主要吸收优秀的高中毕业生、企业技术人员以及大学毕业生等。由于此时职业教育以企业培训模式为主,高职院校青年教师承担的教育任务主要是理论知识的教学。进入 21 世纪后,日本职业教育模式逐渐转向"双元制"发展,职业院校组织结构和教学内容发生了相应的改变,对教师的要求也发生了根本性变化。高职院校在聘任教师时,除了考察教学水平以外,更加注重教师的实践指导能力、动手能力、科研能力以及科研指导能力,因此,招聘教师的方式也逐渐由推荐录用的方式向公开招聘的形式转变。

在 20 世纪六七十年代,日本经济飞速发展的时期,许多企业都采用终身雇佣制度,即员工在一个企业直至退休一直被雇佣的用人制度。终身雇佣制被许多学者看作是促使日本经济高速发展的重要因素之一(Jeremian etc,1991),它也使企业招聘到大量的应届毕业生并对其进行相应的职业技术教育和培训。到 20 世纪90 年代以后,日本经济发展进入停滞时期,受 2008 年全球经济危机影响以及 2011年日本大地震和福岛核电站爆炸事故影响,日本经济发展更受到严重影响,许多企业经营效益不高,不再如经济飞速发展时期那样需要大量的雇员。同时,产业结构和劳动力供需状况的变化使日本雇佣市场环境发生结构性变化,终身雇佣的方式成为许多企业的经济负担,企业更愿意雇佣无须培训,本身具有专门知识和技能的合同工或钟点工、派遣劳动工、勤工俭学人员等,以节省开支。这种变化趋势同样体现在高职院校中,被高职院校聘任的青年教师不再是"高枕无忧"的终身制雇员,而是在任期制下时刻面临竞争、考核及绩效评估的雇员。当然,任期制有利于激发教师活力,一定程度上减少了终身制下时有发生的职业倦怠和效率低下的现象。高职院校按需设岗,教师竞聘上岗,同时实行退出机制,教师能进能出,待遇因个人绩效、职称等不同而有高低之分。此外,不少高职院校还加大了兼职教师的聘用数量,体现了遵循职业教育发展规律的做法,有利于高职院校的长效发展和高职院校教师队伍结构的合理性、稳定性发展。

3. 政府以法律法规的形式确立高职院校教师的相关制度,支持高职院校青年教师的发展

自 19 世纪后半期以来,日本教育系统一共经历了三次重大的改革,即明治维新后对西方文化的摄取时代,形成普通教育和职业教育的双元教育体系;第二次是二战后到 20 世纪 60 年代,经济重建和起飞阶段,对美国教育理念和文化的摄取阶段;第三次是从 20 世纪 70 年代开始至今,教育高速发展,开启了从西方化向日本化发展的教育变革之路。高等职业教育领域的发展和变革是伴随着后两次教育改革展开的,并且每次对于高职教育理念和政策、高职学校的发展以及高职院校教师队伍的构建等方面的改革均以法律法规的形式予以合法性的认可和制度化的确立,有力地保证了高等职业教育方方面面的发展和革新。

日本早在二战后初期(1947 年)便颁布了《教育基本法》和《学校教育法》等一系列法令,使日本教育,包括职业教育的发展走上了法制化轨道。随后,短期大学和高等专门学校成立,并在 20 世纪 60 年代得到大规模发展,自此日本高等职业教育开始形成完整合理的结构。与此同时,《短期大学设置法》(1952 年)、《高等专门学校设置基准》(1961 年)、《专修学校设置基准》(1976 年)及《短期大学设置基准》(1979 年)的颁布对实施高等职业教育的不同类型学校规定了最低设置标准,并明确详尽地规定了高职院校教师的编制、数量、工作任务等相关的从教资格和聘任条件。

对于高职院校教师的培养培训,日本通过设立《教育职员许可法》《教育职员许可法实施规则》《教育公务员特别法》等一系列法律对教师进修的重要性、进修计划的制订和开展、进修方式、进修时间等相关事项均做出了明确规定,使高职院校开展教师培训及高职教师寻求进修提升都有章可循,有法可依。此外,为了培养从事高等职业教育的专门师资,日本依法设立了技术师范院校或技术教育学

院,如日本职业能力开发大学,并通过设置多种学制和课程,招收不同类型的学生,如高中毕业生、取得学士学位的大学生以及具备专业技能和实践经验者等,为他们提供有针对性、系统性的培养,满足学生的需求,同时源源不断地为日本高等职业教育输送人才。

在日本,教师的社会地位高、工资待遇高、社会认可度高,从事职业教育的教师也是如此。日本社会对精通手艺之人极其尊重,匠人精神在各行各业都有很好的贯彻和体现,这与日本高度发达的现代文明社会环境及讲求程序规范、精益求精的职业精神密不可分。因此,对于从事职业教育的教师、职业培训师、实践指导训练师等也都不仅受社会敬重也享有相当的社会地位和报酬。日本早在1950年颁布的《关于一般职务教员工资的法律》的第16条明确规定了教师超时间工作的奖金数。第13条规定了对到危险区从教,从事难度较大工作的教师发给特殊勤务奖金。同条款中还列有一项"特地勤务奖",即对在生活不方便地区从教的人,可增加其工资的25%。对单身到艰苦地方工作,未带家属者还发给"单身赴任奖金"等(穆小燕、王传捷,2006)。从以上一系列关于高职院校教师各项制度的法律法规可以看出,日本保障高职教育和高职院校青年教师发展的有力武器是法律。全面的、专项的、系统的法律体系的建构不只是政府自上而下实行强制管理手段的行政化工具,也是高职院校和高职院校青年教师自下而上地探索自身发展道路的有力凭证和依据。如果说日本的发展是靠教育,那么教育的发展则无疑是靠相关法律法规的制订和实施得以保证。

四、德、美、日三国高等职业院校教师制度的主要特征及启示

根据以上关于德国、美国、日本三个国家高职院校教师制度的阐述及其对高职院校青年教师职业发展所产生的影响及两者间的相互关系,可以看到,发达国家高职院校教师制度的设计安排具有一些共同特征,值得我们学习借鉴。

(一)高职院校教师资格要求多元,准入制度严格

从前文可知,德国、美国、日本(以下简称"三国")对高职院校教师资格的要求虽然各不相同,但是基本上都需要具备三个条件:具有一定的学历资格(学士、硕士或博士学位获得者)、具有教师资格证书、符合高等职业教育的特殊要求(人

格素质要求、具备专业知识并通过考试、具有一定年限的与所教专业有关的工作经历、具备职业资格证书或相关专业实践技能等)。在某些行业具有丰富经验的技术人员或工程人员,若想成为高职院校教师,三国在这类人员的准入资格方面给予了较为开放宽容的态度,对个别资格要求放宽处理,如适当降低学历要求等。这种吸纳具备熟练操作技能的人员进入高职院校师资队伍的做法体现了三国高等职业教育对学生实践技能培养的高度重视。另外,三国在对高职院校教师资格的认证上都有着详细明确的要求和程序,要想成为高职院校教师需经过科学系统的培养、认证、考试、招聘等一系列流程,体现出对高职院校师资队伍质量的严格把控。

(二)高职院校具有较大的聘任自主权,聘任方式灵活多样

从三国高职院校教师的聘任制度来看,院校自身在人员招聘和录用方面具有较大的自主权和决定权,较少受到上级教育主管部门的干涉和影响。通常由高职院校根据自身的办学规模、主体专业、办学特色等来选聘适合的专兼职教师并依据一定的聘用制度与教师签订合同。任期制和终身制相结合的方式,有利于优化教师队伍结构,实施不同的激励手段,促进教师发展。三国聘任教师的方式也较为灵活多样,除了吸纳从普通高校或职业技术师范院校毕业的学生以外,也更多地从大学、企业或其他高职院校聘任有深厚的专业理论功底、实操经验或工作经历丰富的教师。例如,从20世纪20年代到70年代之间,为了减轻财政负担,美国社区学院曾经大量聘用具有中学教学经历的教师来丰富师资队伍(A. M. Cohen, F. B. Brewster. 2007)。① 此外,聘请地方牧师兼任宗教研究课程,聘请房地产经纪人兼任房地产和不动产的课程等(Cohen, Brewster, 1977),也体现了吸纳各行各业优秀人才担任兼职教师,充实师资队伍的做法。

(三)高职院校教师培训制度完善,侧重对专家型教师和新教师的培养

三国高职院校教师培训制度都较为完善,多数培训项目都得到了国家的大量财政投入和支持,并且有相应的法律法规得以确保培训的规范化、周期性实施。德国尤其重视对专家型教师的培养,鼓励高职院校教师参加职业教育研究所的科研工作,督促教师通过参与项目、课题研究形成关于教育教学改革的新观点、新方

---

① 可参见吴昌圣硕士学位论文《美国社区学院师资管理研究》(华东师范大学2007年)。

法、新思路。认为高职院校教师成长为职业教育专家能够更有效地推动自身、学校乃至整个职业教育的发展。美国的高职院校特别重视对青年教师进行业务培训和专业化水平的提升,通过研讨会、导师制以及网络培训等多种途径帮助新教师适应教学岗位,引导新教师从心理上、业务上进行角色转换,树立职业院校的师生观,遵守职业规范和道德。三国普通重视高职院校教师的终身培养和学习,以及与行业、企业、社会的密切联系,以适应未来知识经济社会各方面变化给高等职业教育带来的挑战和冲击。

（四）高职院校教师待遇较为优渥,工作环境稳定

三国高职院校教师均属于国家或地方公务员,其待遇与公务员待遇相同,有法律保护其福利,工作环境也较为稳定,具有较高的社会地位和声望。在美国,社区学院教师的工资待遇虽然存在地域差异、专兼职教师间差距以及教师担任不同工作职责、专业职称、不同性别及种族间的差异,但是教师的薪酬待遇与社会上其他职业相比,基本上居于中上等水平的位置。并且,教师普遍实行年薪制,主要由各州和各学院董事会来决定。不同高职院校依据不同的教师考核评价体系来确定教师的晋升和相应的薪酬待遇,并设立多种奖励和荣誉项目来激励教师,构建公平规范的分配机制。既相对稳定又不失竞争的工作环境,对稳定高职院校教师队伍,激励教师队伍质量提升发挥了重要作用。

总之,从以德国、美国、日本为代表的世界发达国家高职院校教师制度的设置及其对高职院校青年教师职业发展的影响来看,我国在完善高职院校教师制度方面可以借鉴一些有益经验,如构建完善规范的、符合高等职业教育特性的教师资格准入制度,扩大兼职教师的聘任范围;依据不同高职院校自身的特色,因地制宜、因时制宜、因人而异地制订相应的教师聘任、考核和晋升制度;持续不断地完善教师培训制度,丰富培训方式和途径,制定切实符合教师实际需求的培训内容,密切联系行业、企业实践;加大政府财政投入力度,整合各种可供利用的资源,提高教师待遇,维护教师权益,保障教师福利,建立公平合理的高职院校教师薪酬制度。高职院校教师制度的构建和完善不可能仅凭高职院校自身的力量来实现,而是需要依靠政府、行业、企业及社会各方力量的共同参与,需要教师个人献策献计并适时反馈来持续推动。

第五章

中国高等职业院校教师制度与青年教师职业发展

　　教育家黄炎培曾指出,"凡欲解决制度问题,不宜沾沾于各国制度利害得失之比较,必以吾国历史与现状为根据而研究之。"①不同国家的社会历史和文化特征、经济社会水平及政治法律制度赋予高等职业教育和高职院校教师职业不同的属性,要考察中国高职院校教师制度及教师职业发展的特点,必须立足本国国情,全面考虑中国社会发展和转型的大背景。只有研究历史发展才可以对当今社会构成要素之间的相互关系进行权衡和评价(Levi‑Strauss,1967)。从发端于清末的实业教育到民国时期职业教育的思潮和实践中不难看出,高等职业教育制度在很大程度上是对日本、德国、美国等发达国家职业教育制度的模仿和移植。尤其是新中国成立后,对苏联职业教育模式的全盘学习致使职业教育的发展基本上集中于中等教育阶段,高等教育阶段的职业教育几乎消失殆尽,尤其"文革"期间,高等职业教育的发展又一次遭受了沉重打击。直到改革开放以后,高等职业教育的结构体系得以确立,高职院校教师的各项相关制度才随之建立起来。从此,高职院校青年教师在稳定的高等职业教育体系和逐渐完善的高职院校教师制度之下走上了制度化、规范化、专业化的职业发展之路。依据我国高等职业教育发展中所经历的重要阶段,本章按照清朝末年、民国时期、新中国成立后至改革开放前、改革开放至21世纪前以及21世纪至今的时间阶段划分来论述高职院校教师制度和教师职业发展问题。

---

① 转引自吴洪成. 中国近代职业教育制度史研究. 北京:知识产权出版社,2012:261.

一、中国近代高等职业院校教师制度与 青年教师职业发展

中国的高职院校教师制度肇始于清朝末年,随着《壬寅—癸卯学制》中关于发展实业教育的规定,实业学堂开始独立开设,这标志着实业教育成为一种独立的教育类型。虽然实业教育不能完全等同于我们今天所言的职业教育,但它孕育了职业教育并为职业教育的产生打下了基础。学制的法规中,对实业学堂教职员的资格、职务级别和培养方式等方面做出了一系列较为具体的规定,由此开启了中国高职教师制度的建设,但由于实业学堂处于初创阶段,各项制度建设还处于探索阶段,与教师相关的各项管理制度则更是不成系统,且随机性较大,这些无疑对教师的职业发展产生较大的影响,教师工作实际上并无十分清晰明确的提升道路可循,严格意义上的"发展"实则无从谈起。

(一)清末高职院校教师制度的建立及对青年教师职业发展的影响

1. 清末高职院校教师制度的建立

早在 19 世纪末,由清朝洋务派大臣倡议所创办的新式学堂中,创建于 1866年的福建船政学堂"作为中国近代第一所高等实业学堂,相当于后来的职业技术性高等专门学校或专科学校"(潘懋元,1998),可以看作中国最早的一所高等职业教育学校。从福建船政学堂对教师聘任所提出的具体、明确的要求中可以看出其对教师选任和资格要求的重要性。福建船政学堂作为在中国首次创办的专业技术性质的学堂,主要聘请洋人进行教习或技术指导,并在聘请合同中规定教习"尽心教导在堂生徒,谨慎守分,受船政大臣节制,并应听稽查学堂委员之谕",可以获得"二月给洋平二百两"的薪俸,"几年限满,如衙门不留其人,则给予贴薪二个月并回费","教导不力,或办理不善,或擅打中国生徒人等被撤者,则只给回费,不给两月贴薪"。① 随后,技术学堂不断发展,其优秀毕业生逐渐升补为师资,改变了由外籍教习全权垄断师资队伍的局面,也争取了一部分办学和管理的主动权。这

---

① 参见《光绪八年十月初三日(1882 年 11 月 13 日)船政大臣黎兆棠咨呈总理各国事务衙门》,朱有瓛主编:《中国近代学制史料(第 1 辑上册)》,华东师范大学出版社 1983 年版,第369 页。

一时期的师资发展虽然未形成系统完整的教师制度,但为后来实业学堂教员相关制度的建立和发展有开创之功。

(1)高职院校教师的培养

清末高职院校教师制度的构建是随着实业学堂的建设和实业教育制度在国民教育体系中的正式确立而得以逐步实现的。1902 年制定的《钦定学堂章程》(又称"壬寅学制")和1904 年制定的《奏定学堂章程》(又称"癸卯学制")中在主干的普通教育外,均分别设立了师范、实业两个旁系。实业教育与普通教育一样,分成初、中、高三级,其中与高等学堂平行的高等实业教育机构有实业教员讲习所和高等农、工、商实业学堂。实业教员讲习所是最早培养职业学校教师的专门机构,"招收 17 岁以上中学堂、初级师范学堂或同等以上实业学堂毕业生,以教成各该实业学堂及实业补习普通学堂、艺徒学堂之教员为宗旨"(俞启定、和震,2012)。癸卯学制将其并入实业教育体系而不是师范教育体系,在一定程度上也体现出职业教育师资培养要适应实业教育的要求。《实业学堂通则》中强调:"实业教员讲习所为实业学堂师范所资,尤为入手要义,万不可置为缓图"(俞启定、和震,2012)。可见,实业学堂创立之初便极其重视对职教师资的培养。实业教员讲习所主要分工业、农业、商业三类,主要是为实业学堂培养师资,理应突显师资特色和培养方式的职业性、实践性倾向,但这类学校均附设于农工商大学或农工商高等学堂内,故还是倾向于普通高校培养师资的方式。仿师范学堂,学生一律公费,但毕业后学生需要义务从教 6 年。其中农、商两种教员讲习所两年毕业,工业讲习所分完全科(3 年毕业)和简易科(1 年毕业)。完全科分为六科:金工、木工、染织、窑业、应用化学、工业图样;简易科也分为六科:金工、木工、染色、机织、陶器、漆工(俞启定、和震,2012)。

(2)高职院校教师资格制度

癸卯学制制定的法规中,关于各级各类实业学堂的教员资格均体现在《任用教员章程》当中。章程规定,高等实业学堂的教员,均列作职官,分正副两种。正教员"以将来大学分科毕业考列优等及中等及游学外洋得有大学堂毕业文凭、暨大学堂选科毕业考列优等者充选";副教员"以将来大学选科毕业考列优等及中等及游学外洋得有大学选科毕业文凭者充选"(俞启定、和震,2012)。此外,高等实业学堂的教员受本学堂总办(堂长)统辖,以礼相待。教员任期年限有 2 年、3 年或以该学堂毕业期为一任等规定。除不得力者随时辞退外,其余在任期满后再定聘退。未到期不得自行告退。聘外国教员订明合同,受总办监督节制,只讲授科学,不得讲宗教。教员数按学堂程度及课时数与班级数多少而定(俞启定、和震,

2012）。

（3）高职院校教师管理制度

清末实业学堂教师的管理制度还十分不完善。实业学堂虽然也意识到师资管理的重要性和必要性并出台了一些粗略的师资管理条款，但是，从整体上看，对教师的管理基本停留于"管束"的阶段，"大体是教学行为的管理，还未提高到有目的地提高教师素质、引导和发挥好教师积极性和主动性的层次"（吴玉伦，2009）。此外，这种管理方式通常表现为一般性口头或文字的要求，并未形成规范完整的管理机构、制度规范和监管措施。实业学堂教员管理的具体内容因校而异，多体现在学堂规则中，基本涵盖教员的职责、教员对学生的管理权限、对教员身体状况、教学任务等方面的约束等。对于外籍教员的管理，实业学堂也按照与其签订的正式合同来执行。例如，较早聘任日本教习的浙江蚕学馆和日本教习签订的合同有二十条之繁，其中对教师的服务年限、薪水支付、担任课程及授课时数、教学业绩考核、事病假告请、违约处罚等均做出了规定（吴玉伦，2009）。

（4）高职院校教师薪酬制度

清末实业学堂教员的待遇总体较高，但教员间薪酬差异较大，因学堂、资历和教员国别的不同而异。例如，在1911年，同是英文教师，两湖矿业学堂的教员薪酬每月300两，而同地区的湖北铁路学堂教员每月50两。中外教员薪酬相差更大，直隶高等工业学堂日本工学士藤井恒久每月薪水是420两，美国人吉士甫化学物理教习月薪为500两，而中国籍教师，同样担任物理英文教习的孙凤藻月俸为70两。此外，实业学堂中，专业教员的待遇远远高于普通科教员。例如，山西农林学堂农学教员高桥昌月薪为250两，同期同校同籍的东语教员小金龟次郎月薪是50两；湖北中等蚕桑学堂的蚕科教员吕瑞廷月薪85两，同校的国文教师邹和济则只有20两。造成这种差异的原因主要在于，当时学堂并无统一的薪酬标准，各学堂教员工作量差异较大，学堂本身的经济条件也较悬殊（吴玉伦，2009）。

2. 制度分析

（1）教师资格制度不健全，教师素质较低影响教学质量。清末实业学堂的建立虽然在很大程度上使实业教育的发展开始走上制度化、规范化、系统化的道路，但是作为一种在中国土壤上首次出现的学校形式和教育模式，其发展必定充满坎坷，困难重重。实业学堂虽分为初、中、高三级，但彼此之间并不衔接，这体现在各级学堂均以招收低一级的普通学校毕业生为生源，这不由使得实业学堂的教员在教学时面对普通教育背景下的学生所表现出固有的重理论、重普通教育教学内容和方式的传统思维模式，教学往往沿袭"往日重文学之趋向，于实业不尽措意"，普遍存在"有厂实习、而讲堂并不讲授实习科目,或讲授实习科目而学生并不分别实习与实验"(俞启定、和震,2012)。兼具理论知识和实操技能的教员少之又少,教员上课只谈学理,较少或不进行实践训练。此外,对于实业学堂的教员,虽然在学制章程中有明确规定,但在办学初期,迫于发展急需大量教师,而由于我国古代没有专门培养教师的机构,教师工作也没有形成独立的职业,因此在实业学堂兴办之初,受过正规培训、符合实业教育教员资格的师资十分匮乏,在实际聘任教师时也不免降低要求。为了充实师资队伍,实业学堂着力引进外籍教师,然而外籍教师也存在是否兼具精通理论与实践技艺的问题,又加之语言障碍,翻译人员不十分熟悉实业技术,在沟通和教学中都难免发生误传、误译等现象。为应对这一难题,清政府派出一批有志于实业的学生前往日本、欧美各国学习西方实业知识和技术,毕业后回国充任实业学堂的教员,但这类教员在全体教员中所占比例较小。1909 年,在外国毕业者的教员占全体实业学堂教员的比例仅为 15.7%,另外还有28.8%的教员没有取得过任何学历(吴洪成,2012),教员整体素质较低,不免延误学生的学习和就业。以上种种均严重影响到实业学堂的教学质量,也使教师资格制度并未得以完全履行,实为名存实亡。

(2)教师制度设计和实操相背离。癸卯学制仍然保留有浓厚的传统官学和科举制度的教育色彩,实业学堂的毕业生仍然被赐予以科举制出身的身份,例如高等实业学堂的毕业生和实施普通高等教育的高等学堂、大学预科一样,均被赐予举人的身份(璩鑫圭等,2007)。可见,新学制并未改变以往"读书—考试—做官"的旧教育制度的思维定式和"学而优则仕"的价值取向,将学堂和仕进混为一谈,依然延续着中国几千年"重道义轻技艺"的文化传统。这不仅不利于学风、士风的改善,也不利于教师在素质、能力及相关的任用、资格、薪酬等制度方面的发展和建设。处于新旧交错、模糊混乱的社会环境和教育风气下,实业教育和实业学堂的发展尚处于起步初期的探索阶段,生源、师资都很缺乏,教师的发展和教师整体队伍的构建更是难见雏形,虽然一些具体的教师制度已经形成,但还存在实际操作与制度设计上的鸿沟和区隔。除了相关制度本身存在的问题以外,制度的构成本就会受到社会政治、经济、文化等方面因素的多重制约。因此,制度设计时十分关注的方面不意味着一定会在实践中得到应有的重视,而制度设计时所疏漏的部分反而可能在实践中引起特别关注,其真实的运作过程往往错综复杂。

(二)民国时期的职教教师制度及对青年教师职业发展的影响

1.民国初期高等实业教育的变化

1911年辛亥革命推翻了清王朝的统治,结束了中国几千年的封建帝制,建立起以西方资产阶级共和国为蓝本的"中华民国"。在资产阶级革命派的推动下,社会政治、经济等各方面均发生了革命性的变革,教育改革也进入新阶段。1912年,民国教育部颁布了《学校系统令》,1913年又陆续制定了各级各类学校教育的法令规程,由此形成一个新的学制系统,称为"壬子癸丑学制"。该学制中关于职业教育的相关规定主要体现在《实业学校令》和《实业学校规程》当中:实业学校被分为甲种和乙种两类,相当于实施中等教育和高小教育阶段的学校,高等实业学堂则连同普通高等学堂一起改为专门学校,并被划入高等教育阶段。从此,实业教育被定位在中等以下层次,高等实业学堂不再具备实业教育的属性,脱离了实业教育体系。随着高等实业学堂的改制,高等实业学堂的教员也由此并入强调普通教育性质的高等教育教师队伍,可以说,高职教师群体在民国初期是不存在的,原先属于这一群体的教师在还未找到明确的职业发展道路之前便因政策变化带来的强制性制度变迁而被重新划入普通高等教育的教师行列,这对教师自身的发展来说是极其不利的,但如若从实业教育发展的整体来看,高等实业学堂的取缔是有其科学的合理性的。究其原因是清末高等实业学堂在办学实践中,无法做到发挥其类似于大学预科的教育功能,故不能很好地与大学相衔接。此外,高等实业学堂因不集中专攻一个学科,专业水平难以保证,毕业生常常陷入升学和就业的双重困境。高等实业学堂也因其名实不符、办学目标不明确而饱受诟病。因此,"壬子癸丑学制"将实业教育从高等教育阶段收缩,将其改为专门学校专攻一门,既有利于集中力量发展初、中级实业教育,也可以很好地与大学科目对口,利于学生就业。

2."新学制"颁布后的职教教师制度

随着新文化运动期间各种教育改革思潮的涌现和各项教育改革实践的展开,民国初年制定的学制逐渐落伍,于是在1922年,北洋政府召开全国学制会议并颁布实行了学制改革方案,即1922年"新学制",又被称作"壬戌学制"。"新学制"仿照美国学制,设立"六三三"分段的学校系统,并正式用职业教育的概念取代原来的实业教育,将原有的甲乙种实业学校改称为职业学校。为了培养职业教育的师资,推广职业教育,"新学制"还规定在一些有条件的学校内酌情设立职业教员养成科,集中培养职教人才。国民政府执政期间基本上沿袭"新学制"的教育框架,随后虽然做出过一些调整,也陆续颁布了一系列与职业教育相关的教育法令,但学制的基本框架是比较稳定的。20 世纪 30 年代迎来了教育立法的高峰期。在职业教育领域,《职业学校法》《职业学校规程》《职业补习学校规程》等法规的制定使职业教育形成了比较完善的法律体系。但是,在这一时期,由于没有一项总的职业教育法规,职业教育仍然被看作是教育的一个类型,而未形成一个独立的体系。

《职业学校法》和《职业学校规程》详细规定了初、高级职业学校校长、教职员及校内行政管理人员的管理制度、聘任人数、资格和条件。其中,"职业学校教员由校长聘任之,应为专任,但有特别情形者得聘请兼任教员"(李蔺田,1994),职业学校教员是以专任教员为主,兼职教员的数量不得超过专任教员总数的 1/4。按照所教科目的不同,职业学校教员可以分为普通科教员和职业科教员,职业科教员及承担实习学科的教员的教学工作量一般比普通科教员要多。在初级职业学校,普通科教员的周教学数为 18 - 24 课时,职业科教员的工作量则是 26 - 30 课时;高级职业学校里普通科教员的周教学数为 16 - 22 课时,职业科教员的周教学量是 24 - 28 课时。除了承担教学工作外,一些专任教员还要兼任主任或训育员之职,并需住宿校内,其教学时间比其他专职教学的教员有所减少,但按照规定不得少于最低限度的 2/3,职业学校也不支付额外的薪酬。职业学校对于普通学科教员的聘任基本按照普通中学教员的聘任规定来执行,对于职业学科教员的聘任,职业学校要求其品格健全并对所教授科目有专长学识。与普通中学教员相比,职业学校里担任职业科教员的资格更强调其过往的职业经验而非教学经验,其聘任资格和条件分别按照初、高级职业学校职业学科教员的规定实行,具体见表 5.1 所示。

表 5.1　职业学校职业学科教员任职资格

初级职业学校职业学科教员须具有右侧资格之一	1. 大学、专科学校、专门学校或高等师范专修科毕业后,有一年以上之职业经验者
	2. 高级职业学校或程度相当学校毕业后,有两年以上之职业经验卓有成绩者
	3. 具有高级职业学校教员规定资格之一者
高级职业学校职业学科教员须具有右侧资格之一	1. 职业师资训练机关毕业后,有一年以上之职业经验者
	2. 专科学校或高等师范专修毕业后,有两年以上之职业经验者
	3. 有专门之职业技能,曾任职业机关相当职务四年以上卓有成绩者

除了符合以上规定任职条件外,职业学校还规定有下列事项之一者,不得充任教员:(1)违犯刑法证据确凿者;(2)成绩不良者;(3)旷废职务者;(4)患精神病或身患疾病不能任事者;(5)行为不检或有不良嗜好者(俞启定、和震,2012)。

3.制度分析

纵观民国时期职业教育的发展历史可以看出职业教育发展的复杂性。它一方面受到社会特定历史时期的经济发展水平、教育文化氛围的影响和制约,另一方面与教育体系的演变和学制的调整及改革密切相关。

(1)教师制度名存实亡。清朝末年初步建立起来的实业教育初、中、高三级体系并未在民国时期得到延续和发展,这既是当时社会主流的教育思潮以及教育改革的走向所致,也是符合社会实际的经济发展水平、产业结构形态和社会对人才的结构性需求所产生的必然结果。值得欣慰的是,民国政府颁布的"壬子癸丑学制"和"新学制"使职业教育的地位得以正式确立,职业教育开始成为国家教育体系的一个组成部分。然而由于职业学校自身的问题和困境使培养出来的学生既不能顺利地升入高一级学校深造,也因未能具备较高水平的实践操作技能而无法满足工商业界及劳动力市场对人才规格和素质的要求。甚至是,实业学堂一度被社会普遍视作"失业学堂"而饱受争议。因此,高等教育阶段的职业教育在这一时期未能得以充分发展,清末建立的高等实业学堂也在民国时期被逐渐取缔并被并入普通教育的范畴,高职院校教师群体在这一时期并未有大的发展空间,也逐渐丧失了高职院校教师本应具有的高等性、职业性、实践性等典型特征,反而又与普通高等教育教师群体合为一体,遵循着普通教育教师的发展路径。即使是中等和初等教育阶级的职业教育教师也并未如学制和各项法规制定的那样,完全按照制度设计的资格要求来发展,在现实情境中遇到不少问题和困境。例如,按照职业学校对教师资格的要求是具备一定的职业经历和实际操作技能,而实际在聘任教师时,既掌握专业理论又具备动手操作能力的师资则十分匮乏,不得以学校只能降格以求。此外,一些职业学校因缺乏足够经费,没能建立起供学生实训实习的场所,缺乏设备,无工厂无农场,实操训练无从谈起。如此一来,教师上课只谈学理,较少或根本不涉及实践内容,学生"终日读书,绝少实习,纵然实习,亦多属敷衍了事"(章华明,2011)。职业学校的毕业生不仅不能成为工商界所需的掌握熟练岗位技能的实用人才,更因长期远离真实岗位情境并缺乏实际工作经历而缺乏敬业精神,难以受到业界欢迎,由此恶性循环不止,对学生、教师、职业学校、各行业及整个社会的经济发展都造成了严重的负面影响。

(2)受传统文化观念影响,职教教师队伍发展不足,教师制度保障缺失。1925

年,出现一股学校合并的风潮。职业学校因办学经费大、学生吸引力不足等原因普遍被改办为普通学校。"短年制的专门学校和专科学校始终处于边缘地位,办学条件不佳,社会认可程度较低,导致此类高等学校的许多办学者求变心理比较普遍,发展不太稳定"(杨金土,2017)。加之国民普遍怀有"升学主义"的情怀,学生受教育的目的主要还是为了升学并以升学为荣,而非学得一技之长。对接受职业教育的积极性不高,而接受职业教育的学生也往往是由于无法升学而做出的无奈之选。职业学校迫于条件和压力,要么压缩职业教育课程,增加普通教育课程,要么直接改组为普通学校,背离了职业教育的理念和办学宗旨。"职业学校和准备青年升学的普通学校,简直没有两样,不过挂了一块职业学校的招牌,其实和设校的宗旨,青年的志趣,一点也没有顾及到,这真是特错特错的"(俞启定、和震,2012)。在此后几十年的时间里,帝国主义入侵,国共内战等一系列社会动荡都对中国的经济和职业教育发展造成沉重打击,职业教育发展历经坎坷,时好时坏,职业教育教师的命运也随之充满荆棘,教师的法制化、规范化、专业化发展都没能得到充分保障,高等职业教育教师队伍更是由于历史的"缺位"而未能得到合理的建设和发展。

过去的已成为历史,但历史并未真正过去。职业教育的发展如何在"学而优则仕"和"升学主义"传统观念的影响下走出一条切实的发展之路仍是今天值得认真思考的时代议题。

二、新中国建立后至 21 世纪高等职业院校教师制度与青年教师职业发展

新中国成立后,国家实行对高职院校教师统一的集权管理体制。从 20 世纪50 年代至 70 年代末,中国高职院校教师群体在政府教育政策变迁和社会主导价值观的影响下,曾一度濒临消亡。由新中国成立后全力发展中等职业教育而忽视高等职业教育,由新中国成立初期从法规层面对专科教育的高度重视到对苏联学制的全盘学习而削弱专科学校的地位和发展,由在高等学校里办两年制的专修科来发展高等职业教育到 50 年代中期专修科的减招停办,以及后来"文革"期间对整个教育系统以及高职教师的破坏,这一系列的曲折变迁使原本就缺乏历史积淀和在先天不足的基础上生根发芽的中国高等职业教育和高职教师群体屡遭重创,其发展的内在逻辑因此被强行中断。直到改革开放后,高等职业教育得以恢复,

高职院校教师制度逐渐发展和建立,高职院校教师的职业发展问题才不断受到重视并逐渐走上法制化、规范化、科学化的道路。

(一)新中国成立后至改革开放前高职院校教师制度及对青年教师职业发展的影响

新中国成立后,随着社会秩序和经济建设的全面恢复及大力发展,教育事业也在党和政府的高度重视下得到蓬勃发展。然而,总体来看,新中国成立后的前30年,由于"对职业教育的作用认识不足,指导思想上有偏差,一味普及普通中等教育和片面注重发展高等教育,加上计划经济下的劳动就业制度的制约,使职业教育实际上被挤到一个很小的发展空间中"(俞启定、和震,2012),即使在职业教育领域,也主要以中等职业教育的发展为主,高等职业教育始终未得到应有的重视。1912年后,由高等实业学堂改组发展而来的高等专科学校在新中国成立后经历了"三起三落"①的曲折发展历程,直到改革开放以前,高等专科学校从未被归属于职业教育的领域,换言之,职业教育并未进入过高等教育的领域。1953年7月,高教部部长马叙伦在全国高等学校行政工作会议上的报告中,提出缩减专科的方针。他说:"为了解决迫切需要,1952年曾在高等学校内大量举办专修科,这是完全必要的。1953年仍需招收一定数量的专修科新生以适应最近几年国家建设的要求。同时,从国家长期建设的需要考虑,更必须培养大批真正能掌握高级技术的专门人才。随着中等工业学校工作之加强,今后高等工业学校应逐渐减少专修科招生名额的比例,逐步做到把培养技术员的任务完全由中等技术学校及其附设的特别班担负起来"(刘英杰,1993)。结果,专科学生占高等学校在校学生的

---

① 有学者指出,新中国成立后,我国高等专科教育发展经历了"三起三落"的曲折历程。即1952年院系调整后,虽然专科学校数量骤减,但专科生大大增加,从而出现当代中国专科教育的第一次大起;然而在"一五"计划后期,中专教育大发展,专科教育受到冷落,专科生和专科学校数量均逐年下降,到1958年,全国专科学校仅剩10所,此谓第一次大落;"大跃进"运动的开展,专科教育获得飞速发展,呈现第二次大起之势,1960年,全国专科学校达360多所;1961年国民经济进入调整时期,国家对先前"大跃进"时期"一哄而上"且不具备办学条件和质量的高专学校进行裁减,然而削减幅度过大加之随后"文革"期间对专科教育的破坏,使专科教育经历了第二次大落;1978年改革开放后,国家恢复并新建了一批专科学校,在校专科生数量占本专科生总数的44.3%,达历史最高值,专科教育迎来了第三次大起之发展;好景不长,由于对专科教育重要性的认识不足及学校"升格风"的影响,1979年开始,专科学校和专科生数量逐年下落,可谓第三次大落。新中国成立后的前30年间,我国专科教育所经历的典型的不可持续性的嬗变轨迹,极大地延缓了专科教育的发展进程,拉大了与世界先进水平的差距(李均,1998)。

比重由 1954 年的 23.2%，下降到 1955 年的 15.2%，1956 年的 13.1%，1957 年的 10.8%（刘英杰，1993），专科教育的发展实际上被排挤到一个十分狭小的空间里。1958 年年初，全国仅存 10 所专科学校。到"大跃进"期间，专科学校又一哄而上，到 1960 年，专科学校增加到 360 所，学生 187108 人，占本专科学生总数的 38%。然而这些学校办学条件严重滞后，例如，在 1959 年上海 14 所专科学校的教师队伍中，具有讲师以上职称的教师仅有 2 人（杨金土，2017）。

　　1958 年，为响应中共中央《关于教育工作的指示》的相关规定，全国各省市根据地方经济发展的状况，陆续建立了半工半读专科学校，并在随后"两种劳动制度、两种教育制度"指示的倡导下，半工半读专科学校进一步发展，很多新中国成立初期建立的专科学校也在此时改为半工半读专科学校，这可以看作是高等职业技术教育一种延续性的发展形式。

（二）改革开放后至 21 世纪前高职院校教师制度及对青年教师职业发展的影响

　　十一届三中全会后，随着经济建设进入"改革开放"的新时期，职业教育也逐渐在恢复和调整中发展。到 80 年代初期，短期职业大学创办，开启了构建高等职业教育体系的序幕。随后，在 1985 年发布的《中共中央关于教育体制改革的决定》和 1987 年发布的《关于改革和发展成人教育的决定》中均对高等教育的内部结构做出了调整，并提出了对已有的高等专科学校、职业大学、独立设置的成人高校进行改革、改组和改制，以及选择符合条件的中专改办为高等职业技术教育学院（简称"三改一补"），由此形成了高等职业教育的基本框架。随着高等职业教育结构的确立，高职院校教师的相关制度也逐步建立并完善起来。

　　1. 改革开放后至 21 世纪前各项高职院校教师制度

　　（1）高职院校教师队伍结构

　　1986 年 12 月 15 日国务院发布了《普通高等学校设置暂行条例》，其中在第二章"设置标准"里规定，高等专科学校及高等职业学校在建校招生时，各门公共必修课程和专业基础必修课程至少要分别配备具有讲师职务以上的专任教师 2 人；各门主要专科课程至少要分别配备具有讲师职务以上的专任教师 1 人。具有副教授职务以上的专任教师人数，应当不低于本校专任教师总数的 5%。高等专科学校的兼职教师人数，应当不超过本校专任教师的 1/3；高等职业学校的兼职教师，应当不超过本校专任教师的 1/2（杨金土，2011）。1997 年 9 月 25 日国家教委印发《关于高等职业学校设置问题的几点意见》，对高等职业学校的设置标准进行了补充说明。文件指出除具备《普通高等学校设置暂行条例》规定的有关标准外，在专任教师结构方面做出了新规定：副高级专业技术职务以上的专任教师人数应当不低于本校专任教师总数的15%；每个专业至少配备副高级专业技术职务以上的专任教师2人，中级专业技术职务以上的本专业非教师职称系列的或"双师型"专任教师2人；各门主要专业技能课程至少配备相关专业中级技术职务以上的专任教师2人。① 2000年3月，为了落实该文件的有关精神，教育部颁发了《高等职业学校设置标准（暂行）》，这可以看作是关于高等职业学校设置的专项法规，从此，高等职业学校均以此标准来配备内部体系结构、教学设备、师资队伍等一系列软硬件条件。该文件中明确指出，高等职业学校的教师由专兼职教师组成，人数需与专业设置和在校学生人数相适应。在建校初期，具有大学本科以上学历的专任教师一般不少于70人，其中副高级专业技术职务以上的专任教师人数不低于本校专任教师总数的20%；每个专业至少配备副高级专业技术职务以上的专任教师2人，中级专业技术职务以上的本专业的"双师型"专任教师2人；每门主要专业技能课程至少配备相关专业中级技术职务以上的专任教师2人。② 从以上数次颁布的文件中不难看出，高等职业学校对具备副高级专业技术职务教师的数量要求呈上升趋势，其占比的逐步增加也在一定程度上体现了教师队伍的高水平和高质量。同时，对"双师型"教师人数的具体规定也体现出高职院校对教师"双师型"素质结构的要求。

（2）高职院校教师资格制度

1981年12月29日，教育部印发了《关于职工大学和职工业余大学建校审批工作及毕业生学历等若干问题的意见》。文件对归属于高等职业学校范畴的职工大学和职工业余大学的师资标准做出了规定："要有一支以专职教师为骨干、专兼结合的师资队伍。教师要具有大学本科毕业以上或相当于大学本科毕业以上的水平，并能胜任教学。学校主要的基础课、技术基础课一般应由专职教师担任。兼职教师的来源要有可靠的保证，并且要相对稳定"（杨金土，2011）。在改革开放初期，我国高职教师队伍还主要由专职教师组成，兼职教师的补充则是为了课程实施和教学开展的需要，并未成为重要组成部分，且兼职教师一旦被吸纳进教师队伍，均较为稳定。

---

① 参见1997年9月25日发布的教计〔1997〕95号文《国家教委关于高等职业学校设置问题的几点意见》。
② 参见2000年3月15日发布的教发〔2000〕41号文《教育部.高等职业学校设置标准（暂行）》。

　　1995 年 12 月 12 日国务院发布的《教师资格条例》（以下简称《条例》）以及 2000 年 9 月 23 日教育部发布的《＜教师资格条例＞实施办法》中对我国各级各类学校的教师资格条件、考试、申请、认定及证书管理等各方面做出了详细规定。按照规定要求，高职教师归属于高等学校教师的类别，要取得高职学校的任职资格，除了依据《中华人民共和国教师法》第十条①的规定以外，教师需参加高等学校教师资格考试，"应当学有专长，并有两名相关专业的教授或副教授推荐。"②《条例》规定高校教师资格由受国务院教育行政部门或省、自治区、直辖市委托的高等学校进行认定，并对教师资格的申请认定程序做出了思想觉悟、专业水平、语言能力及身体条件等方面的详细规定。到 2001 年，教育部在《关于首次认定教师资格工作若干问题的意见》中指出，"教师资格制度是国家实行的一种法定的职业许可制度，教师资格是国家对专门从事教育教学工作人员的基本要求"③。从此以后，教师资格制度在我国得以全面实施。教师资格制度的实施优化了我国教师队伍的结构，有助于提高教师素质和规范教师任职资格，强化师资管理。然而，《条例》中对高职院校教师资格的任职资格并未独立区分出来，而统一归属于高等学校教师的资格标准，这种对教师类型和所在学校地域差异性的规避不可避免地造成了一系列不尽合理的问题，从而削弱了教师资格制度的适用性和通用性。按照《条例》规定，高职院校教师资格从学历、政治思想条件和一般的教育教学能力等方面的要求来认定，而忽视了高职院校教师任职特点中对教师实践经验和实操技能的强调，以及对兼职教师认定资格的区分。这种较为笼统的资格制度在实施过程中无法真实准确地反映高职院校教师的实践水平和不同类型教师的专业能力及素质。教师资格证书的终身制也产生了连带的负面效应，"如试用期制度形同虚设，教师的在职进修和培训走过场，教师自身不求进取等"④，这些都严重影响到构建高水平高素质的高职院校教师队伍，也在一定程度上引发了高职院校教师的职业倦怠现象，导致进取意识和责任意识的缺乏。

　　1990 年 11 月 27 日，国家教委在广州召开全国普通高等专科教育工作座谈会，并于次年印发了会议的主要文件《关于加强普通高等专科教育工作的意见》

---

①　依据《中华人民共和国教师法》第十条规定，"中国公民凡遵守宪法和法律，热爱教育事业，具有良好的思想品德，具备本法规定的学历或者经国家教师资格考试合格，有教育教学能力，经认定合格的，可以取得教师资格"。

②　参见 1995 年 12 月 12 日国务院发布的《教师资格条例》。

③　参见教人［2001］4 号文《关于首次认定教师资格工作若干问题的意见》。

④　参见李禄华硕士学位论文《高职教师资格制度改革研究》（湖南师范大学 2010 年）。

（以下简称《意见》），其中对专科教师的任职资格、工作任务及职称评聘等方面做了相关规定。《意见》提出，"从事专科教育工作的教师应具有较高的学术水平和较丰富的专业实践经验。当前，专科教师队伍建设的重点是要提高教师的专业实践能力。……要花大力气抓紧抓好青年教师培养工作，对他们的思想、工作和生活既要热情关心，又要敢于严格要求，帮助他们提高思想政治水平，过好教学关和实践关，使他们尽快成长起来。针对专科教师的基本任务是教学，且实践教学所占比重较大，进行科学技术工作的重点与本科不同等特点，……根据有关条例，结合专科学校教师的任务和工作特点，制定切实可行的职务评聘工作的措施，把专业实践能力作为专科教师尤其是青年教师职称评审与职务晋升的重要业务条件。"①文件中对专科教师工作性质和特点的认识，是有利于教师队伍的准确定位和整体素质的提升的，然而可惜的是，这种指导思想并未"落地"为具有可操作性的各项具体教师制度，教师队伍整体建设的成效并不明显。

这一时期关于高职院校教师的任职资格虽然并未有十分具体准确、可实际操作的制度性文件，但是一个突出的特点是在一些国家政策性文件中首次提出了构建"双师型"教师②的指导思想。例如，1995年国家教委颁布的《国家教委关于开展建设示范性职业大学工作的通知》中提出，申请建设示范性职业大学的基本条件之一是"有一支专兼结合、结构合理、素质较高的师资队伍。专业课教师和实习指导教师具有一定的专业实践能力，其中有1/3以上的'双师型'教师"③。之后，国家教委在1997年颁布的《国家教委关于高等职业学校设置问题的几点意见》以及1998年颁布的《面向21世纪深化职业教育教学改革的原则意见》中均对"双师型"教师的数量和培养问题有所提及。这些政策文件虽然并未明确、深入、系统地阐述"双师型"教师的内涵和界定，但基本上将"双师型"教师理解为既具备一定的专业理论知识，又能够熟练掌握相应专业的实践技能，尤其特别强调教师个体素质结构中的"专业实践能力"。

（3）高职院校教师培养制度

改革开放后，随着高等职业教育的发展和日益壮大，对高职院校教师的培养

---

① 参见教高［1991］3号文《关于加强普通高等专科教育工作的意见》。

② "双师型"教师的概念最早由王义澄先生在《建设"双师型"专科教师队伍》（见中国教育报，1990年12月5日第3版）一文中提出。他指出通过使教师参与学生实习过程、选派教师到工厂实习、参与重大教学科研工作和多承担技术项目等四种途径来使教师在能力和素质上达到"双师型"教师的要求。

③ 参见教职［1995］15号文《国家教委关于开展建设示范性职业大学工作的通知》。

也逐渐引起国家、地方和职业院校的普遍重视。1979 年 2 月 16 日,国务院发布《国家劳动总局和教育部关于增设四所技工师范学院的通知》,计划在吉林、天津、山东、河南等地建立四所(吉林技工师范学院、山东技工师范学院、河南技工师范学院、天津技工师范学院)本科层次的技工师范学院,面向所在地区并兼顾全国,为技工培训事业培养专业课教师。1983 年 5 月 11 日,教育部又引发了《关于编报1983－1985 年培养职业学校专业课师资计划的通知》,特别强调职业教育专业课教师培养的重要性,要求全国各地有计划地培养职教专业课师资。这项政策有效地推动了全国职教专业课师资的培养工作,例如,江苏省一些条件好的大专院校和中专学校纷纷设立农、职业中学;山东省的很多普通高校和专科学校,根据生产实际需要设置了为职业学校培养专业课师资的专业;吉林、河北等省也开始创办高等职业技术师范院校。还有一些省、市、自治区在所属高等学校设置了职业技术师范系(杨金土,2011)。随后,在 1986 年,国家教委发出《关于在四所直属院校试办职业技术教育师范班的通知》,分别在浙江大学、南京工学院、华中科技大学和大连理工大学开办职业技术教育师范班,把对职业教育师资的培养扩展到国家直属高校当中。在这一时期,由于合格的高职院校教师严重短缺,各高职院校除了向当地高校、教育部门申报,由地方教育部门负责调剂补充教师①外,加强教师的培养成为发展高职教育的一个重要内容,师资培养体系逐步建立和完善。高职院校教师的培养主要通过建立职业技术师范学院、出台专项计划培养专业课师资、在直属高校试办职教师范班、在各省建立职教师资培训中心②、在普通高校中

---

① 1987 年 6 月 2 日,国家教委发布的《关于三所高等技术专科学校有关问题的通知》中强调:"办好高等专科教育,加强师资队伍建设是关键问题之一。因此,主管部门应给予大力支持,为其配备所需教师。本部门确无法补充的专科课教师以及需要补充的普通文化基础课教师,可由学校主管部门向当地高校、教育部门申报,请地方教育部门予以支持,调剂补充。按上述办法仍解决不了的,可由学校主管部门向国务院各有关部委(包括国家教委)申报,由国务院有关部委给予支持调剂解决。"

② 1988 年 2 月 23 日,山东省职业技术教育师资培训中心成立,主要负责山东省的职业教育师资和管理干部的培训工作以及职教理论研究和职教信息服务工作。之后,辽宁、广东等省也相继成立了职业技术教育师资培训中心,还有一些省市依托现有的职业技术师范学院或其他高等院校、中专学校等建立职教师资培训机构,均对培养职教师资做出重要贡献。

设置职业技术教育学院①、创办职教师资培训基地以及通过国际合作方式建设职业培训指导教师进修中心②或师资培训中心③等多种方式和途径来实现。其中，通过独立设置的职业技术师范学院和普通高校中开设的二级职业技术教育学院（系）是培养高职教师的最主要方式，"从学生进入职业技术师范院校（系）起，就明确培养目标为职业教育教师，在四年内平行学习学科专业类课程和教育教学课程。因此，我国职业教育师资的培养模式属于定向型的培养模式。"④

（4）高职院校教师薪酬制度

新中国成立以来，我国高职院校教师的薪酬制度始终是遵循国家机关和事业单位工作人员的工资制度标准来实施的。鉴于改革开放前，我国高等专科教育发展的特殊历史进程（见前文），真正意义上的"高职"是名存实亡的，因此，这里对高职院校教师薪酬制度的介绍也只涉及改革开放后我国对高等院校收入分配制度所进行的相关改革。从改革开放后到21世纪前的二十年间，高等院校教师薪酬制度经历过两次重大的改革。第一次是以1985年6月4日国务院发布的《关于国家机关和事业单位工作人员工资制度改革的通知》为标志，高等学校开始实行以职务（岗位）工资为主要内容的结构工资制度。结构工资由四部分组成：基本工资、职务工资（岗位工资）、工龄津贴和奖励工资。这次工资改革改变了以往因职务级别不符合要求而长期不能增加工资的状况，在体现按劳分配原则的基础上，普遍提高了教职工的起点工资。如助教由原来的56元增加到70元，讲师由89.5元提高到97元，教授由原来149.5元增加到160元（见表5.2）。经改革后的薪酬制度在很大程度上改善了高校教师的待遇，但也遗留了不少问题，如工资制

---

① 国家教委最早在1989年批准天津大学成立职业技术教育学院，承担培养中等职业技术学校校长、管理干部及师资的任务，并编写培训教材，开展职教研究与信息交流。其后，国家教委又批准了7所高校（浙江大学、湖南农业大学、河北农业技术师范学院、同济大学、东南大学、西安交通大学、四川联合大学）设立职业技术学院或农村职教师资培训中心。这些职业技术学院的设立为培养中、高等职业教育教师贡献了重要力量。

② 1992年12月19日，劳动部与日本援建"中国职业培训指导教师进修中心"项目基本设计考察团在北京举行考察活动的会谈纪要签字仪式，同意在天津职业技术师范学院对外使用"中国职业培训指导教师进修中心"牌子，用于职业培训指导教师的进修工作。

③ 1998年11月12日，山东省人民政府与德国巴伐利亚州政府合作成立了山东—巴伐利亚职教师资培训中心，通过借鉴德国"双元制"培训经验，对职业学校教师进行专业技能和教学方法的培训，对职教管理干部进行职教理论和学校管理培训，并通过转变职教管理干部和教师的观念、提高教师的专业技能和教学水平来促进山东省职业教育的改革和发展。

④ 参见于京波硕士学位论文《我国高等职业教育师资培养的模式研究》（东北师范大学2006年）。

度没有很好地体现高校教师工作职能的特殊性;教师工资等级间级差过小,缺乏有效的激励机制;缺乏保障教师工资正常晋升的制度;最佳年龄段教师工资报酬与其贡献不相适应等(梁玉霜,1989)。

表5.2　高等学校教学人员工资标准(1985年)　　(单位:元/月)

职务	一	二	三	四	五	六	七	八
教授	255	230	205	190	180	170	160	
副教授	190	180	170	160	150	140	131	122
讲师	140	131	122	113	105	97		
助教	97	89	82	76	70			

1993年12月4日,国务院发布《关于机关和事业单位工作人员工资制度改革问题的通知》,开启了新一轮的全国性工资制度改革。这次改革,事业单位工资制度与国家机关工资制度分开,分别针对专业技术人员、管理人员和工人实行三种不同级别的工资制度,并实行特殊贡献奖励制度、建立正常的增资机制以及依据地区差异,建立地区津贴制度等三项内容。高校教师按照专业技术人员的等级工资制度,将工资结构调整为职务等级工资(占70%)和津贴(占30%)两部分。其中,职务等级工资是固定的部分,主要由工作能力、责任、贡献和劳动的繁重程度来衡量。高校教师的职务级别由低到高划分为助教、讲师、副教授、教授四种。不同职务级别的工资分别对应不同的等级标准(见表5.3)。津贴是工资构成中活的部分,按照30%的比例进行总额控制,由学校自主分配,以对教师工作数量和质量的考核为依据,克服平均主义,遵循"多劳多得,少劳少得,不劳不得"的原则。

表5.3　高校教师专业技术职务等级工资标准表①(1993年)　(单位:元/月)

职务等级	职务工资标准										津贴部分
	一	二	三	四	五	六	七	八	九	十	
教授	390	430	470	520	570	620	670				
副教授	275	305	335	365	395	435	475	515	555		71 – 287
讲师	205	225	245	265	285	315	345	375	405	435	
助教	165	179	193	213	233	253					

---

①　中华人民共和国国务院:国务院关于机关和事业单位工作人员工资制度改革问题的通知. 1993.

2. 制度分析

改革开放后,随着高等职业教育体系的确立,高职院校教师的职业发展也开始走上规范化和专业化的道路。然而由于高等职业教育尚处于发展初期,与教师相关的各项制度建设还十分不完善,高职院校教师制度在高等职业教育恢复和重建的背景下虽得以重生,但还处在不稳定的探索阶段。对于构建高职院校教师制度的问题,虽然早已得到普遍的重视并体现在诸多国家政策性文件和指导方针中,但是制度设计并非易事,制度制定也非一朝一夕之事,即便是设计较为完善、科学、全面的制度在实际实施中也会有始料未及的不合理后果产生。因此,这一时期在专门的高职院校教师制度"缺位"的背景之下,规约高职院校教师职业发展的各项教师制度大多依照普通高等院校教师的制度来实施,这虽然对高职院校教师发展起到一定的规范、约束和指引作用,但也不可避免地产生了一些负面影响。

(1)高职院校教师资格标准的缺乏模糊了高职院校教师的职业角色定位

改革开放后,高等职业教育体系最终得以确立,高职院校教师队伍建设成为影响高等职业教育发展的关键因素之一。要建设一支专业化的高职院校教师队伍,相关的教师制度安排必不可少,其中高职院校教师资格制度的建立和完善可以说是高职院校教师专业化发展的基础前提和重要保障。然而,专门适用于高职院校教师的资格制度却长期没有建立起来,在相当长的时间里,高职院校教师资格的认定标准是遵循普通高等院校教师的资格制度。对高职院校教师的任职要求也始终未有十分明确的说明,即使在 1996 年我国颁布的第一部职业教育的专项法律——《中华人民共和国职业教育法》中对职业学校设立的基本条件的描述中有关教师一项的表述也只是轻描淡写地提到"有合格的教师",对何为"合格"未有进一步的阐释和说明。依照普通高校教师资格制度来衡量和规范高职院校教师的做法遵循的是"外部制度环境的一统性"逻辑。在这一逻辑框架下,从教师个体角度来说,"外部制度环境的一统性缺乏对教师发展个体需求的关照,使得不同教师个体的发展无法得到相应的保障"(潘懋元,2011);从教师整体角度来说,"从国家发展需要出发的整体和统一的教师发展观及其价值追求存在'脱域'现象,即将教师从他们所处的特定情境中抽取出来,脱离了教师发展的具体环境"(潘懋元,2011)。对高职院校教师来说,这种单一的资格制度设计既是对高职院校教师个体的实际情况和发展需求的无视,也是对高职院校教师群体职业性质和劳动特征特殊性的忽略。这样说虽有苛刻之嫌,毕竟,如前文所述,国家层面出台的针对高职院校教师队伍建设的一系列政策性文件中也提到要注重发展高职院校教师的"专业实践能力",但是这种呼吁或者倡导也仅仅是停留于口号的层面,并未有具体的、可行的、操作性强的资格认定标准或专业能力标准可供高职院校教师参照。因此,对高职院校教师来说,虽然认识到掌握"专业实践能力"的重要性和必要性,但是实际真正兼具专业理论知识和实践操作技能的高职院校"双师型"教师则凤毛麟角。这不仅是由于高等职业教育发展初期,高职院校教师数量严重短缺,大部分担任专业理论课和基础文化课教学任务的教师是来源于普通高等院校的毕业生,"专业实践能力"其实是他们十分欠缺的专业能力。另一部分承担专业实践课和实习实训指导课教学任务的教师是来自于各行业、企业的专业技术人员,他们虽然已经具备了较高水平的"专业实践能力",但是专业理论知识,尤其是教育教学知识则是他们的"短板"。真正意义上的"双师型"少之又少,更甚之,对何为"双师型",如何准确认定"双师型"也是一个长期存在争议的问题,而非简单地具备"专业实践能力"。"双师型"教师制度的不完善无法为高职院校教师提供有依可循的职业能力标准,高职院校教师只好遵照普通高校教师的资格认定标准、内容和程序,这使高职院校教师愈发偏离高等职业教育教师本应具有的高等性、职业性、实践性等职业特征,而导致高职院校教师的学术化倾向愈发严重。同时,因无针对高职院校教师的专项资格制度,高职院校在聘任教师的时候也只好依据普通高校教师的资格制度来衡量和要求教师候选人,难免造成"恶性循环",使高职院校教师的发展越来越背离其本质属性,影响到教师自身角色的准确定位,削弱了高职院校教育教学工作的独特性,进而影响到教师发展的方向及高职院校人才培养目标的实现。

(2)建立在单位制度基础之上的高职院校教师管理体制消解了教师职业发展的自主性

新中国成立后,构成我国社会结构的一个独特现象是以单位组织为基本单元的社会现象。这种单位现象的出现,使我国社会长期处于"独特的两极结构:一级是权力高度集中的国家和政府,另一极则是大量相对分散和相对封闭的一个个的单位组织"(李汉林,1993)。高职院校也是一种制度化的单位组织,它依赖于国家(政府),是附属于国家(政府)的一级行政组织,是国家控制和整合社会的基本工具。个人依赖于单位组织,由"单位组织代表个人的利益,满足个人的基本需求,给予个人社会行为的权利、身份和地位,并左右和控制个人的行为"(李汉林,1993),因此,高职教师依赖于高职院校这个单位组织。改革开放后,计划经济体制的改变引发了社会各方面的深刻变革,"单位对国家、个人对单位的依赖性会逐渐地弱化,国家与单位两极构造所形成的中国社会的基本结构会松动和逐渐消逝,但是,这种以单位组织为主导的社会基本结构格局在短时期内还不会彻底改变"(李汉林,2007),故高职院校教师作为高职院校"单位人"所表现出的特征还十分突出,在单位制度环境下构建的高职院校教师管理体制及各项相关教师制度势必深受其影响。在单位制的制度环境下,高职院校对教师进行统一调配、规划和管理(包括任免、调动、职务晋升、分配薪酬等),实行全面的行政控制,不仅在短时间内将高职院校教师这种有限分散的重要人力资源集中在高职院校中,并由国家统一规划和安排,还为高职院校教师提供了必要的基本生活资料。对高职院校教师来说,"单位是他的衣食父母,是生活福利基本的甚至是唯一的来源。不仅工资收入来自单位,而且诸如住房、副食品补贴、退休金、救济金、医疗保障等都来自单位"(揭爱花,2000),可以说,高职院校教师在高职院校这样一个垄断了生活资源和生产资源的单位组织里,只能无可奈何地处于一种依附性的地位。与单位制度相适应的高职院校教师制度也势必会为高职教师构建一个以服从、依赖来以换取安全和保护的职业发展框架,高职院校对教师也由此形成了一种"保护—管控"的人事管理机制。这种管理机制虽然有效地实现了高职院校组织整合师资及通过管控教师来保障组织正常运行,实现组织目标等正向功能,也同时暴露出一些负向功能,如这种管理机制为教师"构筑了一个封闭、狭隘的社会生活空间,形成了单位人千篇一律的生活方式和'等靠要'的依附性人格"(揭爱花,2000),教师也逐渐在这种制度环境下形成一种"百依百顺"的服从意识和平均主义意识形态下所可能引发的"磨洋工"现象,严重削弱了高职院校教师职业发展的自主性、积极性和创新性,最终导致整个教师队伍创造性活力和进取意识的窒息。制度设计可以变革,制度控制可以被消除,制度环境的长期影响对个人所造成的意识、态度、行为等方面的影响却不会瞬即消失。高职院校教师在"保护—管控"管理机制的熏染下,为了获得生活的基本需求和稳定,对高职院校产生的依附性组织认同既是无奈之选择,对于一些教师来说,也不得不说是一种自觉自愿之选择,因为长期的稳定会使他们习惯、依赖于这样的生活方式并使自己深陷其中而不能自拔。因此,即使这种制度控制被消除,高职院校教师对高职院校的这种心理依赖和依附意识也会长期存在而影响到自身的职业发展方向和职业选择。

(3)市场竞争机制的引入给高职院校教师发展注入了压力

哈贝马斯对社会系统层面的管理机制研究中提出,社会系统的运行通过两种机制来实现,即国家和市场。国家是以权力为中介的行政管理系统,市场是以金钱为媒介的经济系统(Habermas,1987)。在中国,国家对高等职业教育的控制始终是最主要的影响因素。20世纪90年代以后,随着改革的深入,市场机制逐渐引入到经济体制改革中,由此带来了社会经济的大发展。作为与社会经济关系极其密切的高等职业教育也在经济体制转型的过程中及高等教育的改革和发展中逐渐兴起并发展起来。这一时期,市场(主要指由行业、企业引导的市场)作为一个不可忽视的重要因素也开始对高等职业教育和高职院校教师的专业发展产生重要影响。市场对高职院校教师的影响主要体现在打破以往单位制度下"大锅饭"模式的竞争机制和管理主义两方面。80年代中期开始,我国高校开始进行人事制度改革,高校管理体制由集权向分权过渡,高校在教师聘任、职称评审、薪酬分配上逐渐行使自主权,单位制度逐渐松动,高校教师聘任制、人事代理等制度开始普遍实行(肖兴安,2012),改变了以往单位制度下的"平均主义"色彩,教师竞聘上岗,择优上岗,极大地激发了教师工作的积极性和主动性,也使教师实行任命制时期"一旦上岗便可一劳永逸"的现象彻底得到改变,激发了教师队伍的活力,为吸收优秀师资奠定了基础。当然,竞争也给高职教师带来了压力和挑战,教师肩负繁重的工作任务的同时还需要不断"充电"和更新知识、提升自我来实现职业发展。另外,市场对高职院校的影响还反映在管理主义模式的引入。管理主义借助于市场拓展等组织手段来监管公共服务。高职院校作为一种公共服务机构,在引入管理主义后,不仅在管理技术方面发生了类似于管理企业的方式来管理学校,也带来了高职教育发展理念和高职教师职业发展方面的变化。教师作为理想教育服务和产品有效的、负责任的提供者而被视为执行国家(政府)或学校制定的行动与计划的技术性实行者。因此,教师在日常工作中花在处理文件、撰写报告的时间比花在备课上的时间还要多,教师制订课程和备课的责任变得越来越不重要,相反,在技术和管理工作上的负担却愈来愈重(卢乃桂、钟亚妮,2006)。管理主义的出现衍生了一系列与传统教师专业发展内涵相矛盾的问题,给教师专业发展和职业规划带来了冲击和困惑。

从改革开放以来到20世纪末期,中国高职院校教师制度是伴随着高等职业教育体系的确立和高等职业教育的恢复和发展而逐渐发展的,然而由于尚处于探索阶段,完善的高职院校教师制度还未建立起来。高职院校教师在依附普通高等院校教师制度的框架下,在还未明确自身定位的基础上又盲目地向以"学术人"为显著身份特征的大学教师看齐,丧失了自身应有的职业特色。此外,在国家全方位的统一管理下,高职院校作为一种"单位组织"对高职院校教师附加了过多的"单位人"色彩,教师完全服从于学校的管控,安逸舒适的制度环境削弱了教师寻求上进、谋求发展的意愿和斗志,使高职院校教师队伍缺乏活力,质量和效率低下。封闭僵化、残缺不全、缺乏竞争和激励机制的高职院校教师制度不利于高职院校教师自身的专业化发展,不符合发展现代高等职业教育的理念和高职院校组织的创新本性。21 世纪的到来,随着高等职业教育进入全面高速发展的时期,高职院校教师制度将必然在实践中不断完善和变革。

三、21 世纪至今高等职业院校教师制度与青年教师职业发展

自 21 世纪以来,确切地说,从 1999 年伴随着我国高等教育扩大招生政策的推行,高等职业教育也进入大发展时期。职业教育逐渐与国民教育体系中的基础教育和高等教育一起,构成了"三足鼎立"的支柱之一。但是"三足鼎立"的职业教育这只"足"与其他两只"足"相比,既是新军,缺乏积淀基础;又是配角,难以独当一面(俞启定、和震,2012)。高等职业教育虽然迎来了发展和改革的大好时机,但尚处于起步阶段,又没有成熟经验可以借鉴,发展道路并非一帆风顺,尤其是高职院校教师队伍整体基础薄弱,各项教师制度还不健全,使高职院校教师的职业探索之路充满困难和挑战。

(一)21 世纪至今各项高职院校教师制度

1. 高职院校教师资格制度

从进入 21 世纪至今,我国关于高职院校教师资格的规范和认定工作基本上仍然依照世纪初教育部颁布的《关于首次认定教师资格工作若干问题的意见》中对教师资格制度的要求和相关实施办法来执行。高职院校教师这一具有自身特色的教师资格类型始终未能在相关政策文件和法律法规中得以体现。高职院校教师发展是高等教育教师发展的重要部分,它理应成为我国高等教育教师发展制度施行的主要对象,但是长期以来,专门的高职院校教师资格认证体系在我国教师资格体系中的空缺造成了与现实情况相悖的逻辑矛盾且削弱了高职院校教师群体专业资格地位的合法性、合理性和专业性(见前文所述),缺乏对这部分教师群体的关照反映了制度设计的缺憾。针对我国教师资格类型认定笼统、认定标准和程序缺乏分类、认定机构设置欠科学等问题,一些研究者从不同角度提出了改革建议。例如建立能够反映高等职业教育本质要求的、独立的高职院校教师资格认定体系;细化资格认定标准,强调实践能力;改革教师资格考试制度,对高职院

校教师的考查要突出综合素质、专业能力、教育教学能力以及实践技能等方面;设置权威机构(如成立高职院校教师资格专家审查委员会),实行对高职院校教师的专门认定;设计单独的高职院校教师资格证书,完善证书管理制度;建立与高职院校教师资格认证体系相匹配的其他相关高职院校教师制度,如高职院校教师职称评定制度、高职院校兼职教师聘用制度以及高职院校教师师资终身培训制度等。学理层面的制度设计分析和对策建议可谓系统、科学、完善,而将美好的理念构想付诸实施还需要实践层面的长期探索、改革和检验。此外,我国高职发展的过程具有一个明显的特点,即政府指令性文件引导,属于外部干预发展型(匡瑛,2006),虽然进入 21 世纪后,高等职业教育发展逐渐转向内部调整的阶段,但长期政策指引所形成的惯性思维且高职自身能动性在短期内的有限性发挥使高职院校各方面的变革依然不能轻易摆脱旧有的发展模式,这也体现在对高职院校教师资格制度构建的探索上。可以说,从政策层面(政府)到学理层面(学术界)再到实践层面(高职院校),我国对于高职院校教师资格制度的构建和完善是以"双师型"教师队伍的建设为突破点和出发点。

如前文所述,20 世纪 90 年代,我国首次提出了构建高职院校"双师型"教师队伍的指导思想。进入 21 世纪以后,一系列文件纲领(见表 5.4)中均传递出"双师型"教师队伍建设的政策导向,无疑,这是对高职院校教师在知识、能力和素质结构等方面所做出的具体任职资格要求,而"政府颁布的各种教育改革政策对教师工作的影响也越来越频繁、直接"(王晓莉、卢乃桂,2009)。"双师型"教师是一个独具中国化特色的、具有强烈教育行政命令色彩的界定职教师资的概念,是"基于中国特定情境下催生的一个颇具'情境性'特征的概念"(孙翠香、卢双盈,2013)。从几十年间国家颁布的相关政策文件中关于"双师型"教师的要求和规定的演变过程可以看出,"双师型"教师政策的目标日益明确化、科学化、多元化,政策内容日益丰富,政策手段日益具体和可操作化。这一系列政策的变迁过程使"双师型"的各项政策日益合理化,也为职教教师提升自身能力、职业院校构建师资队伍、行业企业参与职教师资培养以及国家衡量职教发展水平等多方面提供了科学有效的参照依据。

表 5.4　1999 年以来我国职业教育政策法规中关于"双师型"教师的表述①

法规名称	关于"双师型"教师的表述	实施时间
《关于深化教育改革全面推进素质教育的决定》(中发[1999]9号)	注意吸收企业优秀工程技术和管理人员到职业学校任教,加快建设兼有教师资格和其他专业技术职务的"双师型"教师队伍。	1999 年 6 月
《教育部关于加强高职高专教育人才培养工作的意见》(教高[2000]2 号)	"双师型"(既是教师,又是工程师、会计师等)教师队伍建设是提高高职高专教育教学质量的关键。	2000 年 1 月
《关于开展高职高专教育师资队伍专题调研工作的通知》(教发[2000]3 号)	工科类具有"双师型"素质的专职教师应符合以下两个条件之一:具有两年以上工程实践经历,能指导本专业的各种实践性环节;主持(或主要参与)两项工程项目研究、开发工作,或主持(或主要参与)两项实验室改善项目,有两篇校级以上刊物发表的科技论文。其他科类参照此条件。	2000 年 3 月
《教育部办公厅关于加强高职(高专)院校师资队伍建设的意见》(教高厅[2002]5 号)	各高职(高专)院校一方面要通过支持教师参与产学研结合、专业实践能力培训等措施,提高现有教师队伍的"双师型"素质;另一方面要重视从企事业单位引进既有工作实践经验,又有较扎实理论基础的高级技术人员和管理人员充实教师队伍。学校在职务晋升和提高工资待遇方面,对具有"双师型"素质的教师应予以倾斜。	2002 年 5 月
《2003 - 2007 年教育振兴行动计划》(国发[2004]5 号)	大力加强"双师型"教师队伍建设,鼓励企事业单位专业技术、管理和有特殊技能的人员担任专兼职教师。	2004 年 2 月
《教育部等七部门关于进一步加强职业教育工作的若干意见》(教职成[2004]12 号)	职业院校中专业实践性较强的专业教师,可按照相应的专业技术职务系列条例的规定,再评聘第二个专业技术资格,也可根据有关规定取得相应的职业资格证书,促进"双师型"教师队伍建设。	2004 年 9 月
《关于全面开展高职高专院校人才培养工作水平评估的通知》(教高厅[2004]16 号)中附件一:《高职高专院校人才培养工作水平评估方案(试行)》	双师素质教师是指具有讲师(或以上)教师职称,又具备下列条件之一的专任教师:①有本专业实际工作的中级(或以上)技术职称(含行业特许的资格证书及其专业资格或专业技能考评员资格者);②近五年中有两年以上(可累计计算)在企业第一线本专业实际工作经历或参加教育部组织的教师专业技能培训获得合格证书,能全面指导学生专业实践实训活动;③近五年主持(或主要参与)两项应用技术研究,成果已被企业使用,效益良好;④近五年主持(或主要参加)两项校内实践教学设施建设或提升技术水平的设计安装工作,使用效果良好,在省内同类院校中居先进水平。	2004 年 4 月

①　根据 1999 年至今国家有关职业教育和高职院校教师的相关政策法规、法律文件、报告等资料汇总而成。

续表

法规名称	关于"双师型"教师的表述	实施时间
《国务院关于大力发展职业教育的决定》(国发〔2005〕35号)	加强"双师型"教师队伍建设,职业院校中实践性较强的专业教师,可按照相应专业技术职务试行条例的规定,申请评定第二个专业技术资格,也可根据有关规定申请取得相应的职业资格证书。	2005年10月
《关于全面提高高等职业教育教学质量的若干意见》(教高〔2006〕16号)	逐步建立"双师型"教师资格认证体系,研究制订高等职业院校教师任职标准和准入制度。	2006年11月
《教育部财政部关于实施国家示范性高等职业院校建设计划加快高等职业教育改革与发展的意见》(教高〔2006〕14号)	制定"双师型"教师培养和专兼结合专业教师队伍建设的支持政策与办法,聘请一批精通企业行业工作程序的技术骨干和能工巧匠兼职,促进高水平"双师型"素质与"双师型"结构教师队伍建设。	2006年11月
《高等职业院校人才培养工作评估方案》(教高〔2008〕5号)中附件《高等职业院校人才培养工作评估方案》	双师素质教师是指具有教师资格,又具备下列条件之一的校内专任教师和校内兼职人员:①具有本专业中级(或以上)技术职称及职业资格(含持有行业特许的资格证书及具有专业资格或专业技能考评员资格者),并在近五年主持(或主要参与)过校内实践教学设置建设或提升技术水平的设计安装工作,使用效果好,在省内同类院校中居先进水平;②近五年中有两年以上(可累计计算)在企业第一线本专业实际工作经历,能全面指导学生专业实践实训活动;③近五年主持(或主要参与)过应用技术研究,成果已被企业使用,效益良好。	2008年4月
《国家中长期教育改革和发展规划纲要(2010-2020年)》	以"双师型"教师为重点,加强职业院校教师队伍建设。加大职业院校教师培养培训力度。依托相关高等学校和大中型企业,共建"双师型"教师培养培训基地。完善教师定期到企业实践制度。完善相关人事制度,聘任(聘用)具有实践经验的专业技术人员和高技能人才担任专兼职教师,提高持有专业技术资格证书和职业资格证书教师比例。	2010年7月
《教育部财政部关于进一步推进"国家示范性高等职业院校建设计划"实施工作的通知》(教高〔2010〕8号)	提高专业教师双师素质,与企业联合培养专业教师,3年建设期内,使具有双师素质专业教师比例达到90%;加快双师结构专业教学团队建设,聘任(聘用)一批具有行业影响力的专家作为专业带头人,一批专业人才和能工巧匠作为兼职教师,3年建设期内,使兼职教师承担的专业课学时比例达到50%。	2010年7月

续表

法规名称	关于"双师型"教师的表述	实施时间
《教育部财政部关于确定"国家示范性高等职业院校建设计划"骨干高职院校立项建设单位的通知》(教高函[2010]27号)	建设院校要制定符合学校发展目标的师资队伍建设规划及具体实施方案。要将企业经历和实践锻炼要求纳入专任教师评聘、使用和激励政策,新进教师一般应具有2年以上企业工作经历;3年建设期内,确保专任专业教师的双师素质比例达到90%以上。	2010年7月
《国家高等职业教育发展规划(2010–2015年)》(征求意见稿2010年7月21日)	与企业联合培养专业教师,提高专业教师的双师素质。到2015年,使具有双师素质的专业教师比例由现在的30%增加到80%。	2010年7月
《国务院关于加快发展现代职业教育的决定》(国发[2014]19号)	建设"双师型"教师队伍。完善教师资格标准,实施教师专业标准。健全教师专业技术职务(职称)评聘办法,探索在职业学校设置正高级教师职务(职称)。 　　推进高水平学校和大中型企业共建"双师型"教师培养培训基地。	2014年6月
《高等职业教育创新发展行动计划(2015–2018年)》(教职成[2015]9号)	鼓励高等职业院校制定和执行反映自身发展水平的"双师型"教师标准(不低于2008年《高等职业院校人才培养工作评估方案》规定的标准)。 　　制订体现高等职业教育特点的教师绩效评价标准,绩效工资内部分配向"双师型"教师适当倾斜。	2015年11月
《高等职业院校适应社会需求能力评估暂行办法》(国教督办[2016]3号)中附件《高等职业院校适应社会需求能力评估指标及说明》	"双师型"专任教师是指具有教师资格,又具备下列条件之一的校内专任教师:①具有本专业中级(或以上)技术职称及职业资格(含持有行业特许的资格证书及具有专业资格或专业技能考评员资格者),并在近五年主持(或主要参与)过校内实践教学设施建设或提升技术水平的设计安装工作,使用效果好,在省内同类院校中居先进水平;②近五年中有两年以上(可累计计算)在企业第一线本专业实际工作经历,能全面指导学生专业实践实训活动;③近五年主持(或主要参与)过应用技术研究,成果已被企业使用,效益良好。	2016年3月

2. 高职院校教师培养培训制度

(1)高职院校"双师型"教师培养制度

　　如前文所述,21世纪以后我国对高职院校教师队伍建设的一个重要方面是构建相当比例的"双师型"教师,因此近十多年间高职院校"双师型"教师的培养是高等职业教育发展的重点和关键。按照《教育部办公厅关于加强高职(高专)院校师资队伍建设的意见》的相关规定,我国探索出了培养"双师型"教师的一些途径和方法,主要包括:第一,发掘学校内部教师潜力,创造条件,培养"双师型"教师;第二,从学校外部引进"双师型"教师;第三,通过从社会上引进或聘请兼职教师来保证师资队伍中实践性教师的比例;第四,探索"双师型"教师培养与科研相结合的路子(刘志鹏,2006)。经过数年的努力,高职院校教师队伍中"双师型"教师的比例有所上升,到2008年,高职院校中"双师型"教师所占比例提高到29.84%,到2014年,这一比例又上升至38.27%。然而这一比例具体国家政策文件中规定的80%(国家示范性高职院校"双师型"教师的目标比例为90%)的比例还相差甚远。有研究者提出了构建和完善"双师型"教师的培养模式,主要有四种类型:第一,院校与基地模式,即以职业技术师范学院为主,同时辅之以职教师资培训基地的模式以提高高职教师的综合素质;第二,校企合作模式,实现校企共同制订"双师型"教师培养方案,共同开发课程,共同组织科技生产攻关,共同组织生产性实习等,鼓励专业教师到企业定岗和企业技术人员到高职院校任兼职教师;第三,校本培训模式,充分发挥高职院校自身的主导性和主动性,对教师的培养和培训遵循一种自行策划、组织、实施和考核的依托本校资源、关照本校教师特点的独特模式;第四,自我生成模式,激发高职院校教师的内在需要和自我提升意识,发挥教师的主观能动性,调动教师的自我发展(雷呈勇,2009)。为完成"十三五"规划对高职院校"双师型"教师数量、质量、内涵等全方位的既定目标,继续完善高职院校"双师型"教师培养方式,构建系统的高职院校"双师型"教师培养制度的任务仍然十分艰巨。

(2)高职院校教师培训制度

教师培训制度一般是指教师的在职培训、职后培训和继续教育等的相关制度设计。在我国,对高职院校教师的在职培训、职后培训和继续教育等概念未做明确区分,三个词的定义类似。从广义上讲,它们是指对已经在岗的高职院校教师进行的再教育,既包括对已经在岗工作,但尚不符合教师资格要求的高职院校教师进行的学历补偿教育(达标教育),也包括对已经取得教师资格的教师进行的再教育,目的在于帮助高职院校教师提高专业技术能力、更新知识结构、拓宽知识面、加深知识水平等。从狭义上讲,高职院校教师的培训是指对已经取得教师资格证书,并经过岗位培训,能基本适应岗位要求的高职院校教师进行的旨在更新知识结构、拓宽知识面、加深知识水平,提高专业技术能力的再教育(周建松、唐林伟,2012)。无论基于哪个层面的理解,我国自21世纪以来伴随着高等职业教育的飞速发展,也十分重视对高职院校教师培训体系的构建,尤其是注重借鉴职业教育发达国家的成功经验。2003 年 11 月 19 日,教育部和德国继续教育与发展协会共同出资合作签署了"中德职教师资进修项目",计划 3 年内在德国的现代企业和优秀培训机构中,为我国培养数控技术应用、机电技术应用等 6 个专业的 900 名教师(杨金土,2011)。2006 年 8 月 25 日,教育部向联合国教科文组织职业教育国际中心申请启动"中国高等职业教育联合革新计划——高职教师教育与培训"项目,旨在更好地借鉴国外高等职业教育师资建设的先进经验,加强高职师资对外交流(杨金土,2011)。除了加强国际合作培养师资外,立足于本国的高职院校教师培养也从多方面展开,主要体现在全国各地区高职院校教育师资培训基地的建设①、国家高职高专师资培训基地的建设②、国家示范性高职院校建设计划的实施③、国培项目和联盟培训项目的实施④,以及关于提高高职院校教师实践教学能力的各种政策文件⑤的出台等。多年来,我国持续利用多种资源,开发多条途径,借助多种方式

---

① 1999 年,教育部高教司下发《关于同意上海市筹建全国高职高专教育师资培训基地(华东地区)的批复》,开始在建设华东地区高职教育师资培训基地,由同济大学、上海第二工业大学和上海商业职业技术学院 3 所院校组成;2000 年 11 月,教育部高教司下发《关于批准成立全国高职高专教育师资培训基地(天津)的通知》,决定在天津成立职教师资培训基地,由天津大学、南开大学、天津工业大学、天津财经大学、天津职业技术师范学院、天津中德职业技术学院 6 所基地院校组成;2002 年以后,全国各地区开始陆续建立高职高专教育师资培训基地,极大地推动了高职教师培训工作的开展。

② 2002 年 12 月 10 日,教育部印发《关于确定第一批国家高职高专精品专业建设项目和国家高职高专学生实训(师资培训)基地建设项目的通知》,批准成都电子机械高等专科学校机电技术实训基地等 12 个基地为国家高职高专学生实训(师资培训)基地建设项目。这种依托高职院校建设的职教基地,既是学生实训的基地,也是培养教师实践技能的基地,发挥了教育学生和培养教师的双重功效。

③ 2006 年 11 月 3 日,教育部和财政部联合印发《关于实施国家示范性高等职业院校建设计划 加快高等职业教育改革与发展的意见》,决定在"十一五"期间支持百所高职院校实施为期 3 年的国家示范性高职院校建设计划。这一计划的实施取得了多方面的成效,其中,在培养和引进高素质"双师型"专业带头人和骨干教师,聘请企业行业技术骨干和能工巧匠,建立专兼结合的专业教师队伍等方面取得明显成效。

④ 2011 年,教育部和财政部联合实施了"职业院校教师素质提升计划",即国培项目。计划在 2011-2015 年间,由教育部和财政部组织中等和高等职业学校专业骨干教师各 5 万人参加国家级培训,组织 45 万名职业院校专业骨干教师参加培训,其中中央财政重点支持培训 10 万名,省级培训 35 万名,以此提高教师的教育教学水平特别是实践教学和课程设计开发能力。为配合国培项目的开展,全国高职高专教育教师培训联盟(2009 年 7 月 8 日成立)也定期开展联盟培训,以推动我国高职高专教育教师培训工作的改革和发展。

⑤ 2016 年 5 月,教育部等七部门关于印发《职业学校教师企业实践规定》的通知(教师[2016]3 号)中指出,进一步加强职业学校"双师型"教师队伍建设,组织教师定期到企业实践,以此促进教师的专业发展,提升教师的实践教学水平。

来开展高职院校教师的培训工作,为提高高职院校教师的专业化水平和实践技能发挥了重要作用。

3. 高职院校教师职称评审制度

从总体上来看,我国高职院校教师的职称(职务)评审标准在很大层面上是"套用"普通高校(指综合性大学)教师的职称(职务)评审标准(俞启定、王为民,2013),即国务院在 1986 年颁布的《高等学校教师职务试行条例》(职改字[1986]第 11 号)(见表 5.5 所示)。该条例中第六章第二十三条规定,"本条例适用于普通高等学校。原则上也适用于其他类型的高等学校,其实施办法另订"①。大多数高职院校基本上遵循这一评审标准来考核教师的职称等级,但是这个原本针对普通高校教师的评审标准"在一定程度上异化了高职教师的专业发展路向,而且成为高职院校内涵建设的隐形阻力"(俞启定、王为民,2013)。主要表现在评价导向上格外注重对教师科研能力的考核,以"专业学术论文"发表的数量、级别作为职称晋升的首要必备条件;偏重对理论教学而非实践教学的评价;特别注重教师学历的提高,一定程度上使教师忽视了实践技能的学习和指导学生实习实训的能力提升等方面。如此种种对高职院校教师的专业化发展极其不利。

近年来,各省份纷纷出台了专门针对高职院校教师的职称评审方案,可谓是具体到院校层面的具备可操作性的评价标准,但由于国家尚未在实践层面出台统一专项的高职院校教师任职条件标准,故各省之间甚至是各高职院校之间的具体操作方案差异甚大。有研究者通过比较分析多个省份的职称文件发现以下一些问题:第一,评价标准中高职职业性特色突显,强调对高职院校教师实践动手能力和技术应用能力的考核,如设置参与产学研合作、指导学生参与职业技能竞赛、专业技能竞赛中获奖、参与行业技术标准、技术规范、发展规划的制定工作等方面的指标,但部分指标与本科趋同,有本科评审条件的简化倾向且过于注重对实践教学的绩效评价,忽视了对教师实践教学任务的要求和实践教学定期培训的开展;第二,任职条件中关于教学和科研的评价标准差异较大,缺乏相对统一的职务标准;第三,随着高职院校内部治理结构的完善,院校个体的职称评审自主权正不断扩大,在评审标准拟定、评价程序实施、人员聘任和制度设计方面的话语权增强,但是这也会造成高职院校内部教师队伍分层、分型化的发展趋势,导致教学和科研、理论教学和实践教学、育人和服务职能的分离,矮化教学职能,强化科研职能,对高职院校的长远发展起到负面作用(雷家彬,2016)。因此,如何优化配置高职

---

① 中央职称改革工作领导小组. 高等学校教师职务试行条例. 2015 - 6.

院校教师职称评审权力,建立完善有效的高职院校教师职称评审制度还有待政府、高职院校、高职院校教师以及理论界做出多方面的思考和努力。

表5.5　高等学校教师任职条件(1986年)①

职称		任职条件
助教	符合以下要求且具备右边条件之一:高等学校教师应拥护中国共产党的领导,热爱社会主义祖国,努力学习马克思主义和党的路线、方针、政策,有良好的	1. 获得学士学位;或在工作实践中学习提高经考试或考查,确认达到学士学位水平,经过一年以上见习试用,表明能胜任和履行助教职责 2. 获得硕士学位或研究生班毕业证书或第二学士学位证书,经考察,表明能胜任和履行助教职责
讲师		1. 在担任四年或四年以上助教职务工作期间,已取得高等学校助教进修班结业证书;或确认已掌握硕士研究生主要课程内容,具有本专业必需的知识与技能和从事科学技术工作的能力,能顺利地阅读本专业的外文书籍,经考察,表明能胜任和履行讲师职责
讲师	职业道德,遵守法纪,能为人师表,教书育人,能全面地、熟练地履行职务职责,积极承担工作任务,学风端正	2. 获得研究生班毕业证书或第二学士学位证书且已承担两年或两年以上助教职务工作,具有本专业必需的知识与技能和从事科学技术工作的能力,经考察,表明能胜任和履行讲师职责 3. 获得硕士学位且已承担两年左右助教职务工作,或获得博士学位,经考察,表明能胜任和履行讲师职责
副教授		承担五年以上讲师职务工作;或获得博士学位且已承担两年以上讲师职务工作,经考察,表明能胜任和履行副教授职责,并具备下列条件: 1. 对本门学科具有系统而坚实的理论基础和比较丰富的实践经验,能及时掌握本门学科发展前沿的状况,并熟练地掌握一门外国语 2. 教学成绩显著,能较好地对学生进行启发式教学,培养其分析问题或解决问题的能力 3. 发表过有一定水平的科学论文或出版过有价值的著作、教科书;或在教学研究方面有较高造诣;或在实验及其他科学技术工作方面有较大的贡献
教授		承担五年以上副教授职务工作,经考察,表明能胜任和履行教授职责,并具备下列条件: 1. 教学成绩卓著 2. 发表、出版过有创见性的科学论文、著作或教科书,或有重大的创造发明 3. 在教学管理或科学研究管理方面具有组织领导能力

4. 高职院校教师薪酬制度

2006年6月15日,国家人事部和财政部发布了《事业单位工作人员收入分配

① 由于我国关于高等院校教师的职务评审规定一直沿用1986年颁布的《高等学校教师职务试行条例》,因此进入21世纪至今,该项条例仍然在现实中发挥重要作用。

制度改革方案》,决定开始实行岗位绩效工资制度,高校开始进入第三次工资改革①。岗位绩效工资制度贯彻按劳分配与按生产要素分配相结合的原则,以岗定薪,岗变薪变。岗位绩效工资由岗位工资、薪级工资、绩效工资和津贴补贴四部分构成,其中岗位工资和薪级工资属于基本工资。② 2010 年 1 月起,高职院校开始全面实施岗位绩效工资制度。这次工资制度的实施使高职教师的工资结构更加清晰,为高职教师薪酬制度改革的深入进行提供了政策导向,对吸引和鼓励优秀教师长期和终身从事职业教育工作具有重大意义。但是,在实际操作层面,由于各个高职院校制定的具体教师绩效工资实施策略各不相同,广大高职院校教师对实施绩效工资制度的认识还存在很大争议。一些高职院校教师认为国家制定的教师绩效工资政策初衷良好,但是高职院校自身所制定的实施办法未能充分体现岗位绩效,采取绩效考核方式还存在可靠性和公正性以及有效激励等方面的缺陷,因此无法达到规范分配秩序、理顺分配关系的改革目的(王伟哲,2014)。这些问题还有待高职院校教师工资制度的进一步深化改革和完善予以解决。

(二)21 世纪至今高职院校教师制度改革对青年教师职业发展的影响

自进入 21 世纪以来,为了推动高等职业教育事业的发展,我国出台了一系列针对高等职业教育改革的政策文件,其中关于高职院校教师的各项制度建设和改革措施对高职院校教师职业发展产生了深远影响,尤其是在高职院校专任教师总人数中占比达到 60%的青年教师群体。国家层面的政策变迁引发的制度改革和学校内部调整给高职院校青年教师的职业发展提供了清晰的提升之路,但同时在制度规约之下寻求职业发展道路的青年教师也会在综合衡量制度环境和自身实际的基础上,做出个性化的自主选择。高职院校教师制度的变迁全方位地影响着青年教师的职业发展历程,而青年教师自身的职业理想、价值观和行为取向又无时无刻不在形塑着一条联结过去、现在和未来的职业发展之路。然而,由于高职院校的各项教师制度建设还不够完善、全面,因此这里在阐述高职院校教师制度与青年教师职业发展影响之时,仅选取已经建立和实施,且对青年教师职业发展产生较大影响的"双师型"教师制度、职称评审制度和薪酬制度来论述。

---

① 改革开放后,我国一共进行了三次全国性的工资制度改革。第一次是 1985 年实行的结构工资制度;第二次是 1993 年开展的事业单位工资制度与国家机关脱钩的改革,由此高校开始全面实施专业技术职务等级工资制(具体内容见第四章第二节);第三次是 21 世纪至今实行的岗位绩效工资制度。

② 人事部财政部.关于印发事业单位工作人员收入分配制度改革方案的通知.2006.

1.“双师型”教师制度不完善引发高职院校青年教师职业倦怠

自 20 世纪 90 年代我国提出构建“双师型”职教师资队伍以来，关于“双师型”教师政策都融汇在其他职业教育的政策中，而专门针对“双师型”教师的政策法规和制度安排尚未出台。这使我国高职院校“双师型”教师发展和队伍建设的实践中长期存在师资标准认定混乱、认识不统一，倾向于强调“双师型”教师的数量增加而忽视对双师素质的内涵界定和解释。高职院校“双师型”教师队伍的构建更多地停留在口号层面及对高职院校管理成效的表层化考核上。同时，“双师型”教师管理制度及相关配套制度的缺失，如“双师型”教师的资格认证制度、职称评审制度、聘用制度、薪酬制度、考核评价制度等的缺少，造成了高职院校教师管理上的混乱。理论界和高职院校对“双师型”教师概念理解的偏差也使很多青年教师或深感无所适从或疲于应付各种政策规定，对其职业发展极为不利。

从理论界对“双师型”概念的理解上看，虽然对于其内容的具体表述存在略微差异(见表 5.4 所示)，但基本上都特别强调教师对相关专业实践技能和经验的掌握，尤其是取得各类职业技能证书。这对于大多数的高职院校青年教师来说可谓是不小的挑战。由于目前我国高职院校专任教师大多来自各类非师范院校和普通高校的应届毕业生，他们过去接受的大学本科教育是以专业理论学习为主，大多缺乏与行业企业一线联系密切的专业实践经验和技能，“双师型”教师的目标对他们来说要求高、难度大。有研究者调研发现，只有近 40% 的被调查教师认为“双师型”教师的专业技能要达到四级工以上的水平，其余均在三级工及以下。[1] 因此，在面临相当大的挑战时，高职院校青年教师急需实践动手能力的培养。一定程度上，实践能力最直接、最外显的表征是各类职业技能证书的获取。不少青年教师以此作为取得“双师型”教师认证的敲门砖，积极准备，努力考取相关专业的技能证书成为他们职业发展道路上必须要攻克的首要难题。

仅仅实现职业技能证书的获得是远远不够的，教师还需要将其专业技能灵活地运用于实践中，能够指导学生顺利开展实践和实训，且能够随时将行业企业一线的最新生产技术引入实践教学。这又对青年教师提出了第二个挑战，即保证一定时间的企业实践和培训。随着我国高校扩招，高职院校在校生规模日益增加，到 2016 年，高职院校在校生数达到 1082.9 万[2]。由于教师编制紧缺，高职院校教

---

[1]　贺文瑾. 职教教师教育的反思与建构——基于专业化取向的研究. 华东师范大学 2007 年博士学位论文.

[2]　统计局. 中国统计年鉴 2017.

师数量缺口大,大多数高职院校生师比都超过了 20：1,相当多的学校还超过了
30：1。① 近年来,随着高等职业教育的发展,高职院校专任教师数量增至 46.69 万
人,生师比大大降低,到 2016 年,高职院校生师比达到 17.73：1,②已基本接近《高
职高专院校人才培养工作水平评估方案(试行)》(以下简称《方案》)中所规定
的≤16：1 的标准。但是,高职专任教师的教学任务仍然十分繁重,很多青年教师
刚走上讲台不久,在还未很好地适应高职院校教学工作的情况下,每周课时量大
多都超过 20 节(学时)(强晓华、王守恒,2010),这远远超过了《方案》中对优秀高
职院校的认定标准之一:50% 的专任教师周学时≤12。因此,高职院校教师大多
忙于完成超负荷的教学任务,很少有时间去企业实践和培训,加之高职院校培训
经费不足以及校企合作不深入等问题,都使教师去企业实践成了一种只有极个别
教师才能够"享受"的且极其"奢侈"的活动。长时期得不到实践技能的培养和训
练,教师的教学知识、实践技能得不到更新和提升,"双师型"素质便会随时间推移
而退化,"双师型"的称谓也就名存实亡了。对于能够接受"双师型"教师培训的
教师来说,他们接受的培训大多是短期集中培训的形式,长期性、持续性的培训和
学习无法落到实处,尤其对于骨干教师来说,离岗时间较长的脱产研修项目几乎
无法深入开展。由于教师人员众多,经费有限,国家级的培训项目往往无法实现
全面覆盖,而个别学科指标数大于学科教师总数,又会出现重复培训的现象。至
于培训内容,不少教师反映仍然存在"按需施训"落实不充分,偏重理论性内容的
集中讲授,缺乏培训课程理应具有的职业性、实践性和情境性特征,使培训流于形
式,成效甚微。

此外,我国对于"双师型"教师的界定,"在思维趋向上过分专注于教师个体,
即将理论与实践的重担一并压在了教师这一个体身上"(汪亚明、谢征,2011),这
难免使教师在理论和实践的两条道路上疲于奔命。这可以看作是对青年教师的
第三个挑战。为了满足高职院校对"双师型"教师的要求,青年教师不得不使自己
变成既懂理论又擅长实践的通才型教师。不少高职院校倡导"理实一体化"的教
学模式,并以此来要求教师的教学实践。如果姑且不论理论与实践是否能够一体
化的问题,这种统一标准的背后逻辑实则是对教师差异性的忽视。教师个体由于
各自不同的教育经历、专业背景、知识和能力结构、兴趣以及个性心理特征等,在

---

① 贺文瑾. 职教教师教育的反思与建构——基于专业化取向的研究. 华东师范大学 2007
　年博士学位论文.
② 中华人民共和国教育部. 2016 年全国教育事业发展统计公报. 2017 - 7 - 10.

教学活动中必定会有差异性极大的表现:有的擅长理论教学和研究,有的熟练掌握实践操作技能,有的则兼顾理论知识和实践技能。因此,不能一概而论,理应在对教师的培养和职业发展上体现出区别化、个性化的管理方式。

由于对"双师型"教师概念的理解不同和相关制度设计的缺失,高职院校青年教师在探索自身职业发展道路的过程中,不免紧随变化中的国家政策和所在院校的具体规定来要求自己。政策和规定一旦有任何风吹草动,教师便必须紧随其后调整发展方向,否则便会被体制淘汰。可悲的是,这种不稳定的政策导向成了教师职业发展的杠杆,其频繁变化势必不利于教师专业能力的持久提升,而如若教师长期处于这种"摸着石头过河"的探索状态也势必滋生倦怠和"破罐破摔"的极端相反的恶劣后果,不利于教师形成稳定的教育价值观和职业发展道路,随之也会导致职业认同感和满意度的缺失。

2.高职院校教师评价制度的缺陷引发高职院校青年教师职业失范行为

人才评价机制是为实现人才评价功能、推进人才战略、发挥人才价值的各评价要素及其持续联动的运行系统(萧鸣政,2009)。在这一评价系统中,人才评价制度是重要的评价依据。在高职院校,教师评价机制系统的有效运行很大程度上要依靠科学完善的评价制度。对高职院校教师评价制度概念的界定有多种观点、多重视角,目前尚无统一定义。本研究将高职院校教师的评价制度主要聚焦于教师的职称评审制度和薪酬制度。这是因为对高职院校教师的职业发展来说,职称晋升和薪酬涨幅不仅是教师自身最关心的问题,也是高职院校衡量和评价教师专业能力的重要依据,可谓是高职院校教师职业发展的命脉。

如前文所述,目前我国高职院校教师的职称评审制度仍然延续普通高校教师的评审标准,虽然各高职院校也制定了自己的评审办法,但依然没有摆脱学术化导向的思维惯性和数量化考核的评价标准。这既是对高职院校教师职业特殊性的忽视,也在相当程度上误导并"纵容"了教师追求学术论文发表和课题项目申请数量的这一偏离教师职业专业化本质的行径。世界职业教育领域有这样一个共识,即高职院校教师有不同于普通高校教师的岗位特殊性。故对其进行绩效考核的时候有些指标无法量化到具体的数值,例如不能简单地将高职院校教师发表学术理论性较强的论文和完成课题的数量作为衡量其专业理论知识的依据,即使对于高校教师来说,也不能单一地将论文数量作为评价其学术水平的标准,因为这其中不仅涉及教师个人专业能力的高低、学术资源和学术权力占有的多寡以及期刊发表市场运作逻辑的科学性、权威性、公正性等问题。目前的绩效工资制度隐含了对高职院校"双师型"教师考核的不合理性,例如我国大多数高职院校在认定

"双师型"教师时,往往会看重教师指导学生参加技能竞赛的获奖情况以及教师个人的参赛情况,这虽然在一定程度上反映教师的专业操作技能和水平,但是对于那些无法通过技能参赛获奖来证明自己实力的教师,则不免会误入"教师利用非正常手段的付出来换取相同结果"的歧途。因此,部分高职院校教师产生了急功近利心理,甚至有一些教师通过买文凭来达到职称晋升中的学历要求,通过买技能证书、找人替考等来达到"双师型"教师的评审要求。

我国的高等职业教育发展时间短,经验少,经费有限,高职院校教师的待遇较差。《中华人民共和国教师法》中规定我国教师的平均工资水平应当不低于或者高于国家公务员的平均工资水平,并逐步提高,且教育系统的平均工资要居于社会行业中等偏上水平①,但是这一目标至今仍未实现。对于一些短时间内无法通过职称晋升或科研成果积累来提升工资的高职院校教师来说,去校外从事与教育相关或不相关的兼职工作,则成了最快速增加收入的方法。这不由得使教师分散了部分精力去应付校外工作,即使是最能够良好地平衡专、兼职工作任务的教师来说,繁重的校内教学任务加上额外的兼职工作也是对他们身体、精力、时间等方面提出的巨大挑战,一些教师常常疲于奔走在各个职业领域之间,不免为之付出了透支健康的代价。也有一些教师因此无法专注于校内工作任务,马虎备课、敷衍教学等失范现象频发。长此以往,必然会对高等职业教育的整体质量、教师自身专业能力和职业发展造成负面效应。

在我国,由于现代意义上的、体系化的高等职业教育发展起步较晚,使高职院校从建设之初便由于缺乏深厚的历史积淀和文化传统而在管理体制方面表现出与普通高校非常不同的典型特征。如果说大学"走出象牙塔"后,经历了从"学者治理"向"科层管理"治理方式的重心转移,那么高职院校一开始便是从"高等教育扩张"和"市场经济体制在教育领域中渗透"的土壤中萌生出来的。因此,一定程度上可以说,行政化的科层体制是伴随着高职院校的产生而开始占据重要的一席之地。甚至在高等职业教育规模日益扩张、政府财政投入还十分不足的今天,高职院校本身应体现的"满足市场需求"的办学本质,都使高职院校与社会的关系愈来愈密切,高职院校面向市场需要的程度也愈发加深,这一切均使行政权力在高职院校组织中的地位凌驾于专业权力之上。如果说今天在大学中,学者的自治权利和学术自由的传统还可以使学术权力保有一定的生存空间的话,那么,在高职院校中,行政权力和学术权力的二元控制系统根本就无法并存。两者像是处于

---

① 中共中央国务院. 中国教育改革和发展纲要. 1993.

天平两端但是却因砝码重量差距悬殊而总是呈现一种"一头高一头低"的严重失衡状态。在这样的组织环境下,高职院校教师攀爬行政等级阶梯进而获取权力资本、经济资本和学术资源,既可以在本校中得到相当的地位和威望也可以在专业领域中赢得相当的尊重和追捧。一些本来不是从事管理工作的教师在权力的巨大诱惑之下,毅然选择"当领导"的职业发展道路,甚至有些教师不惜放弃自己多年积累的专业资本和职业兴趣,无奈走向竞争激烈的科层体系中,有时甚至需要在错综复杂的非正式权力结构中挣扎着生存。这种非正式权力结构可以表现为领导与积极分子之间所构成的一种庇护关系网络,也可以是某些利益关系团体所形成的派系结构。在高职院校中,由于教师所能获取的资源和职业发展空间有限,资源分配制度和人才考核标准还尚不完善合理,这为非正式权力留下很大的运作空间。一些教师为获得职务晋升这种稀缺资源,不得不精心编织人际关系网,谋划晋升策略,有时甚至不惜牺牲他人利益获取自身发展,更甚之,还会引发生活腐化、道德败坏、人格沦丧等失范行为。

第六章

高等职业院校教师制度与青年教师职业发展
——以天津市为例

    高职院校教师制度是高职院校教师职业发展中最具直接影响力的、重要的外在因素。作为一种较为稳定的行为规范体系,教师制度为教师个人的职业发展设置了可预期的界限,减少了不确定性因素,这种对制度的理论性和整体性认识可以看作是深入解析高职院校教师职业发展路径的一个切入点。然而仅有宏观的、静态的制度分析是远远不够的,一定的制度总会在特定的时间、空间的交互作用下发生变化,即使是同样的制度在不同的时空下也会在其内容、形式、功能等方面呈现种种差异。前文主要从国别比较和历史分析的宏观视角阐述高职院校教师制度与高职院校青年教师职业发展的关系,本部分则将研究视角聚焦于微观层面,通过实证研究方法,对当下具体的高职院校教师制度及其规约下的青年教师职业发展问题展开近距离观察和剖析。

    本章以天津市部分高职院校青年教师为研究对象,通过考察当前高职院校教师制度变革对于青年教师职业发展所产生的现实影响。就研究方法而言,本章借鉴已有相关文献资料中偏重量化研究方法的研究数据和结论,并结合笔者对天津市部分高职院校青年教师进行的以深度访谈为主的质性研究方法所收集的资料,综合分析和阐释高职院校青年教师的职业发展现状和存在的问题,并深入分析产生问题的原因,试图找出青年教师职业发展的规律和可行的提升路径。虽然区域性的研究结论不具有普遍性,但基于现实情况的具体考察对于从局部经验中生成理论、在局部经验中验证理论乃至修正理论都具有重要意义。因此,本研究期望通过对部分高职院校青年教师职业发展所做的具体深入的、个性化的详细分析,能够为明晰高职院校教师制度与教师职业发展之间的关系提供有价值的支持,为探析高职院校青年教师职业发展路径提供理论支撑和实践经验。

一、天津市高等职业院校教师制度分析

（一）天津市高职院校教师资格制度

天津市高职院校对教师的资格认定基本上依照 1995 年国务院发布的《教师资格条例》和 2000 年教育部发布的《<教师资格条例 >实施办法》的相关规定,高职院校教师归属于高等学校教师资格的范畴。按照国家实行的教师资格制度,"中国公民凡遵守宪法和法律,热爱教育事业,具有良好的思想品德,具备《中华人民共和国教师法》规定的学历或经国家教师资格考试合格,有教育教学能力,经认定合格的,可以取得教师资格。"其中,要"取得高等学校教师资格,应当具备研究生或大学本科毕业学历";"有教育教学能力"要满足三方面要求:1. 具备承担教育教学工作所必需的基本素质和能力,具体测试办法和标准由省级教育行政部门制定;2. 普通话水平达到国家语言文字工作委员会颁布的《普通话水平测试等级标准》二级乙等以上标准;3. 具有良好的身体素质和心理素质,无传染性疾病,无精神病史,适应教育教学工作的需要,在教师资格认定机构指定的县级以上医院体检合格。① 符合以上条件后,高职院校教师要获得资格认证需要参加高等学校教师资格考试,"学有专长,并有两名相关专业的教授或副教授推荐"②,经考试合格后,依照相关规定申请方可认定其教师资格。教师资格证书由国务院教育行政部门统一印制和颁发,并在全国范围内适用。

此外,天津市于 2007 年公布实施的《天津市职业教育条例》中还对高职院校聘任教师做出了一些具体的资格要求:"职业学校和职业培训机构的教师应当依法取得相应的教师资格。从事专业课教学的教师可以同时评聘教师职务和其他专业技术职务,可以取得相应的职业资格证书。职业学校和职业培训机构根据职业教育的特点,依法自主聘用教师。职业学校和职业培训机构对开设的职业技能培训课程,可聘请相应专业技术人员、高级及其以上技术工人和有特殊技能的人员担任兼职教师。"③

具体到各个高职院校,在认定教师资格和聘任教师时虽然会结合各院校自身

---

① 教育部. 教师资格条例. 2000 - 9 - 23.
② 中华人民共和国国务院. 教师资格条例. 1995 - 12 - 12.
③ 天津市人民代表大会常务委员会. 天津市职业教育条例. 2007 - 5 - 23.

的情况灵活操作,但是基本上可以肯定的是,天津市各高职院校所实施的教师资格制度大体上是依据国家对于高等学校教师资格的认定标准、要求、程序及管理办法等相关规定。

(二)天津市高职院校教师培养培训制度

天津市高职院校教师的培养主要依托职业技术师范大学和普通高等师范院校。高职院校专任教师主要是这两类院校以及普通高校的毕业生,还有部分教师是高职院校本校的优秀毕业生留校任教。可以说,高职院校教师基本上是接受过高等教育"科班出身"的优秀人才,但是由于大部分教师长期接受学校系统的学科化、专业化性质较强的培养方式,其动手实践能力较为薄弱,因此,大部分教师进入高职院校后,基本上均需接受长期持续的在职或在岗培训来强化其实践技能并逐渐从新手教师成长为专家型教师。各高职院校除了组织教师参加国培计划、联盟培训等国家级的专业骨干教师研修班以外,还不定期地组织教师参加市级、校级培训活动,并鼓励教师提高学历,攻读学位,为教师提供出国进修、交流及参加国内外学术会议、学术活动等多种培训机会。此外,天津市有不少高职院校①本身即是国家级培训项目任务的承担机构,这一得天独厚的优势使高职院校在师资培训方面更加得心应手,既能够很好地进行内部教师培训也能够在培训国内其他高职院校教师及提供社会服务等方面发挥自身优势资源,实现资源共享和校际间的交流合作。

(三)天津市高职院校教师职称评审制度

天津市对高职院校教师职务(职称)的评审从 2001 年起的 14 年间一直依据《天津市成人高等学校教师职务评审条件(试行)》(津人专[2001]37 号)的相关

---

① 2014 年教育部办公厅下发的《关于下达职业院校教师素质提高计划 2014 年度项目任务的通知》(教师厅函[2014]12 号)中,天津市部分高职院校作为培训机构承担了国内部分专业骨干教师的国家级培训项目任务。例如,天津职业大学负责应用化工技术专业、酒店管理专业和包装技术与设计专业等高职教师的国家级培训任务;天津交通职业学院负责物流管理专业和汽车检测与维修技术专业骨干教师的培训任务;天津医学高等专科学校承担了国内医学影像技术专业、医疗美容技术专业以及康复治疗技术专业骨干教师的国家级培训项目。此外,国家还实施了职教师资培养培训专业点建设项目,每个重点建设的专业点由中央财政给予 200 万元的建设支持。其中,天津中德职业技术学院作为电器运行与控制和汽车电子技术应用专业的职教师资培养培训专业点被列入项目建设方案当中。

规定,直到 2015 年,天津市人力资源和社会保障局对 2001 年版的评审条件进行了修订,并于 8 月 11 日发布了《天津市高等职业院校教师职务评审标准》(津人社局发[2015]61 号),此后,高职院校教师的职务(职称)评审均依照此文件施行,这使高职院校对教师的评聘和绩效考核有了重要的参考依据,也为教师的专业化发展起到重要的引导作用。新修订的高职院校教师职务评审标准在总体上体现了两方面需求:1. 国家职业教育人才培养的需求,体现职业教育为经济建设服务的导向;2. 职业院校教师专业化发展的需求,体现"双师型"职教师资的特点及强化实践能力为主的技能型人才培养导向。在具体的实施层面上,评审标准要求遵循与时俱进、坚持标准、兼顾特点及只增不减等原则(黄萍,2016),充分体现出评审标准在针对性、实效性和人性化等方面所做出的变革。

从具体内容上看,新修订的高职院校教师评审标准具有以下一些突出特点:第一,新增了教授职务的申报条件,对于符合评审标准规定的学历和资历条件以及业务条件的教师均可以申报教授职务。教师职务等级的完善和提升一定程度上体现出对高职教师队伍建设专业化水平提出的高要求以及职教教师区别于普通高校教师的职业特征,例如特别强调对教师坚持校企合作、工学结合的人才培养模式、完成企业生产和服务一线的专业实践和社会实践、指导学生参加课外科技和创新创业活动以及研制、开发和推广新技术、新工艺、新产品等方面的实践能力的考核;第二,国家、天津市、其他省市以及学校层面的相关文件作为高职教师职务评审制度的指导思想全面贯穿在各职务等级(助教、副教授、教授)评审条件的修订过程中。其中关于教师业务条件的修订主要体现在对校企合作、工学结合教学模式的强调;提倡教师积极开展项目教学、案例教学、工作过程导向教学等多种教学模式;鼓励推广实施教师团队教学和学生合作学习方式;完善教师培训制度,特别是加强现代信息技术应用能力的培训并将其作为教师评聘考核的重要标准;增加教师对学生职业技能竞赛指导并获奖能力的认可;重视教师参与企业和社会实践活动,并要求教师承担一定的学生管理工作等方面。新修订的评审标准还对教师的业绩成果和论文著作的具体数量和要求、成果奖励及参与科研、教研教改项目的级别等方面均做出了详细的标准界定。具体、细化、可操作性强的评审标准对高职院校教师制定自身的职业发展道路,提升自身的专业化水平起到很好的支撑作用。

(四)天津市高职院校教师考核制度

天津市对高职院校教师的考核从法律层面上是依据《中华人民共和国教师

法》第 22 条以及《中华人民共和国高等教育法》第 51 条的相关规定,即学校或其他教育机构负责对教师进行考核,教育行政部门对教师的考核工作进行指导和监督,考核内容涵盖教师的思想政治表现、职业道德、业务水平和工作实绩等方面,考核遵循客观、公正、准确的原则,充分听取教师本人、其他教师以及学生的意见,考核结果作为聘任或者解聘、晋升工资、实施奖惩的依据。① 在院校层面上,各高职院校对教师普遍实行绩效考核制度。绩效考核(Performance Appraisal)作为我国高等院校人事制度改革的一项重要组成部分,很大程度上是沿用企业通用的绩效考核方法,即通过"收集、分析、考核和传递有关某一个人在其工作岗位上的工作行为表现和工作结果方面的信息情况,对员工担任职务职责的履行程度和担任更高一级职务的潜力进行有组织的并且是尽可能客观地评估和评价的过程"(张文贤,2006)。企业和学校有着本质属性上的不同,企业管理员工与学校管理教师虽然有相似处,但也存在很大差异。一些高职院校在实施绩效考核制度的时候并非完全按照企业通用的管理和考核模式,而是遵循职业教育的规律并结合自身情况,探索出很多行之有效的考核方法。以天津中德应用技术大学为例,从 2012 年该校发布《教师教学质量评价工作实施方案》以来,秉承客观公正和实事求是的原则、定性与定量相结合的原则以及全面综合评价的原则,对全校所有受聘、授课的专兼职教师的教学质量评价进行革新,由以往的终结性评价向阶段性评价与终结性评价相结合的模式转变。其中,对校内专任教师的评价主要由学生、二级学院(系部)教学评价工作组和督学办公室来实施,评价分值比例分别占 50%、25%、25%。评价内容主要包括教学态度、教学内容、教学方法、教学效果、教学文件(授课计划、教案、实训指导书等教学资料)和教学工作量等方面。评价结果以分数汇总后经评分排序并进行等级核定,分为优秀、良好、合格和不合格四个等次,总评分前 30% 为优秀,依次 30% 为良好,其余为合格,总评分低于 60 分为不合格。对评价学期内有重大教师事故认定的教师以及教学任务量不足 50% 的教师实行一票否决制,不将其列入教学质量评价的优秀范围。文件还详细规定了对评价结果实施相应的奖惩办法。② 此外,该校从 2013 年起实施了《关于教学日志的管理规定(修订稿)》和《三级听课管理制度(修订稿)》等一些针对教育教学活动和教学

---

① 全国人民代表大会常务委员会. 中华人民共和国教师法. 1993 - 10 - 31. 全国人民代表大会常务委员会. 中华人民共和国高等教育法. 1998 - 8 - 29.

② 资料来源于天津中德职业技术学院教师教学质量评价工作实施方案(试行)(津中德院[2012]93 号),具体参见天津中德应用技术大学教务处网站 http://jwc.zdtj.cn/zdzc/glzd.htm.

质量等方面具体的管理制度和考核措施,为加强教师管理、引导教师制定职业发展规划、有效激励教师的工作积极性和创造性起到重要作用。

(五)天津市高职院校教师薪酬制度

天津市高职院校教师的薪酬制度是依循我国 2006 年事业单位工作人员分配制度改革时所实行的岗位绩效工资制度,是贯彻按劳分配和按生产要素分配相结合的原则,以岗定薪,岗变薪变。在这一薪酬制度下,高职院校教师的薪酬由基本工资(包括岗位工资和薪级工资)、绩效工资和津贴补贴组成。根据岗位绩效工资制度的相关要求,天津市也出台了一系列文件来指导高等院校教师收入分配制度的制订,例如 2012 年天津市人民政府办公厅发布的《转发市人力社保局等六部门拟定的天津市其他事业单位绩效工资制度实施意见的通知》(津政办发[2012]134号),以及 2013 年天津市教委颁布的《天津市市属高等学校实施绩效工资制度指导意见》(津教委人[2013]24号)等文件。具体到学校层面,各个高职院校也都制定了具体的工资实施细则和管理办法。例如,天津职业大学于 2013 年起实施的绩效工资制度对绩效工资的构成、分配、发放项目和标准及考核等方面均做出了详细的规定和要求。绩效工资由基础性绩效工资、奖励性绩效工资和高层次人才奖励金三部分构成。其中,基础性绩效工资的发放标准按照天津市"市属高等学校基础性绩效工资指导标准"的 1.53 倍来实施(具体见表 6.1 所示);奖励性绩效工资包括超课时津贴、对聘为管理岗位和工勤岗位的教职工按月发放的奖励性绩效工资部分、按照所聘岗位职级的差异对全体教职工年底一次性发放的奖励性绩效工资部分、节假日奖金、年度考核优秀奖励以及对在专业建设、教学改革或管理等方面做出突出成绩和贡献的教师给予的一次性奖励等六项内容;高层次人才奖励金包括对聘为专业技术岗位的教职工按岗位职级分配按月发放的高层次人才奖励金、对学校内聘副教授发放的津贴以及用于对学校有突出特殊贡献人员的奖励金三项内容。① 随着高校教师人事制度改革的深入,岗位聘任制度逐渐取代终身制,高职院校对教师的管理方式也逐渐由身份管理向岗位目标管理转变,这一转变最直接的表现即是将业绩和职务等级作为调节教师薪酬标准的两个最主要的杠杆。除此之外,不少高职院校还设立了多种研究基金用于鼓励教师从事科学研究及技术发明或应用等,并制定了不同程度的优惠政策,如住房补贴、安家费、

---

① 资料来源于天津职业大学关于印发《天津职业大学绩效工资实施细则》的通知(津职大[2013]86号),具体参见天津职业大学网站 http://www.tjtc.edu.cn/rcsz/dspqpr.htm.

科研启动经费等用于吸收引进高层次人才;对于青年教师攻读硕士、博士学位给予一定程度的学费报销,①支持教师专业发展。

表6.1　天津职业大学基础性绩效工资发放标准②　　　单位:元(RMB)

职称	正局	副局	正处	副处	主任科员	副主任科员	科员	办事员	
标准	5988	5373	4734	4439	4094	3775	3455	3160	
职称	教授	副教授	讲师	助教	员级	技师	高级工	中级工	初级工
标准	5619	4586	4094	3455	3160	3947	3676	3406	3160

二、天津市部分高等职业院校青年教师的职业发展道路选择

　　本部分对高职院校青年教师职业发展问题的分析主要以笔者对天津市25所高职院校中的10所院校为代表,并从中选取了30位年龄在40周岁以下的青年教师进行的深度访谈所得资料为依据来探讨(访谈提纲和受访者基本情况见附录所示)。同时结合了相关文献资料中关于高职院校青年教师职业发展相关问题的量化方法的数据分析和有关结论,力图从研究方法上结合量化的和质性的方法来全面、细致、深入地综合考察和反映青年教师职业发展路径的选择问题。对质性研究方法的选取不仅是出于对已有研究成果中对该研究方法使用缺失和不足的修正,也是出于该研究方法对本研究问题恰切性的考虑,即质性研究方法特有的长处:1.在微观层面对社会现象进行比较深入细致的描述和分析,对小样本进行个案调查,研究比较深入,便于了解事物的复杂性;2.注意从当事人的角度找到某一社会现象的问题所在,用开放的方式收集资料,了解当事人看问题的方式和观点;3.注意事件发生的自然情境,在自然情境下研究生活事件;4.注重了解事件发展的动态过程等(陈向明,2000),所以更适合通过质性研究方法来考察高职院校青年教师群体中的不同个体在面临职业发展道路的抉择时所做出的不同的、个性化

---

①　天津职业大学出台的《师资队伍建设暂行条例》和《继续教育管理规定》等文件规定,对教师培养要从学历培养和业务培养两方面入手。对青年教师读博士给予学费报销,中级职称教师报销比例为50%,高级职称教师报销比例为80%(梅新林、吴锋民,2011)。

②　根据《天津职业大学绩效工资实施细则》绘制而成,具体参见天津职业大学网站http://www.tjtc.edu.cn/rcsz/dspqpr.htm。

的选择以及促成这个选择发生的所有可能的因素所产生的影响和教师个人的价值观、情感、兴趣、利益、动机等的作用机制和主观感受,以及制度环境对个人选择的复杂的、丰富的互动过程。

（一）高职院校青年教师职业发展的基本状况和存在的问题

根据《天津市教育事业统计信息快报》发布的数据,2015 年,天津市高职院校专任教师总数为 7324 人,40 岁以下青年教师人数占总人数的一半左右。作为国家职业教育改革示范区,天津市高等职业教育发展迅速,各高职院校在师资队伍建设方面给予相当的重视。近年来,随着各高职院校专任教师规模的稳步增长,高职院校师资队伍的结构逐步优化,教师的学历、职称都有相当的提高,"双师型"教师的数量也在逐步增加,个别高职院校已经达到甚至超过国家高职示范校标准的指标体系中优秀院校"双师型"教师占专业教师比例 80% 的标准。可以说,从整体看,天津市高职院校教师队伍建设成绩显著,发展良好,为培养高质量优秀人才和保障高等职业教育发展发挥了关键作用。

然而,与普通本科学校相比,高职院校教师队伍建设还有待提高,尤其是高职院校青年教师的发展还面临一系列亟待解决的问题,主要体现在以下几个方面:1. 校企合作深度不足,路径较少,致使"双师型"教师的实践问题难以解决;2. 青年教师的实践操作能力较弱;3. 学生管理压力大,给许多教师带来了职业恐慌;4. 高职院校教师待遇和社会地位较低,使他们成了夹缝中求生存的人;5. 教师普遍有强烈的培训意愿,但是培训时间少,培训效果不尽如人意;6. 高职院校教师队伍在年龄、性别、学历、职称、"双师型"比例等方面还存在结构不尽合理的问题(梅新林、吴锋民,2011)。各个高职院校教师可能因学校的具体情况而表现出职业发展问题的差异化现象,但是这些问题都对教师职业的顺利发展造成一定的障碍,引发职业倦怠、困惑甚至产生瓶颈。当面临这些共性的问题或困惑时,不同的教师又会囿于不同教师制度的影响而做出极具个性化的职业道路选择,选择发生的动机、过程和结果即是教师作为决策人对自身职业发展道路所实施的决策行为。在此过程中教师个体对外界一切制度化和非制度化影响因素所做出的主观回应以及教师个人固有的较为稳定的职业价值观、抱负、兴趣、情感、态度等都无时无刻不在影响并形塑着决策行为的整个过程,决策行为一方面是与各种教师制度相互影响、交互作用产生的结果,一方面也同时影响着包括教师制度在内的各种因素之间的互动机制。

（二）高职院校青年教师职业道路选择的准备阶段

高职院校青年教师的职业发展过程是贯穿教师整个职业生命历程的、持续的、动态的变化过程。在此过程中总会出现种种坎坷，总会需要教师（决策人）做出职业发展道路的选择来解决或规避难题。职业发展道路的选择过程是一个连续的、前后承接的过程，而非局限于某个特定时期的一次性独立行为。因此，针对高职院校青年教师的职业发展道路选择的实际情况，这个连续过程可以包括职业选择前的准备阶段、职业发展过程中遇到问题时的决策以及职业道路选择后对结果的调整三个阶段。本部分主要分析选择前的准备，青年教师出于什么原因选择在高职院校工作，是否形成以及怎样形成了对教师工作及未来职业发展方向的期望和规划，高职院校各项教师制度对青年教师的这些期望和规划产生了怎样的影响。

1. 教师资格制度对职业选择的影响甚微

职业选择不是凭空发生的，从事什么领域的工作以及可以获得何种工作机会可以视为是一个人在职业选择时主观意愿和客观环境条件混合体的一种外在反映。在选择进入高职院校的这个过程中，一些事件虽然在时间上并不发生在教师具体进行选择的阶段，但是教师从中获得的经验会直接或间接地对他们将来选择职业产生影响。

第三章第二节提到的费斯勒的教师生涯循环理论指出，教师个人所处的环境因素对教师职业的选择、动机、方向以及未来发展都会产生影响。这些因素包括家庭支持、积极的关键事件、生活危机、过往积累的经验、兴趣和爱好以及个性特质等。这些因素在特定的时空环境下，往往是相互作用对教师择业产生综合影响。此时，高职院校教师资格制度对有望成为教师的青年人所起到的作用甚微，这主要是由于当前我国高职院校教师准入门槛不高，且青年人选择教育行业就业主要是基于个人兴趣、专业能力和教育行业所具有的稳定性、社会地位和尊严较高等职业优势的考虑而非从事教师职业准入制度的限制。硕士毕业的教师 SLP 出于自身专业的考虑选择在高职院校工作，同时他自身过往的教育经历和相关专业积累，以及在他看来教师职业所具有的独特优势都是促使他选择高职院校教师职业的最主要影响因素。

　　我本身学的就是职业教育，高考的时候报考高职院校，后来专升本还是这个专业。本科毕业之后,去的中职当的老师,然后才考的研究生,考完之后上学期间就出国(德国)交换学习了一年。然后,回来之后,就给教育部职教师资进修项目做翻译,还是在职业教育这块儿。后来当了几年翻译觉得没什么意思,就回高职院校当老师了。第一,从专业出发,觉得学什么就得干什么,第二,就是觉得老师,寒暑假还是比较有吸引力的。(SLP)

2. 教师薪酬制度对职业选择的决定性影响

在相同的行政区域内,不同院校在发展水平、工作氛围等方面的不同会成为影响教师做出职业选择的一个重要衡量因素。教师 WHD 硕士毕业以后,综合考虑了自身的专业特长和各个高职院校的办学水平、生源和师资结构等硬件条件之后选择了天津市的一所"好学校"(教师福利好、薪酬高的学校),如果说 WHD 的选择是一种更看重职业所能带来的经济资本,而非专业资本的积累或是社会地位的高低、工作任务的繁重与否的主动性选择,那么教师 LHL 的择业则更多的是由于自身能力和客观条件所限而不得不做出的被动的"无奈"之选。无论是主动自愿还是被动无奈,高职院校教师的薪酬制度都对教师择业以及择业后的职业期待和规划产生了决定性的影响作用。

> 工作嘛,首先要解决吃饭问题。说实话愿意在高职工作也是看到了国家现在对高职的重视,投入很大,学校待遇也确实不错。我来应聘的时候也了解了学校的教师待遇,也横向比较了一些院校的薪酬状况,综合对比,选择了目前这个单位,比较稳定,工资不算太高,但相比之下属于中等偏上。(WHD)
>
> 其实在高职工作是个挺茫然的选择,误打误撞的,毕业的时候,其实都觉得在学校好,有假期,教师也是受社会尊重的职业。所以,在选择职业的时候就想进学校,可是,自己学历太低,本科院校都要博士以上,去不了,没办法只能来高职,来了之后,其实也不怎么样,压力大,工资低,责任重。(LHL)

3. 受其他因素影响的职业选择

(1)性格特征的驱动。戈特弗雷德森(L. S. Gottfredson)在对职业抱负的发展过程的理论论述中指出,职业抱负是相容性(compatibility)和可达性(accessibility)判断的结果,二者界限了职业范围和方向。其中,相容性即是"社会我"和"心理我"的相容。"社会我"是指决定职业抱负的重要因素,由性别取向、职业声望和工作领域构成;"心理我"包括兴趣、个性和价值观。职业选择的首要推动力是必须建立一种基于"社会我"的相容,其次是实现"心理我"的相容性。职业的可达性是与相容性并行的概念,即对从事某职业的可行性判断(Gottfredson,1996)。教师YZX倾向于从个人性格特征考虑择业问题,认为从事基于自己兴趣、性格和价值观的职业才能更好地实现"社会我"和"心理我"的平衡。同时,YZX的择业过程,从实质上说,也是一种从"放弃最爱"转向"接受可行"的妥协和权衡,因而不可避免地"受到社会传统影响而出现性别刻板行为、歧视和道德约束"(Lent&Brown,2000)等方面的影响。

　　本科毕业就能到大专做老师也算是不错了,毕竟自己学历不是特别高,虽然一直以来特别羡慕大学老师的工作,但是能在大专也很知足了,而且家里人也觉得女孩子当个老师挺稳定,就是去相亲也是比较受欢迎的。另外,自己性格属于那种偏安静型的,挺单纯,也适合在学校工作,这个氛围比起社会上其他行业来说,还是相对安逸的,没有那么多的勾心斗角,尔虞我诈,虽然和同类院校比工资、社会地位各方面可能是低一些,但是要是和企业其他的人员比,感觉还是有一定的优越性的,比如说有寒暑假,最起码我们有的时候最多一年能放3个月的假期,周六日也基本不用加班,还是很满足的,我自己的性格也是属于知足常乐型,比较乐观。(YZX)

　　(2)童年愿望的驱动。除了个人能力和职业抱负以及客观环境的影响促使教师选择在高职院校工作外,一些教师生长于"书香门第",在成长过程中萌发了对教师职业的兴趣,这些兴趣除了促使他们主动地了解关于教师职业的某些知识和技能,也促使他们将这一职业作为童年时期的愿望并立志于将来选择、规划自己职业道路的重要参考。

　　YDS的父亲是高中英语老师,母亲是小学语文老师,由于父母的要求和家庭文化氛围的熏陶,她对英语产生了浓厚的兴趣,而且自认为在语言方面很有天赋。经过本科和硕士阶段对商务英语专业的系统学习,毕业后选择职业时,她毫不犹豫地选择了英语教师这一实现自己儿时愿望的理想职业。

　　可能我从小就喜欢教师这个职业吧,让妈妈买了一块小黑板,一有空就让爸妈扮演学生,我当老师,给他们讲课,还布置作业,像模像样地收作业、改作业,模拟上课的过程。而且因为爸妈都是老师,从小受到熏陶,在校园中长大,自然而然地很喜欢这种生活和工作的氛围,又因为后来一直学英语,毕业后就顺利地找到英语老师这个工作。(YDS)

法国社会学家布迪厄(Pierre Bourdieu)认为文化资本(cultural capital)是个人从处于某一阶级位置上的家庭中继承下来的语言和文化能力,它包括具体形式(embodied state)的文化资本(精神和身体的持久"性情")、客观形式(objectified state)的文化资本(文化商品),以及体制形式(institutionalized state)的文化资本(例如证书、文凭等)(Bourdieu,1997)。其中,具体形式的文化资本可以表现为一种文化、教化,它不像金钱、财产所有权那样可以直接快捷地完成代际之间的传递,而是作为这个家庭的一种文化氛围,经过长时间的沉淀和积累,潜移默化地完成其传递,但是这种传递又不是刻意而为的灌输。正像是 YDS 的家庭那样,一直以来都提供了有利于形成从事英语教师这一职业的氛围。

YGZ 出生在天津,居住地和上学的地方离 T 学校都比较近,父亲又是从事与教育相关的工作,认识不少同类学校教师的子女,通过这些朋友及家庭,她对这所高职院校有了很深的了解,并且对成为这所学校的教师产生了向往。本科毕业后,学习市场营销专业的 YGZ 便进入 T 学校成为一名高职教师,实现了一直以来她所向往达到的目标。

从小就在这学校长大,父亲虽然不直接教课,但也是干教育这行的,很多同学也都是 T 学校(教师)的子女,很多父母都是双职工,我就觉得自然而然应该在这里工作,而且感觉也很不错。(YGZ)

可见,不同形式的资本之间也会发生转换,YGZ 关于 T 学校和高职教师职业的了解和向往并非直接来源于家庭文化氛围的熏染,而是通过社会网络,这样的同学圈子并不是偶然性的获得,与相近的居住社区和相似的家庭背景有关。这里经济资本、社会资本和文化资本之间发生了转换。

(3)兴趣驱动。在面临就业的时候,从不同类型院校、不同专业毕业的学生对职业的看法存在一定程度的差异,这些差异不仅来自个人固有的职业追求、理想、兴趣和性格以及择业人对当下就业市场信息的掌握和预判,也体现在一些由偶发事件和机遇的降临所引发的择业行为。ZXJ 初中毕业后考入 Z 学校,当时该学校是学制为 3 年的中等专业学校。在他临近毕业的时候,恰逢我国大力发展职业教育,尤其是高等职业教育,一些重点中等专业学校改制举办高等职业教育,Z 学校也改制升格为高等职业技术学院。ZXJ 完成中专的学习后便顺利升入本校,继续接受高职教育,经过 3 年的学习,他取得了大专学历,毕业时由于成绩优秀,他被推荐留校任教,并由此开启了高职教师的职业生涯。从在 Z 学校就学到在 Z 学校就业,ZXJ 前后在此渡过了近二十年时间,用自己最宝贵的青春年华实现了个人兴趣和职业发展的完美结合。

> 从小就在这学校上学,后来又机缘巧合,很幸运留在这里教书,对学校一草一木都太熟悉不过了,像在自己家一样亲切。而且随着年龄增长,目睹着学校一年一年的变化,自己也在逐年变化,这种感觉很奇妙,虽然我也算是老员工了,可是整日和年轻人在一起,自己心态也比较年轻,就像当初我刚在这上学一样,还是很兴奋能干自己喜欢的专业,现在又能传授给下一代年轻人,从他们身上也能学到很多新东西。(ZXJ)

(4)传统文化的驱动。由于中国自古以来是一个"家本位"的社会样态,两千多年的封建统治,沿袭下来的农耕文明即使在现代社会也没有消失殆尽,传统文化中"家文化"占据统治地位,"从最深厚的文化层次中流传下来,至今仍然是中国人行为核心的,是'家'的概念"(汪丁丁,1995),正是在这种浓厚的"家文化"背景下,父辈希望子女延续自己的职业道路既显得顺理成章,又具有现实选择的合理性。

> 爸妈都是高职老师,也希望我成为他们其中的一员,一是对这个环境比较熟悉,对这种工作状态比较认可,二是爸妈在这个圈子时间长,对我以后工作也是可以指导的。(WBQ)

传统的职业或教育地位的取得模型一般考虑的是父母一辈对子女的影响,也就是以两代人组成的核心家庭为模型建立的起点。有研究者认为这种传统的研究模型有必要进行扩展,将核心家庭成员之外的亲属纳入模型,并通过实证研究发现了一种总体性的家庭作业,包括核心家庭的影响、扩展家庭的影响,以及两种环境的互动影响(Jager,2012)。因此,同样在使用"家庭"这个概念,其内涵在中西方文化中所指并不相同,"中国社会里的人们所使用的'家'的概念,不是'家庭'的概念,而是一个包含众多亲属的概念,或五服的概念"(翟学伟,2004)。这就意味着中国文化下的"家"即使在同居共财方面具有核心家庭的形式,但是在人际关系和社会行动方面仍然具有扩展家庭的实质,所以其他亲属对一个人的择业也会产生重要影响。

> 父母虽然不直接教书,但是在教育部门担任行政工作,我爷爷退休前还是大学教授,奶奶是小学教师,所以他们认为我去学校工作是最理想的选择,我也可能从小就在这种环境下长大,家人经常表达希望我在学校教书,我也觉得自己性格比较适合学校的氛围。(CDM)

(三)高职院校青年教师职业发展道路选择中的决策

高职院校青年教师在进入工作岗位后,势必要经历从学生到教师或者从其他工作领域到教育领域的转换过程,在这个转换过程中不同教师由于个性、处境、职业价值观、职业抱负和理想等各方面的差异,以及受到各种教师制度的影响会做出独具个性化的职业发展规划,即使面临同样的问题和困境,也可能由于受到纷繁复杂、各不相同的内外部因素的影响而选择与其他人截然不同的职业发展道路。本部分主要分析职业发展道路的抉择,具体来说就是青年教师是如何考虑自身未来的职业道路,对自己所处的情境有怎样的判断,做出了怎样的选择,高职院校的各项教师制度如何影响这个决策过程的。

1. 选择"做教师"的职业发展路径

专业化是任何职业得以长久发展的终极目标和追求。顾明远先生曾指出:"社会职业有一条铁的规律,即只有专业化才有社会地位,才能受到社会的尊重"(顾明远,2004)。对教师而言,专业化可以狭义地理解为对教师群体的专业知识、技术和能力等方面的"外在专业水平的提升"(杨海燕、李硕豪,2015)。这里的"专业水平"主要是通过对教师职业主要职责的履行以及所能达到的专业标准来衡量,即通过从事教学或科研活动来实现。不同的教师,对于"做教师"有各自不同的理解,其动机、目的、追求也都因人而异、因时而异。根据访谈教师的情况看,主要有以下几种类型的职业角色定位:

(1)"目标型"教师:教学还是科研? ——教师职称评审制度的影响

教学、科研和社会服务是高职院校教师履行高等职业教育职能的三项最主要的任务。教学和科研的业绩由于可以被数量化且直接与教师待遇挂钩并被用来衡量一个教师的职业发展是否"成功"的最主要指标,因此格外受到教师们的重视,尤其对于青年教师来说,积极寻求自身专业水平的提高和职业发展是他们迫切追求的目标,而无论是在教学还是在科研方面的能力提升或成就获得都成为决定他们未来职业发展道路的风向标,而尽量使自己达到职称评审制度所规定的标准也在很大程度上反映了他们职业发展的阶段性成果。

> 刚来这个学校一年多,一切还都在适应,也没有特别明确的规划,就是按照学校的规定走,上课是目前最主要的任务,除此之外,学校规定新教师都要担任3年的班主任,所以等于是既要上课又要管学生,工作量还是挺大的。……学校对新老师都有"老带新"的政策,所以我也有指导我的老师,主要就是平时去听课,和指导老师交流。虽然现在班主任的杂事儿多,但是以后转正、评职称还是要看教学,所以教学的数量和质量都得按要求达标,我的精力也主要向这方面偏重。(YLY)

> 一线的老师很辛苦,课时量是很重的,像我,周学时能够达到20左右吧,所以这个量还是很大的,而且还得兼任班主任,高职老师普遍都承担班主任工作,因为高职老师师资相对来说是很少的,如果再有专职的辅导员,可能没有那么多的经费支撑。基本一天上完课都是很累的,所以职业老师有很大的职业病,咽炎、静脉曲张,再有就是气虚之类的,这些症状很明显。但是没办法,为了评职称,还是要有一定的教学工作量……高职院校的科研压力不是很大,但是,基于评职称之类的,还是要写论文、发论文,也是有压力的,再者说,那么大的工作量,其实已经满饱和的工作量了,做科研的精力根本就没有。(LHL)

从以上两个案例可以看出,一些青年教师是由于客观环境的限制(如学校规定或者固有的工作任务要求)将主要精力放在教学方面,如果说这是受客观因素影响而"不得不"致力于教学活动,那么教师STT的选择则是一种对职称晋升制度采取的主动规避的自愿行为。

> 来高职学校主要就是觉得科研压力小,我学历不高,没有系统地受过学术训练,发表论文、申请课题之类的对我来说太难了,而且我的兴趣也是在上课,和年轻人在一起,钻研每堂课怎么上得有趣,有效,特别让人兴奋和满足。至于评职称的话,一方面不是特别困难,一方面眼下也不着急,所以目前对我来说并不是太重要。(STT)

（2）"生存型"教师：满足较低层次的需求——教师薪酬制度的影响

由于我国高等教育体系的分层化现象，"专科"层次的高职院校通常被排在"一本""二本""三本"①之后，再加之中国文化传统中"劳心者治人，劳力者治于人"的思想观念以及长久以来学校教育"重学理、轻技艺"的办学导向，致使高职院校无论在就学还是就业市场都被排挤在边缘地位。教师 HDL 虽然在高职院校工作了近十年时间，与其说是专任教师，不如说更像是将本职工作作为"副业"，而将校外的兼职工作作为"主业"的教师，体现出该高职院校教师的薪酬待遇对教师职业选择所产生的直接影响。

> 高职学校就是这样，就算评上教授，在社会上说起来你也就是个大专老师，比起大学老师还是差一个级别，况且男人嘛，毕竟养家压力大，挣不来钱，在家里家外都没地位、尊严可言，因此，一有空闲时间，他们就去做兼职，只有先解决了吃饭问题，然后，才能谈什么职业理想啊、追求啊。（HDL）

（3）"安逸型"教师：工作为了什么？——教师考核制度的影响

"教学工作拥有异常的社会地位，它既受尊敬，又被鄙弃；既被誉为'奉献型服务'，又被奚落为'易如反掌的工作'。它弥漫着专业主义（professionalism）的豪言壮语，但也以收入低为其特征。它是一个中产阶级职业，可是越来越多的入职者又在运用产业工人所开发的集体谈判策略"（劳蒂，2011）。劳蒂（Dan C. Lortie）在这段论述中真实地反映出教师职业的特殊社会地位——"特殊又暗淡"。此外，他还指出大多数年轻教师并不满足于终身投入课堂教学，男性希望通过教学转入行政工作，女性则将教学看作是婚姻与母职的补充。对女性而言，教学是婚姻的"过渡站"（pass over）（Lortie，1975）。因此，对于"工作是为了什么"的讨论，一些女教师与男教师有着不同的职业理解和角色定位，这也导致他们在看待"做教师"这件事上更多地理解为"充实个人生活"（MFT）而非诸如有些男教师所理解的

---

① 分批次录取是我国高等教育招生的惯用方法，学校按照录取时间被分在不同的批次。通常录取批次有五类：提前批、第一批、第二批、第三批和专科批。其中，提前批一般包括一些特殊专业和院校，如艺术、军事、国防等；第一批包括教育部直属高校、211 工程高校及其他被省级招生部门批准列入的本科高校；第二批包括第一批之外的一般本科院校；第三批包括民办高校和独立学院的本科；最后是高职高专类学校。根据高校所处位置，一般被简称为"一本""二本""三本"和"专科"。

"干教育这一行,一是出于兴趣,二是为了实现自我价值,取得事业成功"(SLP)。此外,一些高职院校教师的考核制度并未对青年教师起到巨大的导向性和强制性作用,相反,青年教师可以巧妙地规避制度的影响去谋求个人的职业定位和自由发展空间。

> 对我来说,工作就是为了充实我自己的生活,否则整日在家带孩子,伺候公婆,伺候老公,也挺无聊的,而且长时间和社会脱节,老公在工作,我不去工作,我们之间沟通起来也会有障碍,所以,我对这个工作挺满意,有寒暑假,上完课,基本没什么太多的行政事务,学校的考核压力也比较小,除了完成每年的教学量以外,科研要求不高,论文发表没有硬性规定,可发可不发,发了有奖励,不发也没有特别的惩罚。另外,工资不多不少,可以接受,经济上我也不图干这个挣钱,而且和年轻人在一起也蛮开心的,我和他们也都能成为好朋友,私下里也经常结伴出去玩,一起聚餐。(MFT)

2.选择"当领导"的职业发展路径

对于高职院校教师来说,除了依循"做教师"的职业发展道路,还有另外一种选择——"当领导"。随着市场经济竞争机制的引入,以"行政化"为典型特征的科层体制成为高职院校的内部管理方式。学术权力与行政权力失衡,行政权力大于学术权力并常常代替学术权力,教学研究从属于行政体系之下(毕宪顺,2005),学术资源及与其相关的社会资本有时候比学术成就更有利于教师职业生涯的发展,因此随着学术地位的确立,一些青年教师开始关心与学术相关的社会资本的获得,涉足行政道路。

(1)基于特定情境的驱使

教师LXY在进入高职院校后是担任计算机信息网络专业的专业课教师,由于学校规定新教师入职后要有两年时间担任辅导员,他在一边教学一边担任三个班级辅导员的过程中,逐渐发现自己对学生管理工作的兴趣大于备课、上课。因此,在两年辅导员任期满后,他向上级领导申请将自己的工作重心放在学生管理和其他相关的行政事务上,并在一年后因工作表现优秀被提拔为计算机系团委书记,开始掌管全系部的学生管理工作。

> 一开始我是作为教师岗聘来的,所以也上过一段时间的课,后来由于当辅导员,和学生相处,处理越来越多的管理工作和一些琐事,虽然繁杂,但是

让我感觉事情完成了很有成就感,整个学风秩序良好,也让我有很强烈的自豪感,这比上几节课能给我带来的满足感要多得多,于是我渐渐发现自己还是比较擅长管理工作和日常惯例的行政性事务,所以从那以后就彻底转入行政岗。(LXY)

与 LXY 的入职岗位不同的是,教师 LAZ 在进入高职院校时便是担任行政岗位的工作(计算机信息网络中心),故在这一相对确定的、可预期的工作岗位上,LAZ 的职业发展路线规划则显得较为明确和清晰。

我本科专业就是学管理信息系统的,对信息管理、计算机网络方面的知识非常熟悉,虽然一开始也没想到会来学校工作,后来因为专业对口,抱着试一试的心态,很幸运就顺利过了面试。招聘的岗位就是网络中心的管理员,虽然在学校,但是就我的工作内容来说,感觉和其他性质的单位差异不是很大,我就负责我分内的事儿,也是我专业内的东西,很熟悉。以后也希望有机会继续提升,不只是专业方面,职务方面的提升更好不过了,所以自己平时也在往这方面努力,尽可能地多干活儿,也参与一些管理性的工作。(LAZ)

(2)基于高职院校管理制度的驱使

从访谈教师的情况看,大部分青年教师在入职之初都既有教学任务又兼任一定的行政事务,在双重任务的压力下,不少教师表示无以承受,而又身不由己不得不完成学校委派的任务。当一些教师正因为这强大的压力而感到焦灼、困惑,甚至萌生"放弃教学,干行政"抑或"放弃行政,专攻教学"的两难选择之时,巧遇学校调整院系结构或领导层换届选举等重要时刻,他们被上级领导通过系内提拔、跨系委派等方式安置到一个较为稳定的行政岗位,便由此正式进入了管理岗位。无论是否契合教师本人的意愿,这种调整在很大程度上限定了教师未来的职业发展方向。

又上课又当教学秘书,太累了,每天就是上班处理杂事,下班回家备课,再来上班上课,上完课,继续去管系里的分课、排课、评教之类的各种琐事,那段时间就感觉一个头两个大,正当我想要放弃的时候,我们系被拆分了,其中一部分人被转到新成立的学院,我就被领导派到这个新学院,索性,现在也就不上课了,全心全力干这个行政活儿,虽然累吧,但是精神压力小一点,科研教学方面的任务没有了,顶多是身体上的累,不像原来想着上课,想着发论文,心累,脑子累,现在好多了,领导也很肯定我的工作,各方面的提升机会和待遇都很照顾我。(CPH)

(3)基于人事制度调整的驱使

费斯勒在论述影响教师职业发展的个人因素中提到关键性事件的发生所起到的重要作用。对于有些青年教师来说,一些"突发事件"或意料之外的"偶然事件"的发生则对他们职业道路的走向起到关键性作用。教师 GDG 在学校任职第二年的时候被领导指派到学校工会担任一些辅助性的行政事务,后来由于人事调整,他便在完成原有的教学任务后,正式转调入工会,由此开启了全新的工作内容并完成了从教师到领导的身份转换。

那时候工会一个老师休产假,就向学校内部的其他系部借调人去帮忙,我刚好是新来的,课少,领导就让我去帮帮忙,我也很乐意,就去干了快一年,其中收获也比较大,和上课感觉完全不同。后来我顶替的老师休完假倒是回来了,可是他们正好有个老领导退休,那个位子就空下来了,就开始对外对内招聘。我当时想,我既然也在这里干了这么久,而且感觉还不错,反正都是在学校,也不一定非得教课,正好有这个机会,我就应聘了,后来也有几个领导推荐,我就被顺利聘到这里,而且职务也涨了一级。(GDG)

3. 在"做教师"和"当领导"之间兼容或交替进行的路径

美国研究者柏克伦(Sari K. Biklen)以深度访谈和参与式观察的方法,在对小学女教师的职业生涯路径(career path)的研究中指出,女教师们普遍并不重视职位的升迁,不想成为主管,行政工作对她们没有吸引力,反而被认为是消减优秀教师专业能力的"罪魁祸首"。因此,她们将精力集中投入到教学工作上而非职位升迁上,并希望自己的努力工作能够得到社会的肯定并予以重新评价(Biklen,1995)。在本研究中,虽然研究对象是限定在高职院校教师群体,但是从访谈教师的情况看,这种职业道路选择的性别差异现象仍然是普遍存在的,并且与高职院校教师的职称晋升和培训制度在实际运行中的性别偏向密切相关。

(1)教师职称晋升制度的性别偏向

一些男教师在进入工作岗位一段时间后,如若遇到职位升迁的机会,通常比女教师表现得更为积极主动。教师 ZRZ 在进入高职学校任专业课和实践课教师

3 年之后,恰逢其系部实施人事调整。虽然在教研室主任的选聘条件中并未明确指出"男教师优先考虑"这一条件,但是根据教师 ZRZ 所言,上级领导希望首选男教师,毕竟"男教师家庭负担小,能全心全力投入工作"(教师 ZRZ 引述上级领导的原话)。因此,他向领导毛遂自荐,从此开始担任教研室主任一职。

在学校工作,本来就觉得交际圈很窄,似乎有点和社会上的人、事脱节,况且挣钱也不多,课又多,备课经常占用大部分的业余时间,时间长了失落感就来了,又迷茫又苦闷。我还好,算是幸运,刚好系里领导职位调整,我就想着争取机会也干点行政工作。男人嘛,毕竟要养家,生活、工作压力都大,职位提高点,待遇也好点……我上学的时候就是班级干部,领导能力也可以,而且自己性格也更适合干管理工作,有很大的成就感和满足感……教育工作想看到成效,基本上要几年甚至几十年时间,管理工作就不一样了,有短期目标、考核、评价、反馈,能很快看到你干得好不好,然后随时进行调整,即刻就见效。我是个急脾气,做事比较干脆利落,觉得在教课的同时,也干点行政性事务,既服务大家了,也发挥特长了,比较满意这种状况。(ZRZ)

(2)教师培养培训制度的促进作用

对于着重于提升专业能力和教学水平的女教师来说,虽然由于上级领导委派也承担一些行政工作,但她们在规划未来的时候还是倾向于"做教师"的提升路线。这一方面与她们对教师职业的理解与男教师不同有关,另一方面与她们乐于通过参与师资培训、教研活动、学术研讨会等方式来促进自我成长和提升有关。

我们学校是中职的时候我就在这工作了,一直教课,现在快 20 年了,虽然系里课一直比较多,备课、上课,一天下来有时候忙到晚上九十点,比较累。后来,领导又让我当系主任,所以管理方面的事儿就多了……按我的性格,不乐意管别人,也习惯专注上课这种状态了,因为,教师毕竟是以"教"为主,教学始终是重心。但是没办法,领导布置的任务也得配合,还好我们系老师们之间关系都比较融洽,遇到什么问题一起解决,我们系里的氛围是学校最好的,所以做起工作来也很顺手……目前我还是主要负责教学管理,学生的事儿主要归系里书记管。有时候,学校培训活动多,比如这两个月(11－12 月)有老师出去培训,要给老师调课,这些事儿,很着急,又很繁琐,有时候解决起来就比较麻烦,不过对我这个岁数来说,也不算压力,可以做这些工作,以后

等有机会了我还是希望能专注上课。(LSM)

我们学校的培训活动特别多,也比较注重青年教师的入职训练和培养,尤其是我们系,文科方向的,女教师多,接受培训的机会也多。像我从进校以来,每年要参加系里组织的教研活动,学期末也有学校组织的集体评课大赛、说课演示等,虽然是竞赛性质,但是参加比赛会有老教师指导,赛后也会给反馈意见和修改提升的建议,所以挺受用的。另外,如果学校有推荐老师参加"国培计划"的机会,我们系也通常会首先推荐女老师,一是因为女老师多,二是女老师普遍认真,教学效果比男老师也好一些。(ZMS)

(四)高职院校青年教师对职业发展道路选择结果的调整

从青年教师个人角度选定了职业发展道路之后,在既定的职业轨迹上的发展并非一帆风顺,他们会遇到各个方面的困惑、瓶颈甚至冲突,在处理这些问题的时候教师们也会有不同的应对策略。

1."职业高原"现象——正式教师制度的影响

"职业高原"(Career plateau)的概念是由美国职业心理学家费伦斯(Thomas P. Ference)在1977年提出的,是指个体在其职业生涯中的某个阶段获得进一步晋升的可能性很小(Ference, Stoner, Warren, 1977)。通过相关文献的梳理和笔者的访谈内容来看,高职院校青年教师在选择了职业发展道路之后,会在不同阶段出现"职业高原"现象,集中体现在教学、科研、职称晋升和培训等几个方面。

(1)教学热情消退:离职还是读博?

有研究者指出,高职院校教师职业高原现象集中出现在教龄3-5年之间。经过3-5年的教学实践,绝大多数教师都能胜任工作并逐渐成长为学校或专业骨干教师,而在此时有些教师由于面临更大的挑战和责任,开始对自身职业选择产生怀疑,教学热情下降,甚至开始畏惧职业成长的艰辛而萌生离职的念头(何霞、袁祖望,2009)。在很多高职院校中,都出现了类似的情况,且多集中于"非主体"专业的专任教师以及公共基础课和专业基础课的任课教师身上。这里"非主体"专业是指在高职院校中处于弱势或边缘地位而未能得到所在院校大力扶持和发展的个别专业。

一直上课,一直在输出知识,没有输入知识,没有时间给自己充电,这种状态不知道要维持多久,有一种望不到头的感觉,想去考博吧,自己科研能力又比较差,平时工作用不到,也基本没得到这方面的锻炼。另外,评职称也是需要考核教学方面的任务量,又不可能辞职去全力复习,虽然系里也支持老师读博,可是停薪留职不太现实。上不成学,也只能尽量挤出业余时间看书,毕竟还是要发论文的,科研方面的不足要补上来。(SLP)

虽然也才上班六七年,可是感到身体特别疲惫,一方面是因为教学任务重,再有就是重复性的上课很容易厌烦。曾经有备过的一次课,一星期里重复讲了九遍,自己都快讲吐了,讲到最后效果肯定很差,学生反应也消极。所以,一学期似乎最大的盼头就是周末和放寒暑假。放假期间累得已经什么都不想干了,别说再去写论文、发论文,或者是去进修了,力不从心。放完假,一到快开学就好像有开学前恐惧症,身体也偶尔会感冒、发烧之类的突发小毛病,感觉又要开始循环无休止地干劳力活儿,所以说实话现在要是有机会也确实考虑过换个工作环境。(STT)

(2)"科研"概念的窄化:劣币驱逐良币

在普通高校中,科学研究不仅是大学发挥其职能的重要方式,也是衡量大学综合实力和师资水平的重要指标。由于大学是以传授系统化的专业理论知识为主,故大学中的"科研"通常是指学术性、理论性较强的科学研究和创新。在高职院校中,"科研"概念理应是指偏重于新技术发明、推广和应用的应用研究和开发研究,然而由于我国高职长期仿照、依循普通高校的办学模式,使其具有本科教育的"压缩饼干"模式的典型特征也体现在对"科研"概念的狭义性理解方面。这导致大多数高职院校教师将"科研"简单地等同于普通高校的"科研",并将科研能力单一化地理解为发表学术论文或申请项目、课题的能力。目前高职院校普遍采用量化管理的方式来考核和评价教师的科研能力,这种以项目制为中心、以数量化为标志的评价体系,难免对教师科研的热情和积极性造成伤害,尤其是一些青年教师,为了提升职称,为了获得上级领导的认可,在量化指标的驱赶下拼命发论文、申课题,目的即是"早出活儿,快出活儿,多出活儿,而顾不上出好活儿"(ZZX),有时甚至善用一些"小聪明"(SKW)来达到目的,而这种做法也使一些严谨认真治学的青年教师被边缘化,甚至被这套"游戏规则"淘汰出局。

评职称、评优评先等,很重要的一方面还是跟着科研成果走,那就是你发了多少论文,在什么级别的期刊发表,是 C 刊①的话,就很有优势了,另外就是课题、项目的申请,数量越多,项目级别②越高也越有利,毕竟考核标准在那摆着,你不得不这么做。所以我也想趁着年轻,多写文章,多发表,先给自己评职称积累点资本,以后即便竞争激烈,也多少有优势了。所以,时间紧任务重,有时候也顾不上好赖,先把量凑够再说。(ZZX)

　　发论文、申请课题的话,就是说如果你有时间,有心思去做这些事的话,像写论文,大不了就花钱发,你要是想对自己要求高一点或者你写一些比较有质量的,尝试发一下核心③。(SKW)

　　暂且不论以上案例中教师的做法是否符合学术道德标准,仅从结果来看,SKW 的"小聪明"技巧也依然能给其带来科研业绩上的积累和评聘职称上的优势,而这对于教师 YGW 来说,是极其鄙弃的行为。因此既不愿意向制度"低头",也由于自身能力的局限和其他非主观性因素的影响,YGW 不得以被同行冠以"迂腐"之名,而 YGW 则嘲笑诸如 SKW 那样的教师为"浅薄之辈"。

　　大家都说我迂腐,一把年纪了还只顾上课,也不想着职称的事儿。其实,我刚来工作的时候也是很积极地发论文、做课题,比如说,发论文,它们期刊一看作者信息,你没职称、没课题,又是不知名的高职学校的,那编辑自然就不太偏向于你,另外现在竞争也激烈,大家都是排队等着发文章,要看质量,看你的背景这些优势我似乎都欠缺,所以写文章、发文章都有很大的困难。另外课题申报也是这样,我们高职老师要和大学老师竞争,粥少僧多,大家都想分一杯羹,所以我经历过几次申报课题,申请下来的数量很少。校级的课题还好说,再往上高级别的,要经过学校推荐,我一向不屑于拉关系,所以不是领导跟前的"红人",到推荐的时候没办法也就败下阵来,所以现在我也释怀了,职称没有我还是一样上课,除非哪天课也不让我上了,那我就"功成身

---

① 经笔者对被访教师的追问得知,教师 ZZX 所指的 C 刊是由南京大学中国社会科学研究评价中心开发研制而成的中文社会科学引文索引,英文缩写为 CSSCI。
② 科研项目级别是指由国家各级相关行政部门或科研机构下达、立项的各类型科研项目,主要分为国家级科研项目、省部级科研项目、市厅级科研项目,其中每个级别的项目又划分为重大、重点和一般三类。此外各个高等教育院校还会发布院级或校级科研项目。
③ 这里的"核心论文"是指发表在核心期刊上的学术论文,核心期刊包括北京大学图书馆"中文核心期刊"和 CSSCI 来源期刊。

退"。(YGW)

(3)职称评审之怪乱象:拼实力还是靠关系?

高职教师的职称评审在实际运行过程中因受到各方面因素的影响和干扰,使其无法按照类似国外大学那种较为公平合理的"评审制"来实施,而是普遍采用"名额制"的方式,即由本院校的学术委员会或上级教育主管部门来评定晋升职称的教师数量并给予相应数量的指标。因此,在本应该仅考察教师学术能力或专业能力的职称评审制度,却由于名额数量的限制使其成为稀缺资源。争夺职称晋升的机会往往成为教师们哄抢的对象,职称评聘也常常被"异化"为学校领导管理、考核教师的一个重要手段。

> 我本来是专升本毕业的,所以一直教英语基础课本来也够用了,可是为了评职称,想着提高下学历总是有帮助的,所以前几年就在职读了硕士。虽然辛苦吧,好在学历是提高了,可是没想到评职称政策又改革了,要突出职业学校教师的实践能力,要有指导学生参加职业技能大赛并且获奖,这对我这个专业的来说太不现实了,大学英语属于公共基础课,一来我们没有英语专业的学生,再来,让学生参加英语方面的比赛,对本身基础不太好的高职学生来说,这要求又过高了,何况还要拿奖,难上加难。所以目前我只能调整下评职称的策略,尽量多发点论文吧,有机会也多做做课题,算是充实自己实力,而且近几年我们这的晋级名额有限,所以只能想办法多给自己积累东西,否则到时候指标少,那就只能拼实力了。(XDH)

> 评职称最大的压力就是评审这个环节,因为学校内部它也有一个推荐的条件,你到市教委评的时候,它有一个文件性的条条框框。但是作为个人来说,按照人家的要求,我符合了,但是作为学校,有名额限制,往上报的话,报的人多,但是名额有限,学校就只能是内部评审,往上推荐。肯定会结合实际工作来激励你,不能说为了一味地评职称,其他的教学工作都不做了,所以,这时候学校会有一些教学、班主任等属于校内的一些加分项目,这些需要自己做好平衡吧。但是要走到校外来讲,我觉得学术这块还是比较重要的,因为毕竟校内的这些工作,该干的你也干了,但是作为评审专家来讲,可能更看重的是科研方面。(YZX)

为了满足职称评审的各项要求,不少青年教师为此付出了巨大的精力,在完成繁重的教学任务后还要占用个人业余时间来写论文、做课题,这使得一些教师虽然年纪轻轻,便已是疾病缠身,近年来,个别年轻教师由于疲劳过度引发的"过劳死"事件也不绝于耳。故一些青年教师通过与上级领导或与职称评审决定权的各相关方建立稳定的私人关系,或者寻求各种机会扩大个人在学术圈或同行之间的社交网络来积累社会资本,进而获取竞争优势。通常,他们会表现出一种"循规蹈矩"的工作态度,即表面上采取一种顺应制度规范的态度,实质上,却并非认同这样的制度规则,然而,无论其外在行为与本质观念之间的冲突张力有多大,这种态度实则意味着教师个体已经被迫放弃了自身基本的价值立场,为了回避竞争中可能会遭遇的挫折和风险,他们被动地沉陷于现实制度结构之中而无法自拔。

> 由于评职称名额有限,就算你才学满腹,也未必一定能评得上,当然,这里也还有许多其他外在的因素。(SLY)

(4)培训中的困境:学校热、企业冷

职业教育教师由于其特殊的职业特征和性质,需要不断地接受在职培训,并时常深入行业、企业一线了解经济发展变化所带来的行业技术更新和结构调整等方面的专业实践知识和前沿动态。对职教教师的培训历来受到国家和职业院校的重视,天津市的高职院校对青年教师的培训主要采取校级、市级和国家级的"三级培训"方式。相关政策文件和学校的规章制度虽然明确规定了高职院校教师接受培训和定期到企业实践的时间和相关内容,但从笔者访谈教师的情况看,大多数培训对于教师个人来说所起到的积极作用尚且有限,不少教师也仅是例行公事般地完成所在院校的刚性规定,培训内容对提升教师的专业能力作用不足,培训形式也较为单一,校企合作深度不足,效果差强人意。

> 企业实践我从来没去过,校外的也很少有机会去,一般都是由领导来安排。本校内部的老教师带新教师的培训活动参加过,不过也只是让老教师做讲座,或者让我们去听老教师的课,对我来说,自己最困惑的问题通过这种方式解决不了,没太大帮助,形式大于内容。(SLP)

> 我们学校规定企业锻炼的时间一年不少于两个月,时间上基本还是能保证的,就是我们去到现场,没学到什么东西,企业跟学校合作也主要是培训学生,对我们老师的关注不多,而且我们总去也影响人家工作,帮不上忙还添乱。本来这些单位接收学生去实习的积极性就不高,好不容易有愿意合作

的,基本就紧着学生来,老师基本上是作为领队,带学生去工作现场,负责管理学生,和企业相关负责人员交接之类的,所以,老师也就是利用这种机会多去企业走走,看看,具体的学习还谈不上。(ZJH)

市级的、国家级的培训原来都参加过,但是我们这由于名额有限,去过的老师,以后再有机会基本就让给那些没去过的,所以就培训那么一两次,感觉效果不明显。……说是培训,其实就是听几次专家讲座,剩下时间顺带旅旅游,着实没有太大的帮助,可能这方面还是得靠自己吧,要是想听几次课,上课、科研能力就提高了,那也不现实。(GJQ)

从以上案例可以看出,高职院校教师虽然都接受过不同形式的培训,但是培训的形式多集中于讲座讲授的方式,缺乏实践活动的开展;培训内容多集中于教学方法和技巧的传授,即使有专业知识的讲授,内容涵盖也较为宽泛,缺乏针对性;培训时间多集中在寒暑假,一到两周的时间,缺乏连续性的长期的培训,致使培训无法发挥其长效性,对教师起到积极作用的维持时间也较为短暂。至于企业实践,则更是由于各个院校与行业、企业的联结、合作程度不同而对教师产生不同的影响,但总体来看,培训对于青年教师的帮助还十分不深入,这也是造成青年教师职业发展难题无法有效及时地得以解决的重要原因之一。

(5)行政与教学时间的分配:正式要求下的非正式规避

选择"做教师"和"当领导"交替型职业发展道路的高职院校青年教师时常面临行政事务繁杂而挤占教学工作时间的情形,而专注于"做教师"的青年教师也因高职院校"管理主义"的运行模式所产生的繁杂事务和管理工作上的负担致使教师"在日常工作中,花在处理文件、撰写报告的时间比花在备课上的时间还多,教师制订课程和备课的责任变得愈来愈不重要"(Apple,1990)。面对这种学校强制性要求下的非教学性事务(正式要求),青年教师们竭尽全力避免其对教学活动产生消极性干扰(非正式规避)。

平时除了上课以外,行政事务也都是日常的那些,熟悉了,基本不会占用太多时间,可是一赶上特殊时期,比如最近系里有评课活动,要求我们去随机听课,听完课我们几个人还得一起总结讨论并且给老师们反馈听课意见,这些过程都需要形成书面的东西,那就比较费时了,确实占用我不少时间,我就和其他几个领导分任务,他们也知道我这头还有教学任务,也挺照顾我,就让我负责其中一小部分内容,比如说写总结报告,或者负责和老师们沟通,那样

我就不用亲力亲为去听课了,也能节省点时间完成这块的工作,同时也不耽误我备课上课。(ZRZ)

　　这学期开始系里要求入职不到 5 年的老师教案都要手写,不能交打印稿,说实话,这就占用了我们很多时间。因为一般教案的内容和实际上课的东西有一定出入,毕竟上课时候要观察学生的情况,要考虑授课进度之类的,经常有调整。教案通常是老师们提前几个星期都准备好的,这些大家也都心知肚明,到期末直接交打印版也比较省时间,可是现在这要求一变,没办法,你不能完全照抄原先的电子版,要做到教案内容和实际授课情况同步,所以我就是课前写一部分教案内容,带到课堂上,一般就趁课间休息的时候,赶快把刚刚的内容给补充上。当然,这样形成惯性之后,后面的内容尽管是手写,但也可以提前预知,或者就按照写在教案里的内容去按部就班地讲,那也可以集中写,集中备课。但是不管怎么样,感觉还是因为应付这些书面资料花费了很多不必要的时间。(YDS)

2. 人际关系的维系——非正式教师制度的影响

　　人际关系对青年教师职业发展的影响虽然不如各项正式教师制度那样直接、外显和力量强大,但是作为高职院校教师的非正式制度,人际关系所产生的影响是考察高职院校青年教师职业发展问题时一个间接、内隐和不可忽视的因素。在教师所处的职业情境中,需要教师处理的人际关系主要有其和学生的关系以及和同事、领导之间的关系。由于在我国高等教育阶段的教师与学生家长的联系不像基础教育阶段那么密切和频繁,故本研究主要探究高职院校青年教师与学生以及同事、领导之间的人际关系网络。

　　(1)与学生的关系:工作对象还是成长伙伴?

　　在价值观多元化的现代世界,越来越多的学生因为成长背景、文化、价值观等多方面的差异而与教师产生距离,价值观的混乱也使一些教师沉浸在"在教别人的孩子"的矛盾思想中,于是这些教师的教学工作中"充满了做作的情绪,由此在师生交往中出现了不少误解"(Hargreaves,1998)。正如社会学家沃勒(Willard W. Waller)所说,在成人和少年之间存在天然的不能根除的社会距离,即"代沟",故有时教师在教学活动中不得不向学生施加压力,这无形间增加了"代沟"的宽度(Waller,1932)。并且,一些教师由于对学生具有既定的"刻板印象",尤其是对于高职生来说,总认为他们与考取正规高校的学生存在着一定的差距,无形中增加了障碍,这对于课堂教学是极其不利的。

高职学生基础很差,上课经常是你讲你的,他睡他的,虽然也不影响你,但是终究是没什么效果的。听讲的,认真的学生只是一小部分,也可能这届学生比较差吧,总之我就完成我的任务,尽力去辅导,至于他们能不能主动听进去,学进去,只能看他们自己了。(SLP)

另外也有一些青年教师尝试改变"刻板印象"对其造成的影响,努力寻求帮助学生提高学习效率的方法。

因为没当班主任,所以平时和学生相处主要是在课堂上,一些学生基础确实比较差,所以学校热情不高,上课虽然不捣乱,但是也不能十分认真听讲,或者对讲的东西一知半解,效果不好,我在想办法改善这种状况,比如课下和学生多接触,试着了解他们每个人的具体情况和知识结构,一点点改善吧,能把他们成绩提高最重要。(FZQ)

对于将教育事业作为自己终生追求的志业的青年教师来说,选择"做教师"的职业发展道路,主要是看重这份工作给他们带来的精神回报而非物质报酬。正如有研究者指出的,"激励知识工作者,金钱和提升都不是最佳选择,因为他们一般有较高的报酬并喜欢自己的工作。他们工作中的奖励主要是工作本身"(郝思佳,2011)。对于一些青年教师来说,日常与学生的相处构成了最主要的工作内容,而也只有学生的进步和取得的成绩能带给教师最重要的精神鼓舞和情绪回馈。

其实我热衷于教学,也主要是觉得和年轻人在一起时常感觉不到时光的流逝,心态很年轻,相处得很舒服,他们进步了我尤其高兴,感觉自己管理学生的能力也提高了,这种共同进步,共同成长的感觉很好……有别的老师开玩笑说,谁带的班是不是性格就像谁啊,我是一个算比较安静的,偏向于内向一点,所以我带的学生,好像也比较好管,没有特别张扬的,没有扎刺的,就包括我们班的男生都是特别懂事的孩子,挺好的。(YZX)

(2)与同事的关系:亦敌亦友

高职教师属于知识型的脑力工作者,其主要的工作对象是学生,主要的工作内容是教学、科研、技术开发和创新等一系列与专业知识相关的实践活动,这些特征在一定程度上决定了其职业本身所具有的独立、自主的本质属性。因此，对于青年教师来说，较为独立的工作性质使其与同事接触的时间有限，从访谈情况看，大多数青年教师能够与其他同事保持较好的工作伙伴关系，当然也有一些教师在涉及经济、专业和社会资本的资源占有方面产生不同程度的利益冲突和利益争夺，致使彼此之间发生敌对状况。

> 我觉得和同事相处的还可以吧，因为我属于事儿比较少的一个人。比如有时候作为班主任，有值班嘛，安排值班的时候，给哪天值班都有可能，我就是排到哪天就值哪天，有的老师就说，关于我的事儿吧，没有什么乱七八糟的，挺好说话的，感觉我也是一个挺安静的，挺认真的一个人，我说，对，我就是属于那种感觉与世无争、乐于助人、认认真真的，交给我的活儿肯定是认真干，和同龄的教师或者老教师的相处也挺融洽，一起工作挺开心的。（YZX）
>
> 同事嘛，毕竟有可能有利益冲突，所以我看来，保持一定距离就行，别太亲密也别太别扭了。像我，头几年评职称的时候，因为我的论文、课题比较多，我又来学校比较早，算是老人了，正赶上那时候系里指标少竞争得很厉害，有的老师就觉得我占用别人资源了，还给领导写匿名信，举报我论文抄袭之类的不端行为，我当时特别生气，就很想把那个"小人"给揪出来好好理论理论，不过后来领导也很公平，查清楚了，我是被冤枉的，后来也顺利评上职称了。事情过后想想，过去也就算了。现在和其他同事相处都挺融洽的，一些同事知道这件事儿的，也都挺支持我，这对我来说就足够了。（WXP）

（3）与领导的关系："政治距离"引发的情绪波动

美国学者哈格里夫斯（Andy Hargreaves）从"社会—政治"的视角分析了影响教师专业发展中最重要的一个维度——情绪维度，认为"教学是一种'情绪实践'和'情绪劳动'活动"（Hargreaves,2001）。他主张从社会文化、道德、专业、政治等方面分析教师与他人的情绪互动，进而加强教师与他人之间的情绪理解，即所谓的"情绪地理"理论。该理论从五个维度来考察教师在专业发展和教育教学变革中的情绪变化因素，即社会文化距离、道德距离、专业距离、政治距离和物理距离（Hargreaves,2001）。其中"政治距离"理论指出，"情绪与人所处的权利和地位状况密切相关，等级性的权力关系会影响教师与他人交往中的情绪理解和情绪关系。由于教师在整个教育体系中一直处于'弱势群体'的地位，也就意味着一些位高权重的人会左右教师的权利和地位"（Hargreaves,2001），因此教师与上级领导交往的时候会产生情绪波动。这种情绪的产生通常会受到领导管理风格和学校组织氛围的影响,进而不同程度地影响教师的职业认同感、满意度和工作的积极性。例如,在一个较为专制主义的领导下工作的教师 LHL 很容易感到失望、不满和有较强的离职倾向,而对于教师 YDS 来说,宽松、平等的组织氛围让她产生了更强烈的组织认同和职业认同。

> 和领导相处也还可以吧,我个人觉得做好自己就行了,也没必要刻意迎合……我们这通常就是上头派了任务,下面的人就尽力去干,有苦有累就自己担着,基本不会向上去反映,反映了也没效果……比如说规定的制定、实施,基本我们一线老师是没有发言权的,领导基本也不会和我们沟通,领导就想着钱够花就行了……如果有一个比较好的工作机会,可能会放弃教师这个职业,因为这个目前看待遇确实是挺差的,氛围也差,官僚气息重。(LHL)
>
> 我们这里年轻老师多,很多领导也都很年轻,所以相处起来很融洽,平时也经常沟通,有困难的话,你去反映,领导也都很理解,能照顾的就照顾,感觉挺好的,所以大家经常说这"团队好不好,关键看领导"。(YDS)

与以上案例的情况不同的是,教师 STT 习惯上与上级领导保持一定的"距离",力求做到"兢兢业业,不卑不亢"(STT)。

> 有一些原来关系很好的同事,现在当领导了,那我自然就不再像原来一样和她交往了,说起来,也挺现实,没办法,毕竟大家位置不一样了嘛,想的事情也不一样,所以还是"君子之交淡如水"。你说我是明哲保身也好,是兢兢业业干好自己工作也好,总之我这个人也不会见风使舵,总之就觉得毕竟教师工作重心在上课、管学生、自己搞科研,人际关系嘛,还算比较简单,不像其他单位勾心斗角的事儿多。而且,说到底,大家只是职位不同嘛,领导也是人,也不能说他是个大官,我就得对他点头哈腰的,能做到不卑不亢最好了。(STT)

3. 对学校的感受——高职院校组织的影响

高职院校教师由于对职业发展道路选择的不同,年龄、性别、职称的不同,在各自学校所处位置的不同以及学校地理环境、文化氛围和组织管理风格的不同都会使他们对学校产生不同的感受和看法,这些看法又会左右他们职业道路的发展方向和自我评价及定位。

（1）"孤岛"之困：发展还是受限？

与普通高校相比，我国高职院校的发展起步较晚，随着近些年高职院校的扩招，学生数量在短时间内急速增加，造成原有的校舍、教学设备、师资等的严重不足，为了容纳新增的学生，扩大办学规模，许多学校开始建立新校区，把原来的校区称作老校区。因为城市土地的限制，新校区一般都建在远离老校区的市郊，这种空间布局不仅在物理环境上使新老校区处于隔离状态，而且由于周边社会环境建设滞后，文化底蕴不足，交通不便致使师生见面机会减少等原因使新校区成了"文化孤岛"（张华伟、廉永杰，2013）。这一方面由于客观环境的限制让不少青年教师产生"与世隔绝"的孤独和不适，另一方面也由于新老校区建设缺乏全面性和整体性，一些教师新老校区间"赶场"教育，耗费了大量时间和精力。教师 LHL 曾在担任二年级学生的一门课程时，学校启动了搬迁新校区的计划，故一年级新生的住宿和教学均在新校区进行。开学后，他既要承担一年级新生该门课程的教学，又要继续完成之前由二年级升为毕业班学生的课程。由于上课地点分设在新老校区，他不得不重新调整每天的作息和教学内容。

> 早几年就说搬家，校区没建好，老师们也不愿意去那么远，积极性都不大。后来又说 T、N 大学（985、211 类本科高校）也要搬过来，学生一多，肯定周围就慢慢建设起来了，大家也就配合着搬了。谁知道我们搬到这了，T、N大学迟迟没动静，周围还是荒凉得很……我这最后一年毕业班的课还是得上，因为学生马上毕业了就暂时还在老校区，可是新生在新校区，没办法，像我这样两头跑的老师也不少，每天花在路上的时间就占了一大半，起早贪黑的，特别累，而且两边校区条件不一样，还得考虑今天这个教室是不是可以用幻灯片，明天那个是不是需要自己带电脑或者让学生提前准备，一开始特别混乱，现在习惯了，慢慢也适应了，不过还是希望都尽快固定在一个地方，对学生对老师都好。（LHL）

和 LHL 情况不同的是，一些教师只需要在新校区工作，这对于从事行政事务的教师来说需要每天坐班，他们在新环境下适应较快，也与学生接触较多，而对于一些仅承担课程教学的青年教师来说，则由于交通不便，"有课才来学校"（MFT）让他们与学生、学校的接触时间大大缩短，使他们对学校产生了与以往迥然不同的感受。

搬家影响挺大的,本来我们基础课老师就跟学生接触不多,现在因为学校离家太远,基本上我就是有课才来学校,我又因为不是班主任,感觉就上课见见学生,平时很少能了解到他们。再有就是,同事之间也是各上各的课,对新环境还在适应阶段,没什么太多的交流,这样下去就感觉更闭塞了,和同行也不交流,和社会上其他行业的也交流不到,又在这个偏僻的地方,各方面都很受限。(MFT)

(2)"误入歧途":挽救失败的选择结果

对于不同职业发展道路的选择使一些青年教师遇到了不少未知的难题,有些教师在选定的职业道路上亲身体验过后甚至得出与选择前完全不同的看法和结论,例如 DHL 认为学校氛围不利于走行政路线,也和自己性格出入太大,而不由得萌生离职的念头,SKW 则在努力寻找自身优势,调整未来的发展路径,SLP 在综合考虑了个人志向、学校的发展前景以及就业市场机遇等多方因素,决定尝试进入其他教育部门,以挽救先前的"失败"。

原本是觉得当个小领导,各方面都有优势,评优评先啊、评职称都能有帮助,不过这实际干了一段时间,真觉得特别累,况且自己性格还是比较简单,别的老师都说我太单纯,似乎也玩不转人际关系中那么复杂的事儿。教学上也没有太大发展,每天按部就班地完成任务,很机械,时间长了,也没激情,就想着换个行业试试,我这也算有点技术,汽车方面的都还算比较懂,所以再找找外头的机会,在学校待着也封闭,我们这的氛围也属于不好不坏的,我自己感觉就有点不疼不痒,没啥发展。(DHL)

长远看,我也愿意干一些行政方面的事儿,只是教课,即便评上职称,也还是上课那些事儿,和上级领导接触还是有限,毕竟不是管理层,很多领域的事儿也不懂,也轮不到我们底层老师去了解,那对自己来说,视野就太窄了,所以有机会我还是愿意在职务上提升提升,感觉自己组织能力、沟通能力各方面比较强,家里事情也少,能把心思都集中到工作上,发挥自己优势。(SKW)

我们学校吧,你没太多想法,也算是个稳定工作挺好的,但是毕竟"庙"小,人浮于事、效率低的事儿也特别多,人际关系也比较复杂,氛围不好,但是没办法,你抱怨也没太大用,另外正好有朋友介绍,我也希望能去外头锻炼锻

炼,多见见世面,所以,能去管理部门,也还是教育行业,还能发挥自己专业和特长,特别期待。(SLP)

4. 工作与家庭的冲突——高职院校教师职业的影响

高校教师的一个显著特点是工作时间相对灵活,工作家庭界面相对模糊(林丹瑚、王芳等,2008),按常理高校教师不会或较少会遇到工作与家庭冲突严重的问题,然而以往的一些研究表明,弹性工作时间实际上导致高校教师更容易体验到高程度的工作和家庭之间的冲突(汤舒俊,2010)。柜比普通高校教师,高职院校教师教学工作量大、薪酬待遇不高、社会认可度和个人成就感较低等多方面原因都极其容易引发高职教师工作和家庭间的冲突,在面临这些冲突的时候,高职教师呈现出应对策略上的性别差异。

(1)女教师:平衡关系的"高手"

传统社会认为女性理应承担更多的家庭责任,因此为了给家庭生活预留足够的时间和精力,一些轻体力、环境舒适、时间灵活的工作被认定为更适合女性从事,其中教育行业也符合女性择业的社会预期。由于生理、心理、社会历史文化传统及两性角色的社会预期和定位对男女性格特征的差异化形塑,女教师被认为更适合从事教育领域中的基础教育阶段,而实际中,基础教育阶段中女教师的数量也超过了高等教育中女教师的数量。然而,近年来在中国,两性的角色分工日趋平等化和模糊化,女性受教育程度大幅提升,社会地位也呈逐年上升趋势,越来越多的女教师充实到高等教育的师资队伍当中。对于高职青年女教师来说,她们大多接受过高等教育,具备从事高等教育的专业能力和资格;她们基本上是我国改革开放后成长起来的一代年轻人,思想开放,独立意识强,普遍认同性别平等的现代观念;她们作为新时代的年轻女性,更在意自己在社会生活、职场、经济上的地位,更愿意在努力工作的同时经营好自己的家庭。正如教师 YZX 所言,"平衡好工作、家庭和自己的内心,才更能散发女性的魅力和特质"。

　　习惯这种工作状态了,虽然忙,但是家里因为有老人(父母亲)帮忙照顾孩子,减轻了不少负担……不能为了家庭耽误工作,当然也不能说为了工作就不顾家里,所以我现在比起刚上班的时候已经好多了,对工作越来越熟悉,做起来效率也高,家里的事情安排好,基本也不会占用太多时间,所以还是提高效率最重要,再有就是锻炼好身体,有精神有体力才能应付工作家庭两不误。(YDS)

（2）男教师：家庭为工作"让步"

中国社会传统家庭观念中"男主外，女主内"的既定印象和性别角色预期使男性要承担更多的挣钱养家的责任，因此对于高职青年男教师来说，即使他们需要承担较重的工作负荷（工作时间长、工作量大等），甚至因此而干扰到家庭也都不会使他们感知到工作和家庭间的冲突，反而被多数男教师视作"男人以事业为重"（CDM）的合理性表现。此外，由于高职教师，尤其是选择"做教师"职业道路的教师，他们工作时间相对灵活、弹性大、有一定的自主性，这使得工作和家庭的边界相对模糊，家庭事务容易溢至工作领域中，导致家庭对工作的干扰，这时，在非紧急事件的情况下，一些男教师选择工作优先，而让他们的妻子或长辈等其他家庭成员来承担大部分的家庭事务，以解其"后顾之忧"。

　　男人嘛，以事业为主，工作还是特别重要的，家庭方面，当然有急事的时候肯定要先顾家里，一般情况下都是爱人和长辈来分担，这也能让我全心投入工作，毕竟当老师这个工作还是很辛苦的，平时除了备课、上课、做科研，还要管理好学生，了解学生，才能更好地授课，更好地和他们相处。（CDM）

三、制度性因素与高等职业院校青年教师职业发展的关系分析

从微观的、个人行动的角度来分析高职院校青年教师对职业发展道路的选择，必须要回答的问题就是如何解释行动者（决策人）的选择行动（决策行为），以及行动背后的逻辑是什么。已有相关研究提供了两种可能的解释方向，一是强调个人能动性而忽视结构限制作用的理性选择理论（参见第三章第三部分内容），二是关注个人和结构之间互动的结构化理论。

在本章第二部分对高职院校青年教师职业发展道路的选择过程和对选择结构的调整进行分析之后，本部分从整体上讨论影响高职院校青年教师职业发展中决策行为的制度性因素（包括正式制度和非正式制度），重新理解这些因素与高职院校青年教师的职业选择行为之间的互动关系，并借助结构化理论来解释教师决策是如何超越理性选择理论而在实践中发挥作用的。

（一）结构的力量：高职院校青年教师职业发展道路选择的影响因素

从本研究深度访谈所收集的资料显示，高职院校青年教师在职业发展过程中，选择职业发展道路和应对发展过程中出现的困境时，性格特征、性别、市场、基于组织层面的学校文化氛围和领导管理风格等非正式制度，以及基于政策层面的与高职院校教师和高等职业教育发展相关的各项制度法规等正式制度所产生的影响最为显著。因此，这里姑且将影响高职院校青年教师个人职业道路选择行为的正式制度和非正式制度看作为"结构"，其与"个人"（青年教师的职业发展决策行为）之间的互动是本研究始终围绕的主题。

1. 个人层面：性别、性格特征和兴趣对择业的影响

劳动的性别分工导致职业的性别化（吴小英，2000）。我国传统的性别观念"男强女弱"导致职业价值观的性别差异，正如本部分前文所述，教师职业（特别是中小学教师职业）一般被视为是"女性职业"，故高职女教师认为自己在高等教育领域工作已然是占据了较高的社会地位，并拥有较高的收入，这使她们在进入工作领域后，更多的是维持现有工作状态而非寻求职业上更大的提升或发展空间，因此她们更愿意选择"做教师"的职业发展道路，因为"当领导"在权力和学术资源的占有方面并不能给予她们更多的职业成就感，反而是既能照顾好家庭，又能兼顾好工作，才使她们更能够"散发女性的魅力"（YZX）。青年教师个人的性格特征、兴趣、职业夙愿等也往往是影响其从业方向的重要因素，详细见本章第二部分相关内容的阐述。

2. 社会层面：市场和文化传统对择业的影响

市场对于高职院校教师的影响，在本研究中主要体现在教师择业时期的就业市场形势以及教师从业时期市场竞争机制的影响两个方面。任何人在面临就业的时候，除了考虑个人的专业、兴趣、理想、职业价值观等附着于个体的内在因素以外，还在很大程度上受到外界因素，例如就业市场形势的影响。简单地说，市场对某个职业呈现"供大于求"或"供求平衡"的状态时，个人进入这个职业的机会较多，通道较顺畅，反之亦然。高职教师在选择是否进入高职院校之时，也不可避免地受到劳动力市场这一强大的结构性因素的影响。进入高职院校之后，市场对于教师职业发展的影响作用依然没有消退，例如教师的职业价值观会在相当大程度上受到市场因素的影响。市场经济体制下对名、权、利的追逐成为当下处在转型期的中国社会的一种普遍的价值取向，这种风气也侵染了高职院校，使一些教

师的职业信念发生了改变,个别教师出现服务意识薄弱、责任感淡化的现象,转向通过校外兼职、有偿授课等"走穴"行为来增加收入(如教师 HDL)。这无疑会对教师的专业发展产生一定的负面影响,甚至使教师在职业发展道路选择的关键时刻面临道德和利益的冲突,对于一些缺乏自控力的青年教师则极易做出违背自己良心和师德的失范行为。因此,职业价值观并非一成不变,它会随着时间的推移、环境的变化、市场的影响以及"生活偶然性"①事件的发生而发生变化,这便需要青年教师不断明确、坚定自己的职业价值观,使其发挥积极作用,指引职业发展的方向。另外,关于社会文化传统的影响作用详见本章第二部分相关内容的阐述。

3.组织氛围:影响教师职业认同的关键要素

从访谈情况看,影响高职院校青年教师职业认同的最主要因素主要有这几个方面:

(1)学生的学习反馈及学生与教师的沟通,如教师 YZX 所言:

"代班主任期间,孩子们和我关系都比较好,特别是班长能帮助我处理很多事情,有时候类似学生之间的小冲突、小矛盾,班长和几个班委就处理得很好,并且都是在处理完了之后才告诉我,这一方面让我觉得带学生很顺利,很舒服,另一方面也觉得正是因为有学生支持,我才更应该干好这个工作。"

教师 SKW 也谈到学生对自己教学工作改进所起到的积极作用:

"前一段时间我发现上课学生睡觉的多,后来就私下问了大家对上课内容的接受情况,后来才知道是因为进度太快,学生适应不了,于是我就调整了教学的内容,效果还是不错的,从那以后,可能学生也愿意和我随时保持沟通,我经常能从学生的反馈那知道他们的学习进度和听课感受,所以经常修改教案,调整上课的内容、技巧、方法之类的,效果很好。"

(2)领导的管理风格。如本章上一节第三部分内容所述,高职院校校长以及系部领导的管理风格会对教师个人的职业发展产生影响。通常,在一种上下级之间信任和支持的氛围里,教师被给予的自主权和专业成长的机会较多,上下级之

---

① 　生活偶然性(life contingency)在这里是指教师所处的环境在其职业生涯中可能起到的关键性作用,而在特定环境中一些未预期事件的发生也会对职业选择产生主要作用。

间的沟通也较为顺畅,那么教师的反应通常是积极的,也更容易产生强烈的职业认同和组织认同。而相反,专制型领导的管理风格则容易使教师疲于应付繁杂的检查、督导等行政事务而致使教学热情丧失,专业发展受限,甚至萌生离职的念头(如教师 LHL)。

(3)与教师发展相关的特殊介入活动。致力于促进教师发展的一些教学活动、教研活动、企业实践活动等虽然从制度安排者的角度来说是要达到促进教师发展,提升教师专业能力的目的,然而在实际实行过程中,有些活动由于缺乏针对性和持续性则未能有的放矢地发挥其积极作用。教师 SLP 在参加了校内组织的多种形式的教研活动后,表示"没什么太大用处,当时专家讲讲,我们听听,过段时间就忘了,不能直接解决我们的根本问题,感觉这种活动就变成了'应付差事'";教师 STT 也提及企业实践活动更多地针对学生而非教师,"形式大于内容",从学校到企业,只是改变了工作地点,对教师个人的实践能力提升并未起到有效作用。

(4)学校组织的观念文化。所谓学校组织的观念文化,是指学校组织文化中的观念部分,包括学校组织中的特定的思想意识、价值观念等,其中,学校的校风和学风是一个十分重要的标志,能够比较集中地体现一个学校组织的观念文化(谢维和,2000)。高职院校青年教师普遍对学校组织的观念文化有较为强烈的触感,也较容易受其影响。例如,教师 SLP 认为他所在学校的校风是"比较急功近利","老师们只求多上课,多挣课时费,质量是否保证则无暇顾及"。他坦言,入职初期他严格要求自己认真备课上课,但时间长了,他的努力并未得到领导的认可和重视,年终考核的时候又由于他没有其他老师的总工作量多,反而在教学考核的时候处于劣势,这使他备受挫折。久而久之,在这种"重数量、轻质量"文化氛围的侵染下,他日益丧失了工作动力和热情,最终采取了"折中"的应对策略——"以完成任务量为主,有余力的情况下再尽量寻求质量"。与他不同的是,教师 ZXJ 所在的高职院校是国家示范性优秀建设院校和全国职业教育的先进单位,在"求真、务实、创新"的校风和学风的影浸润下,ZXJ 表示"好的氛围让老师们个个兢兢业业,积极向上,新老教师之间能互帮互助,领导和下属沟通也比较顺畅,累并幸福着"。可见,学校组织的观念文化对教师形成自己的职业文化观并在一定程度上引导教师行为产生了巨大的潜在作用,而这种作用又进一步形塑着教师的行动策略和职业发展方向。

4.教师制度:形塑职业发展道路的不可抗拒因素

如果说学校的组织氛围对教师职业的发展属于非正式制度范畴的影响,那么各个高职院校具体实施的各项教师制度则是对教师职业发展具有强制性约束力的正式制度。如前文所述,高职院校教师制度对于规范教师行为具有较强的约束功能,教师职业发展道路的选择和走向也在很大程度上受到各项教师制度的约束和指引。教师 ZZX 和 SKW 在面临"职业高原"现象时所采取的应对策略以及教师 YDS 在面临教学政策变化时所做出的调整真实地反映出教师制度及其变化对教师行动策略的引导和干预后果。虽然也有个别教师能够巧妙地规避一些制度对其职业发展的影响,但整体来看,教师在规划和选择职业发展道路的时候都无法直接忽视各项教师制度对其产生的外显的或内隐的影响。

(二)对职业道路选择行为的解释:超越理性选择理论

对高职院校青年教师职业道路选择和制度性因素的影响进行分析之后,重新审视理性选择理论对高职院校青年教师职业道路选择行动做出的理论解释时,可以发现,在基本形式上,高职院校青年教师的职业道路选择行动似乎具备了理性选择理论所需的要素(见图 3.8),即设定一个职业发展目标("做教师""当领导"、前两者之间的兼容或交替),收集与"做教师""当领导"发展道路相关的信息作为证据,基于信息形成对自己和所处环境的信念,即对于事实是什么的判断,最后选取最佳行动方案用以达成目标。若仔细查看厄尔斯特对理性选择理论的描述,我们会发现仅仅包含这些基本要素还不足以成为一个完全的理性选择行动,还需要具备以下特征:行动是达成行动者欲望的(唯一)最好方式、这种行动的选择时基于行动者所能形成的(唯一)最好信念、这种信念是基于最优数量的证据(Elster, 1994)。

作为行动者,他/她的所有选择行动都不是在真空环境中进行的,当各种制度性因素进入青年教师的职业选择行动,它们就开始在选择的各个环节发挥作用,致使看似同样是理性行动的职业道路选择呈现出诸如本章第二部分描述的各不相同的职业发展路径。在制度性因素的作用下,是否有唯一最好的方式、是否有唯一最好的信念、是否有最优数量的证据都要打个问号。下面从理性选择理论的几个核心概念入手,探讨结构化理论的适切性。

1. 欲望(desire)的产生

在最初的理性选择理论模型中,欲望(desire)是唯一一个独立存在的、不由其他要素(行动、信念、证据)引发的因素。在随后修正的理论模型中,厄尔斯特认为动机是引发欲望的基础,动机包括理智、激情和自利(Elster, 2009)。其中理智和情感是脱离具体的社会情境,是带有主观意志决定主义色彩的。从教师的访谈结果看,无论是在择业之初,还是在进入高职院校选择职业发展路径的时候,教师想要达到的目标很多时候并非是完全的自由意志所决定。尤其是当教师自身的人力资本(学历、资格)和社会资本(人脉网络)在就业市场中处于劣势的时候,他们在设定目标时则常常出现目标的分化,即一个是理想状态下的目标,一个是现实中的目标。在择业之初,教师 LHL 的理想目标是进入本科院校,而现实目标则是能在高职院校工作至少可以满足他做老师的心愿。教师 SLP 在教学岗位上工作了近 5 年时间,他对自己未来职业发展的理想目标是读博士提升科研能力,而考虑到职称评审制度对教学和科研方面的要求,他的现实目标则是自学提高科研能力,"等到职称(副教授)评下来之后,再想抽时间读博"(SLP)。可见,这里教师的理想目标是源于一种激情的欲望,多是出于自己的职业热情和追求,但是真正指导他们选择行动的却是结构性因素修剪过后的目标,比如就业市场形势对择业的影响、教师制度对职业道路走向的影响等。

2. 信念(belief)与记忆痕迹(memory trace)

理性选择理论认为人的行动需要经过两个筛选器:1. 环境的限制(constraints),即行动者面临的机会集合(opportunity set);2. 个人的喜好(preference)或欲望(desire)(Elster, 1989)。在以上两者之间,厄尔斯特认为限制和机会是更为基础的概念,因为它们与个人心理层面的喜好和欲望相比,限制和机会更容易识别,更容易被改变(Elster, 1989)。但是在具体行动中,限制和机会不能直接作用于行动者的行为和态度,而是通过行动者的信念(belief),即他/她主观相信自己面临的机会来产生影响。吉登斯认为,人的行动是作为一种绵延而发生的,是一种持续不断的行为流,正如认知一样。有目的的行动并不是由一堆或一系列单个分离的意图(intention)、理由(reason)或动机(motive)组成的(吉登斯,1998)。因此,可以说,个人的行动是一个持续不断的动态过程。并且,人们在日常生活实践中持续不断的行动是受到一种日积月累而形成的习惯性的实践意识的指导而产生的,而不仅仅靠信念来激发。这种习惯性的实践意识是指行动者在社会生活的具体情境中,无须明言就知道如何"进行"的那些意识(吉登斯,1998),即吉登斯所言的"记忆痕迹"(memory trace)。记忆痕迹作为留存于人们头脑中的一种意识,既是社会结构内在于行动者的结构性意识,又是促成人们行动的意识性因素。

谈到对职业的发展规划时,父母同为高职院校教师的 WBQ 相信自己在高职院校教师这个岗位上的发展是顺畅的,而且觉得自己当下选择"做教师"的发展道路,将来会成为教学科研型的教授;主动选择担任行政工作的教师 LXY 认为自己未来会继续围绕学生管理工作来探寻职业发展的方向,而且相信自己将来能够成为管理精英;教师 ZRZ 觉得自己有能力兼顾教学和行政工作,这对他来说是满足"自我实现"的最佳选择。这些对职业发展规划的信念均不是且不可能是建立在一个尚未发生的事实证据之上,这种"无须明言"便知道如何"进行"的原始信念不仅成为一种留在人们头脑中的精神意识,而且成为指导人们行动的身体意识,它们是在人们过去已经发生、现在正在发生以及未来将要发生的持续不断的行动流中形成的经验(记忆痕迹)。此外,人们有时候并不能够清楚地意识到自己是基于什么确凿的证据对自己未来的职业规划和发展方向产生如此的信念,记忆痕迹帮助他们在无意识的、非故意的情形下形成他们对自己所处情境的知觉,可以"一边预想即将到来的新信息,一边在脑子里还消化着旧有的信息"(吉登斯,1998)。伴随着人们对这种信念形成过程的遗忘,基于不同时空上形成的记忆痕迹,这些实际上受制于结构性因素限制的信念成了他们各自眼中毋庸置疑的"事实"和"理所当然"的选择。

3. 作为证据的信息

在理性选择理论中,证据为行动者形成信念提供信息依据,这里证据的量需要最优化,既不能收集过多而错过了行动的时机,也不能太少而不足以使行动者对各种方案的结果做出判断并形成关于行动的信念(Elster, 1989)。否则,行动者就无法做出所谓的理性选择。

在访谈中可以看到,教师想要获得作为证据的最优化的、不多不少的信息是有相当难度的,有时这种难度也会因教师处于不同的职业发展阶段和在学校组织中不同的地位而产生差异。入职仅有一年多的教师 YLY 由于处于费斯勒职业发展理论中所指的第二阶段,即实习导入阶段,尚未与其他同事和上级领导建立起沟通顺畅的、亲密的人际关系网络,无法使她获得用于职业发展道路选择的可借鉴的经验性信息,她基本上是通过学校网站关于本校骨干教师的先进事例介绍、听取优秀教师的报告、向系里给她分配的指导老师寻求意见等方式获取信息,而这些信息几乎是人人都能获得的,其全面性和准确性不高。教师 ZXJ 由于在其工作的高职院校时间长达 15 年,再加之他在该校求学的 6 年时间,他可谓是该校的"老人"。此外,他还是该校主体专业的学科带头人和骨干教师,多年来不但带领学生获奖无数,自己也连年受到学校表彰,可谓是学校标杆性的"榜样人物"。因此,作为模范教师,他在学校组织中所享有的荣誉地位和学术地位要远远高于其他教师,同时也与领导层建立了亲密关系,这些都为他选择职业发展道路的时候提供了许多内部信息,这些信息有时甚至是与整个学校发展战略相关的"机密性"信息,显然这些信息不是每个教师都能轻易获取的。

厄尔斯特认为收集多少证据才是合适的这个问题很难有定论,如果行动者面临的是一个典型化的、可预测程度很高的古老问题,收集更多信息可能带来的利弊是显而易见的;如果行动者面临的是一个独特的、奇异的或紧急的问题,收集的信息太多或太少都可能是有风险的(Elster,1989)。面对职业道路的选择这样既充满偶然性、突发性又可能充满典型性、可预期性的复杂情境时,收集信息的内容、数量、质量的情况显然对每个教师来说都是重要的。选择的做出也都是有风险的。即使对同一个学校的教师来说,教师个人在人力资本(这里主要指以教龄为标志的从业资历)和社会资本(学校内部的人际网络)方面较为薄弱,在获取足够数量和质量的信息方面便处于明显的弱势。相反,如果教师在以上两方面拥有相对的优势,或者能够与熟知职业发展状况的知情人(insider,可能是有丰富经验的优秀教师或学校管理层、决策层的核心人物)建立密切联系,则可以大幅度提升可获得信息的数量和质量,从而降低选择的风险。因此,理性选择理论中关于获取最优数量证据的假设,在高职院校青年教师选择职业发展道路时所具有的解释力显得差强人意。

4. 结构化理论的解释

从上面的分析可以看出,有关高职院校教师职业发展道路的行动,从准备到选择,再到面对选择结果的调整,理性选择理论无法提供完备的解释。这种理论是从实践中抽象出一种客观模型或法则,又将它视为实践的规范,只是主观地建构了一种"客观"的表征。高职院校青年教师的职业发展道路选择行动只是在形式上具备了理性选择理论所讲的基本要素,若要深入理解这种行动,有必要超越理性选择的逻辑,将高职院校青年教师视为行动者,将他们的选择行动视为一种具体的实践活动。考察这种具体活动,则始终要考察它在结构性因素的限制下,在教师头脑中"记忆痕迹"的影响下,每个因素的内涵和具体表现形式都发生了什么变化以及教师是如何在结构性因素(规则)的指导下,利用自己拥有的各种资本(资源)来支配自己和他人的行动。因此,这种选择行动充满了不确定性、模糊性、情境性特征。无论是行动目标还是行动者的信念和可能收集到的信息,都不再是唯一的、最优的,而是被结构规约、限制剪裁过的、在"记忆痕迹"的影响下发生变形的,有时甚至会偏离行动者最初设立的目标,"由于一些未预料到的结构性因素的制约,有计划有目的地行动会产生一些未预期的意外后果"(吉登斯,1998),而这些"未预期的意外后果"又可能以某种反馈的方式,不断聚集,形成行动的未被认识到的条件并形成新的结构进一步制约今后的行动。"人类的历史是由人的有意图的活动创造的,但它并不是某种合乎意图的筹划,它总是顽固地躲开人们将其置于自觉意识指引之下的努力"(吉登斯,1998)。因此,基于这些因素形成的理性选择理论不能给予教师的选择行动充分的理论解释。相比之下,吉登斯的结构化理论关注的是特定情境下,这些结构性因素是如何通过留存于行动者头脑中的"记忆痕迹"影响并作用于行动者的决策和行为,更适合用于解释高职院校青年教师的职业发展道路选择行动。此外,青年教师的个人决策和教师制度之间的关系也恰好是社会学中行动者和社会结构之间关系的一种具体的、现实的体现,反映了个人和结构之间的"二重性"(吉登斯,1998)。结构(教师制度)既是行动(青年教师职业发展决策行为)的中介,又是行动的结果。对个人(青年教师)来说,结构(教师制度等一系列结构性因素)不是"外在"的,结构作为记忆痕迹,具体体现在行动者(青年教师)的各种社会实践中,是"内在于"行动者的活动。同时,青年教师个人又具有强大的个体能动性,他们做出的职业路径选择总是个人自觉主动地选择的结果,会因个人的职业理想、性格特征及兴趣的不同以及自身性别、市场、文化传统、组织氛围等的影响而做出符合自身实际、契合外界环境的最合理化的选择。例如教师DHL的"离职规划"便是一种挣脱体制束缚,期望寻求自身发展的极具个性化和自主性特色的决策行为。因此,青年教师的职业发展路径的整个选择过程是在自主选择(个人)和高职院校教师制度规约(结构)的共同作用下得以实现的。本研究即是在吉登斯的结构化理论的引导下,力图摆脱单纯从制度、组织、社会或个人层面等视角来分析高职院校青年教师的职业发展问题的思维框架,尝试寻找高职院校教师制度为高职院校青年教师职业发展所设置的边界,寻找高职院校青年教师在制度规约中所拥有的"权力"和所做出的行动决策,寻找高职院校教师制度变迁过程中出现的意外后果及对于制度再生产的重要意义。因此在某种意义上,本研究可以看作是在高职院校这一特定社会组织中对吉登斯结构化理论的一次局部验证。

第七章

结 语

　　出于对个人能动性和社会结构之间关系的好奇以及对当前我国高职院校教师制度实施和改革中所引发的诸多现实问题的困惑,笔者将研究重心聚焦于探查高职院校组织中教师制度与青年教师职业发展之间的互动关系。在前文中,本研究采用理论分析、历史性的制度分析、实证分析等方法对上述问题进行了多角度的阐释和探讨。本章将以此为基础,梳理研究发现,提出研究结论和贡献,并从实践层面提出深化高职院校教师制度改革和完善高职院校青年教师职业发展的政策建议。同时对本研究进行深入反思提出新修正的研究框架,指出研究存在的局限性及未来进一步探索的方向。

一、研究发现和贡献

　　在第一章第一部分,笔者提出了本研究的三个研究问题。首先,高职院校教师制度与高职院校青年教师的职业发展之间具有什么样的关系? 其次,高职院校青年教师进行职业发展道路的选择过程是怎么样的并且是如何调整这个选择结果的? 第三,教师个人的选择行动和社会结构(教师制度)之间是如何互动的? 总结前文内容,对研究发现进行如下概述并提出本研究的理论和实践贡献。

(一)高职院校教师制度的作用:强制规约还是形同虚设?

　　现代高等职业教育在我国的发展虽然起步较晚,但是从改革开放后至今的四十年间,我国职业教育,尤其是高等职业教育在发展过程中彰显出的"中国特色、职业特色、原创特色既体现了我国高等职业教育的自信,也是我国教育对世界教育的一种独特贡献"(姜大源,2015)。然而,在"贡献"和"成绩"的背后,需要我们时刻警醒和反思的是,高等职业教育的质量发展还有极大的提升空间,尤其是师资队伍的质量提升。近年来,我国在完善高职师资队伍建设方面做出了诸多努力,例如教育部、财政部启动实施职业院校教师素质提高计划,加强"双师型"师资队伍建设;专任教师数量逐年增加,高学历、高职称教师人数增多,教师队伍结构不断优化;加强高职院校教师的培养培训,开展各种级别和类型的师资培训项目等方面。然而,无论是与普通本科院校相比,还是与国外同类院校相比,高职院校教师队伍建设还有待提高,尤其是有关教师的各项制度建设及完善工作还十分不足。

因教师制度与教师职业发展之间存在紧密关联,高职院校教师制度的完善可以说是高职院校教师职业发展顺利进行的有力保障,而高职院校教师职业发展的不同路径也在一定程度上影响甚至牵动着教师制度的改革和变迁。这恰好体现了吉登斯结构化理论的立场和视角,即超越制度和个人的二元对立论。高职院校教师制度是影响青年教师职业发展的一个重要因素,这种影响兼具制约性和使动性两个特性。高职院校教师制度对青年教师职业发展起到一定的约束和规范作用,为青年教师职业发展设置了边界和发展路径,同时也为青年教师的发展提供了方向、机遇和保障,减少了青年教师所面临的多种不确定性,使职业发展成为可能。这主要体现在:1. 高职院校教师的职称评审制度对青年教师职业发展的道路选择起到巨大的导向作用。选择"做教师"的职业发展路径在很大程度上意味着攀爬职称晋升的阶梯,"助教""讲师""副教授""教授"不仅仅是教师的职称头衔,更是表现专业能力高低、显示职业发展优劣的重要衡量指标。可以说,职称评审制度是青年教师规划职业发展路径和目标的重要依据和参照系。如果说职称评审制度所起到的导向作用是明确的、显性的,那么在一些高职院校,教师晋升制度则表现出模糊的、隐性的引导作用。例如教师 ZRZ 所在的高职院校,其教师晋升制度表现出一定程度的性别偏向性,而这种偏向性是不言自明的、默许的、被学校内部人员所共同知晓的"潜在规则",它不存在于学校官方的政策文件或规章制度中,但又被教师们所普遍认可接受,并对教师的职业发展方向起到较大的隐性推动作用;2. 高职院校教师培养培训制度对青年教师的职业发展起到巨大的促进作用。青年教师职业能力的提升很大程度上依赖入职后的教师教育与培训。近年来由于我国对高职院校师资队伍建设的重视,师资培养和培训的开展力度逐年大增。相较以往,高职院校青年教师能够获得较多的培训机会。访谈中发现,大多数青年教师自入职以来,每年都能接受院校、省市、国家等不同层面的多种进修和培训机会,这对青年教师个人的专业能力提升和未来职业发展规划都起到了积极的促进作用。可以说,青年教师普遍在教师培养培训制度的规约和保障下来寻求自身的提升空间和努力方向;3.高职院校教师薪酬制度对青年教师是否选择进入高职院校以及未来的职业路径规划均起到巨大的决定性作用。我国教师法虽然规定教师平均工资水平不低于或高于国家公务员的平均工资水平,但是直到2010年,教师行业在国民经济19个行业的排名中居于第10位,仍然处于中等偏下的位置(薛二勇,2014)。尤其是对于高职院校教师来说,与普通高校教师相比,在工资待遇方面因院校不同而呈现较大差异。选择工资高、待遇好的高职院校成为一些青年教师择业时首先考虑的重要因素;由于待遇不理想,社会声望低等原因,一些青年教师选择从事校外的兼职工作来增加收入,进而付出较多的时间精力在"贴补家用"上,一定程度上忽略了其作为高职教师本职工作的职业发展和规划。可以说,高职院校教师薪酬制度成为左右青年教师从业方向和职业发展路径的"指挥棒"。

另一方面,高职院校教师作为能动的行动者,并非总是身陷于制度中丧失自主性并处于被动地位的木偶,教师的职业发展决策总是在衡量了自己所处的具体问题情境之后,在综合考量了主客观因素之后而采取的有目的、有意图的个人行动。制度所具有的约束力"只有在绝少的情况下才以强制(compulsion)的面目出现,其他所有的约束,无论多么沉重和深远,都必须以那些受制于它们的人的某种默认为前提。哪怕是死亡的威胁,也得是被威胁的人对生命有所珍视,才会产生效果"(吉登斯,1998)。可以说,高职院校教师制度并不能绝对地控制教师的职业活动,相反,高职院校教师制度如果不是受到制度中某种力量的"吸引"(而非"强迫"),这些制度将无法"推动"教师去做任何行动和决策,这些制度也无法得以存在和延续。因此,决定教师如何行动的真正力量不是外在的制度,而是教师自身的决策,虽然很多教师将制度规约作为解释自身行动的理由且认为自己的行动是迫不得已的,但是这仍然不能否认个体决策的决定性作用。这里并非要否认制度的作用,高职院校教师制度对于高职院校教师的职业发展具有毋庸置疑的重要影响力,但是它所做的就是为教师提供了一些可能性选择的集合,至于在实践中教师究竟如何抉择自己的职业发展道路是取决于他/她有目的、有意图的行动和结构性因素互动之后得到的结果。这可以通过高职院校教师的资格制度和考核制度与青年教师职业发展的关系来窥探究竟:1.在选择进入高职院校之时,较为宽松的高职院校教师资格制度对青年人成为高职院校教师的影响不大。从访谈的情况看,天津市多数高职院校青年教师毕业于普通高校(本科、硕士、博士博毕业生均有),虽然也有部分青年教师毕业于职业技术师范院校,但他们在入职前均未考取高校教师资格证书,通常是入职后的半年到一年间准备并通过考试。另外,对于"高职院校教师应具备相关专业的从业经历和实践经验"这个要求来说,大部分青年教师由于经历的是"从学校(毕业院校)到学校(就业院校)"的从业路径,故无法真正满足这一要求。可以说,高职院校教师资格制度在制定和执行上的背离,即受到教师评价"唯学历论"价值导向的影响,也受到高职院校当前师资短缺的现状影响。然而制度制定和执行的背离所带来的后果便是教师数量的扩充在短期内满足了高职院校规模扩张的需要,但长期来看,势必由于忽略了教师质量和水平而致使青年教师在专业化和职业发展的道路上步履维艰;2.高职院校教师的考核制度并未成为约束青年教师职业发展的强制性力量。高职院校教师的考核制度因校而异,因岗而异,甚至因人而异的状况致使一些青年教师在熟悉考核制度的各项细则后,能够巧妙完美地规避制度对他们的约束,突破制度对他们的规限,进而寻求符合个人意愿和兴趣的发展路径。因此,可以说,一些高职院校教师的考核制度在制定、执行和监督上的欠缺和漏洞使其如"纸老虎"一般形同虚设,丧失了对青年教师职业发展的导向和约束作用。

在我国高职院校教师制度是随着高等职业教育的发展和演进而形成的一种社会文化存在。高职院校青年教师和其他利益相关方在高职院校教师制度的约束下,通过理性选择和主动推动使高职院校教师制度得到改变或创新。在不同国家、地区的高职院校青年教师的职业发展会由于教师制度变迁呈现不同样态,并呈现出不同的特征。

(二)高职院校青年教师职业发展样态:一个持续动态的历程

本研究通过深入剖析高职院校教师制度与青年教师职业发展间的关系,可以描绘出高职院校青年教师职业发展道路选择的全景图,在理论和实践层面做出如下探索:

就理论层面而言,通过对青年教师职业发展道路的选择过程以及选择后的调整,以及选择行动中个人与结构的互动关系进行分析,本研究首先突破了已有研究对静态的基于个人、组织、社会等方面因素对高职院校教师职业发展的影响的关注,揭示了由行动者参与的职业发展的动态历程。职业发展道路不是作为一种预先规划好的在某个时间点偶然被教师选择的,教师作为行动者,通过择业准备、职业发展中的决策以及选择之后的调整甚至多次选择最终"获得"了某种职业发展路径。

其次,本研究以教师制度为主线,重点论述高职院校教师制度对青年教师职业发展所发挥的作用,回应了个人与结构的关系问题,并基于这样的理论关注,试图突破理性选择理论模型,找到更适合解释高职院校青年教师职业发展道路选择行动的理论。在制度性因素的影响下,青年教师并非身陷于制度的囹圄之中,被动地、消极地回应结构对其行动制约所带来的强大外界力量。相反,青年教师作为积极的、主动的行动者,其所采取的职业决策行为可以看作是有目的、有意图的行动,他们确定的职业发展目标可能是非经济的、被现实条件限制而修剪过的,他们对自己和环境持有的信念可能是经过自我排斥的,受制于留存于他们头脑中的"记忆痕迹"影响下个人所认知到的"事实",他们搜集到的信息可能是不全面的甚至不准确的。基于这样的目标、信念和证据做出的职业选择行动,虽然是有目的、有意图的,但也可能带来一些未预期的"意外后果",从而进一步形成新的结构制约今后的行动。因此,理性选择理论作为一种理想模型,可以成为青年教师对职业发展道路选择行为进行解释的理论起点,若要做出更恰切的解释,则有必要引入个人与结构的互动,用一种突出个体主观能动作用的结构化理论来探讨社会结构是如何沉淀在个人的"记忆痕迹"当中,以及个人是如何通过具体的职业实践活动来维持或改变他们的职业发展路径,并影响和塑成社会结构。

就实践层面而言,通过对高职院校青年教师职业发展道路选择过程及教师制度这一结构性影响因素的分析,本研究对优化青年教师职业选择具有一定的指导意义。就青年教师个人来说,择业准备阶段教师制度对其从业选择所产生的影响、进入高职院校后职业发展道路的选择阶段对职业环境的判断和相关信息的获取、选定职业道路后的调整阶段获取促进职业发展的各种资源的意识和能力以及对学校组织文化的适应,都直接关系青年教师是否能够选择适合自身的职业道路并真正获得发展和提升。如果青年教师能够更清楚地意识到这些因素的影响,制度、学校、社会等能够在各个环节上提供相应的政策、情感和资源支持,将有助于优化青年教师的职业道路选择,从而保障青年教师职业发展的顺利进行,提升师资质量。

当然,青年教师个人是否具备这样的意识和能力,与他们在职场中所具有经济、专业、社会网络、文化等方面的资源密切相关,这种资源差异不是短时间内可以改变的。因此,选择的优化不能只依靠青年教师个人,高职院校作为保障教师职业发展的坚实后盾仍有很大的作为空间。比如在青年教师入职之初,结合不同教师的具体情况,制定职业目标和发展规划,提供适度的培训;职业道路选择阶段提供相关信息和技术咨询;调整阶段对青年教师心理发展的辅导和职业规划的指导等,如果在这些方面,学校可以为青年教师,尤其是职业发展并不十分顺畅的青年教师做得更多,将在一定程度上弥补结构性资源缺乏带来的不足。

二、政策建议

作为行动者,高职院校青年教师的职业道路是否顺畅很大程度上依托于其所具备的专业资本(人力资本、社会资本、决策资本)①,这决定了其在高职院校组织结构中的位置,而这种位置与职业发展有关资源的分配形成的对应关系是显而易见的。因此,除了前文提及的教师制度、学校、社会可以在青年教师职业道路选择的各个环节提供资源和帮助,教育政策也可以而且应当在打破组织结构和资源分配的对应关系方面做出更多努力。这种努力不仅包括试图解决问题的政策制定,还要包括关注如何解决问题的政策实施和讨论是否真正解决问题的政策评价。近年来,与高职院校教师和高等职业教育发展有关的政策纷纷出台,显示出对高职院校师资发展和质量提升问题的特别关注,但是在政策实施和政策评价方面的实践和研究还远远不够,致使很多已经浮出水面的问题没得到真正解决。以下几个方面的政策制定、执行与评价有待进一步完善。

(一)制定科学严格的师资准入制度

高职院校师资队伍的质量建设首先要把好入门关,即制定严格的教师资格认定标准和准入制度,促进教师的职业专业化建设。正如本研究第四章的分析显示,发达国家高等职业教育之所以取得卓越的发展成就,有一条共同的经验就是均建立了严格的师资准入制度,都特别强调高职院校教师应具备丰富的实践经验和相关行业的工作经历。我国目前还未建立起全国统一的高职院校教师资格制度和认定标准,还未有专项法律条款或规章制度对此予以规定和说明,学历主义的价值观还在深刻影响着高职院校教师的培养和选拔。师资队伍建设不仅在于教师数量的增加,更在于教师质量的提升,而这首先要靠科学严格的准入制度的建立予以保障。

---

① 专业资本理论(professional capital)是由安迪·哈格里夫斯(Andy Hargreaves)和迈克·富兰(Michael Fullan)提出的对于教师职业发展和学校教学具有重要意义的教师发展理论。专业资本由三类资本构成:人力资本(human capital)、社会资本(social capital)、决策资本(decisional capital)。人力资本可以视为一个人的"天赋"(talent);社会资本是指个人或群体之间的协作能力;决策资本是指运用智慧和专业知识对培养多年的学习者做出合理的判断和抉择(Hargreaves, 2012)。

（二）提高师资培养培训制度的实效性和针对性

如本研究第五章第三部分内容所示,我国近年来关于高职院校教师的培训体系建设在逐年完善,并且出台了一系列提高教师素质和专业能力的培训计划和方案,具体实施虽然已经落实到各个高职院校,也基本能够惠及大多数高职院校教师,尤其是入职时间尚短的青年教师,但是根据相关文献和笔者的访谈情况来看,高职院校教师对参与培训的效果和感受较不乐观。这主要是由于目前培训方式固有的一些缺陷造成的,如培训时间有限、持续性不足、集中授课或讲座的方式较多从而忽略了实践技能的训练、实用性和针对性欠缺、忽视对教师职业道德的训练等。因此,在政策制定时,除了要调整培训制度的具体实施方式和内容,也有必要引入监督和反馈机制,实时跟踪和反馈培训效果,以便用于之后的修正和完善。高职院校也需要深化与企业的合作,整合高职院校与行业间的各种教育资源,建立长期的师资培训目标和灵活多样、个性化的培训项目,提高培训的有效性和针对性。拓展培训的内容,除了理论知识以外,也着重对高职院校教师的职业态度、职业道德和价值观等方面的培训,并通过切实有效的企业考察实践、专项技能培训等方式不断提高教师的专业实践技能。

（三）实施契合高职院校教师发展的师资评价制度

高职院校教师和普通高校教师是属于高等教育系统中两个不同类型的子系统,他们的专业发展路向理应由于工作对象、情境和性质的不同而有所区别。高职院校的办学目标限定了高职院校教师的专业发展路向是"双师型"的,不同于以培养兼具人文素养和科学素养、全面发展的人才为目标的普通高校,其教师的专业发展路向是"学术型"的。依旧套用对普通高校教师的考核评价制度显然是与高职院校教师的专业发展路向相悖的,因此,研制相对独立的适用于高职院校教师的评价制度,尤其是职称评审标准,建立"双师型"导向的、依据不同岗位的教师进行分类考量的、侧重实践教学和专业技能标准考核的、强调应用开发研究和科技发明而非学术研究的科研考核标准的评价制度,才能消解目前适用于普通高校教师的评审制度对高等职业教育系统的侵扰和高职院校教师的误导,才能逐渐改善高职院校教师在职称获得机会上的不利地位,进而扫除高等职业教育内涵建设的羁绊。天津市在这方面已经率先做出了制度改革的尝试,其效果如何还有待时间和实践的检验。

（四）突破传统的高职院校教师人事管理制度

高职院校教师制度是高职院校人事管理制度的一个组成部分。传统的人事管理观念是以"事"为中心，侧重由外而内的管理和控制，人处于从属地位。自从1954年管理学家彼得·德鲁克（Peter Druker）提出"人力资源"的概念后，人们开始重新认识组织中的成员，对组织中人力资源的获取、开发、维护等管理活动成为组织管理成功的关键因素。高职院校组织同样如此，突破传统的人事管理观念，强调以"人"为中心，侧重由内而外的发展、促进教师和高职院校组织的协调共赢是当前制度改革的必经之路。由以往制定规范限制教师的职业发展边界和激励教师竞争的传统做法转向为教师发展创造机会、开发潜能、激发教师的自主性和自觉性为主的做法是高职院校实施人力资源管理方式的基础。具体来说，一方面依托日益完善的高职院校教师制度，在综合分析教师个人职业发展需求和高职院校组织发展需求的基础上，由高职院校机构、专门的职业规划管理人员和高职院校教师三方合作，通过有计划的、持续的努力实现高职院校教师的职业发展；另一方面，依托高职院校作为推动教师发展的主要组织者，建立有组织的高职院校教师职业发展开发系统，以及针对不同教龄、性别、专业、职称和处于不同职业发展阶段的教师设置职业发展的系统规划方案并建立个人专业成长档案，借助高职院校原有基地，集中开展教职人员培训和多样化的教师发展活动，鼓励教师个性自由发展，设立专项职业发展基金，提供充足的财力物力支持。值得强调的是，所有这些都有赖于高职院校教师积极主动、真实广泛地参与到自身职业发展、教师制度改革和高职院校的发展之中。因此，探寻高职院校教师职业发展动力和参与教师制度改革的有效途径始终是深化高等职业教育改革的一个必要环节。

三、研究反思与修正

本研究将影响高职院校青年教师职业发展的结构性因素聚焦于教师制度这个维度，将高职院校教师制度约简化为与青年教师个人决策相对应的社会"结构"。高职院校教师制度作为影响青年教师职业发展的一个极其重要的结构性因素，它所发挥的作用贯穿了青年教师职业发展道路决策的各个阶段。然而对于高职院校青年教师职业发展这样一个持续动态的、复杂多样的过程来说，高职院校教师制度绝不可能是唯一的影响因素，故如若进一步对该问题进行思考和提升，可以对本研究框架进行一些修正。

(一)高职院校青年教师职业发展决策:多种因素共同作用的结果

从本研究中对天津市部分高职院校青年教师的职业发展问题,尤其是职业发展道路的选择问题的实证研究来看,青年教师在择业之时和职业道路选择过程中不仅仅受到高职院校教师制度的影响,还往往受制于青年教师的兴趣和性格特征、性别、市场、文化传统的作用以及教师所处的高职院校组织氛围的影响。甚至有时候高职院校教师制度的影响作用并不是那么显著地影响和作用于青年教师在职业活动中的选择行为,这既是缘于影响青年教师职业发展的主客观、内外部因素众多繁杂,不可能只是单一因素在发挥作用,也是由于我国目前尚未完善的高职院校教师制度对青年教师职业发展所起到的积极促进作用还十分有限,甚至在有些时候,高职院校教师制度所发挥的作用更多地停留于正式制度所具有的表层化的、形式上的规范和约束,而在具体的、情境化的职业活动中,青年教师会巧妙地规避开正式制度的限制,反而更多地受到非正式制度(如市场的作用、高职院校组织氛围等)所发挥的潜移默化的影响或者个人主观判断的引导而开展行动。

青年教师的职业发展受到多种结构性因素共同发挥作用所产生的影响,这些因素的影响在每个青年教师身上的作用方式不同:出生在与从事教育行业相关的文化资本较多的家庭中,并且在个人成长过程中积累了一定的人力资本,形成了与教育行业相关的职业价值观的男性,在进入高职院校这一职场后,不会因为市场竞争机制的干扰而影响自身的职业道路选择,所处的组织氛围和制度环境对个人的职业发展均起到有利的、积极的促进作用的时候,他身处的社会结构能够提供给他的资源和支持往往与他获得顺利的职业发展和提升的期望和努力方向是一致的,这时结构性因素就扮演了一种促进的力量,让行动者"自然而然"地获得职业提升;出生在家庭文化资本较为匮乏的,且个人的教育经历并未给予职业选择方面的帮助和支持的女性,在从事高职院校教师工作之后,因为受到传统文化的压力,以及身处并不积极鼓励女性在职业发展中能创造多少成就的组织氛围和制度环境的影响下,她身处的社会结构能够提供给她的资源和支持往往与她在职场中向上流动的期望和努力方向不一致,这时结构性因素就扮演了一种束缚的力量,给她通向顺利、成功的职业发展道路形成多重障碍。

当然,上述情况只是极端且理想化的两种类型,现实情境中青年教师的职业发展道路可能主要受到其中一种或几种结构性因素的影响,他们会受到来自社会结构的不同程度的促进或阻碍力量。在这些结构性因素的影响下,青年教师在他/她熟悉的生活环境、工作环境和社会环境中形成了相应的决策行为方式,有关职业发展道路的目标、信念和信息也经过了这些社会结构的筛选和过滤,在每个青年教师面临的具体情境中发生了变形,而不是理性选择理论所说的唯一和最优。在此基础上,青年教师做出的有目的、有意图的选择行动就会自然地适应于他/她所处的环境,与理性选择理论相比,结构化理论更适合用于解释这种具备较强个体能动性的选择行动。

此外,如果说从结构入手的研究已经发现的有些青年教师因个人、学校、社会环境的不同在职业发展应对策略上存在差异化表现,那么本研究则是要指出,这种差异化结果之所以得以形成,每一个与之有关的个人并非置身之外,而是作为一种实践的行动者时刻参与其中。行动者不仅时刻受到来自差异性结构的影响,也在促成这个差异性结构的进一步形成。因此,突破此局面,切实保障每个青年教师职业发展的顺利进行要从结构(制度建设和资源配置)和行动者(个人决策的形成与改变)两方面入手。只关注结构就会形成完善教师制度就能提高师资质量的幻想,只关注行动者则会过分强调个人专业能力提升的努力、奋斗,而推卸政府和政策在促进整体教师队伍建设,优化教师队伍结构,提供保障教师职业发展的资源、支持、机会和平台等方面的责任。

(二)修正后的研究框架:从理性选择理论到结构化理论

根据上述的反思,这里对第三章第三部分提出的研究框架(图3.8)进行修正,修正后的理论框架如图7.1所示。与图3.8相比,修改后的框架图更准确地表现了社会结构和行动者的关系,即行动者在各种结构性因素组成的空间内进行职业实践活动。

在结构方面,就本研究的发现而言,这里与高职院校青年教师职业发展道路选择有关的结构性因素包含了教师的性格特征和兴趣、性别、市场、社会文化传统、组织氛围、教师制度六个方面,每个青年教师因其在各种结构性因素上的情况不同,而位于社会空间的不同位置。位于结构之中的行动者,受到来自结构性因素的影响,同时也通过有目的、有意图的行动与结构进行互动。如果放大其中某个具体的行动者,则发现行动者不是完全被动地承受结构性因素施加的力量,而是通过自己的具体实践活动,维持或者改变着他/她在结构中的位置。

在行动者方面,与第三章第三部分图3.7的理性选择理论模型相比较,形似的模型已经产生概念和含义上的变化:1.图3.7中的"目标"是以理智、激情或自利为动机的理想目标,这里的"目标"是受到结构性因素规约的、未必以经济利益最大化为动机的现实目标;2.图3.7中的"信念"是根据个人掌握的证据而持有的最优化的信念,这里行动者对自己及其环境的判断未必是基于实际可获得的证据,而是由结构已经沉淀在个人头脑中的"记忆痕迹"来维持某种对"事实"的认知和理解;3.图3.7中的"证据"要求收集到合适的数量,这里的"信息"没有用以判断多少数量才是合适的标准,即使面对类型的问题情境,不同背景的青年教师实际能够获得的信息在数量和质量上也都存在差异;4.图3.7中的"行动"是基于合适数量的证据、最优化的信念所采取的能够达到理想目标的最佳行动方案,遵循的是一种理论的逻辑,而这里的行动(主要指决策行为)则是有目的、有意图的选择行为和实践活动,体现的是个体能动性作用的发挥。

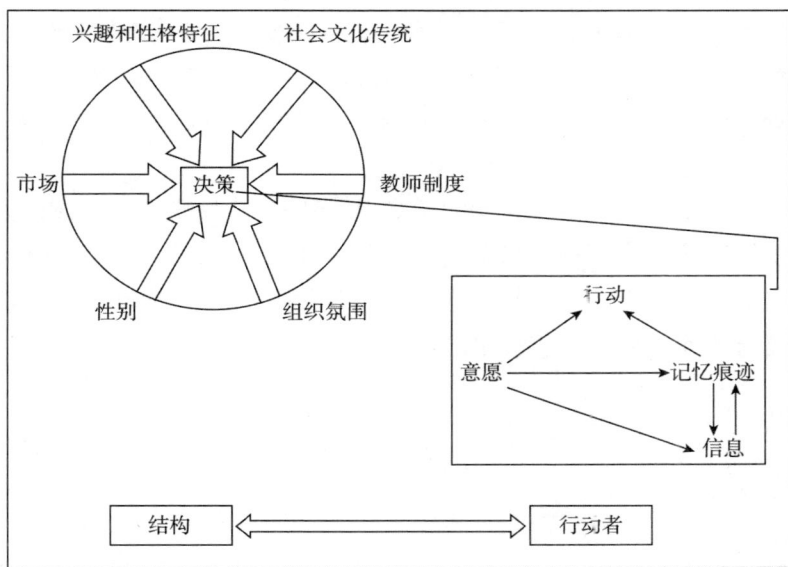

图7.1 修正后的理论框架

四、研究局限

由于时间和研究者能力所限,本研究还存在一些方面的局限。首先,在第六章的实证研究部分,主要采取的质性研究方法。作为一项质性研究,研究者本人也是研究工具的一部分,而研究者也曾有过高职院校的工作经历,也亲身经历过作为高职院校教师所要面临的职业发展问题,并对自己的职业发展道路选择有诸多反思。在提出访谈问题、理解和分析受访者的语言和行为时,研究者难免受到自身经历和观点的影响。研究者尽量从受访者的角度理解他们的处境和看法,但毕竟研究者在地区、学校、性别等方面不可能具备多重体验,很难百分之百做到与来自不同背景的高职院校教师感同身受。这种来自研究者背景的影响对研究的效度具有一定限制。

其次,在取样方面,考虑到研究的可行性和样本获取的难易程度,本研究不能保证所选择的高职院校青年教师覆盖到了高职院校中的各种青年教师群体。因此,本研究并不期望将研究发现和结论推广至所有高职院校青年教师群体,研究并不关心青年教师具体来自什么院校、选择了什么具体的职业道路,而是试图通过有限的案例,分析其选择背后的行动逻辑。

再次,在文献资料方面,可参考的相关资料较少。中外学者们虽然非常重视对高等教育的研究,但作为高等职业教育还未成为高等教育的研究者们所普遍热衷的研究领域,关于高等职业教育方面的研究成果和文献资料还远不如普通高等教育那么汗牛充栋。

最后,由于研究者自身知识积累不足,缺乏跨学科的研究能力,研究深度有限。众所周知,社会科学的研究需要有宽厚广博的知识积累,并需要以教育学、社会学、管理学、哲学、历史等方面的专业知识及多种交叉学科知识为研究基础,这些方面是研究者自身所极度缺乏的。

五、后续研究

影响高职院校青年教师职业发展道路选择的结构性因素可能超出本研究总结的范围,受限于本研究收集到的数据,这里无法对其他可能的因素进行分析和讨论,如果将来有机会继续收集相关数据,则有可能将研究进行拓展。

由于高职院校教师的职业发展问题是一个持续的、动态变化的复杂过程,处于不同院校、不同职业发展阶段、不同职称、不同困境以及具有不同职业经历的教师在职业生涯的道路上所做出的不同选择也充满了变数和复杂性,故将来可以考虑对此问题进行长期持续的关注和追踪研究。另外,本研究选取青年教师作为研究对象,在一定程度上反映出其职业发展的相关问题,但是随着教龄的增加,当青年教师逐渐步入中老年职业人的行列时,又会遇到职业发展中的新问题和新处境。对于教师个人来说,年龄不能成为割裂他们整个职业生命的外界因素。若要全面完整地分析教师整体的职业发展历程,则不仅要关注教师进入高职院校之前的职业选择以及进入高职院校后职业发展部分阶段(截至费斯勒职业发展阶段中第四、五、六阶段)的研究,而且有必要继续拓展至职业生涯结束之时,即覆盖职业发展过程的全部阶段,将来可以考虑就此开展专项研究。在后续研究中,有必要更多地关注高职院校教师的整个职业历程,以期对高职院校师资队伍建设和高等职业教育的质量提升提供理论和实践参考。

附录A

《高等职业院校青年教师职业发展》访谈提纲

1. 个人基本信息

性别、年龄、学历、专业、教龄、职称

2. 择业原因

(1)出于什么原因选择在高职院校就职？工作是为了什么？

(2)是否喜欢高职院校教师职业？

(3)对目前职业状况的满意度如何？

3. 高职院校青年教师职业道路选择状况

(1)个人：教科研情况（目前承担的教学工作量，对教学的态度；如何提高教学技巧？教学上是否得到同事或领导的指点和评价？希望在教学上得到哪方面的帮助？是否需要提高学历？如何看待目前的职称评审制度？科研方面的困难和压力有哪些？申请科研课题和经费的难易程度如何？专业发展规划如何？是否经常参加学术会议、得到进修培训机会？如何看待目前的教师培训制度？如何处理教学和科研的关系？工作重心如何分配？)；如何规划职业发展路径并做出选择；各项教师制度对职业路径选择的影响极其表现形式；人际关系（与学生、同事、领导的关系）；工作和家庭是否存在冲突，如何调节？

(2)组织和文化氛围：是否经常参加学校组织的相关教师活动？如何了解学校的相关政策和制度？学校中是否有允许个人利益和诉求表达的渠道，如何表达？学校组织特性和管理风格是否对个人发展有影响，如果有，表现在哪些方面？

(3)国家政策：如何了解国家关于高职教师的相关政策和实施情况？是否有表达关于政策实施、评价、监督等相关意见的渠道？政策实施对学校和自身的影响如何？

4. 制度影响和看法

对入职培训、教学实习、助教制度的看法，学校各项管理制度对自身职业发展的影响如何？学校提供了哪些支持和帮助？希望学校在哪些方面予以改进？

附录B

受访者基本情况表

代码	性别	年龄	任教学校	所教专业	学历	教龄	职称	是否"双师型"	是否担任班主任	是否担任其他行政职务
SLP	男	34	S	物流管理	硕士	4.5 年	讲师	是	是	否
LHL	男	35	S	经济管理	硕士	12 年	副教授	是	是	否
WHD	男	29	Z	机械制造	硕士	3 年	讲师	是	否	否
YZX	女	35	T	企业管理	硕士	8 年	副教授	是	是	是
YDS	女	32	Q	商务英语	硕士	4 年	讲师	是	否	否
ZXJ	男	37	Z	数控机床	本科	15 年	副教授	是	是	是
WBQ	女	28	Y	服装设计	本科	3 年	讲师	是	是	否
CDM	男	38	T	播音主持	硕士	12 年	副教授	是	是	否
ZMS	女	33	D	软件技术	硕士	7 年	讲师	是	否	否
DHL	男	36	J	汽车维修	本科	10 年	讲师	是	否	否
YLY	女	28	Y	艺术设计	硕士	1 年	助教	否	否	否
STT	女	33	Q	市场营销	本科	7 年	讲师	是	否	否
HDL	男	36	W	国际贸易实务	硕士	10 年	讲师	是	否	否
MFT	女	28	X	英语	本科	5 年	讲师	否	否	否
LXY	男	34	J	物流管理	本科	9 年	讲师	否	是	是
LAZ	男	27	D	管理信息系统	本科	3 年	助教	否	否	是
CPH	女	30	Y	英语	本科	5 年	讲师	否	否	否
GDG	男	32	W	会计	本科	7 年	讲师	是	否	否
ZRZ	男	37	J	工程测量技术	本科	10 年	副教授	是	否	是

代码	性别	年龄	任教学校	所教专业	学历	教龄	职称	是否"双师型"	是否担任班主任	是否担任其他行政职务
LSM	女	40	S	经济管理	本科	17 年	副教授	是	否	是
ZZX	男	35	Z	电气自动化	硕士	8 年	讲师	是	否	否
SKW	女	33	S	企业管理	硕士	7 年	讲师	是	是	否
YGW	男	39	S	市场营销	硕士	13 年	讲师	是	是	否
XDH	女	38	Y	英语	硕士	13 年	讲师	是	是	否
SLY	男	37	S	中药炮制	硕士	12 年	讲师	是	否	否
ZJH	女	36	D	计算机技术	硕士	10 年	讲师	是	是	否
GJQ	男	40	W	会计	硕士	16 年	副教授	是	否	否
FZQ	女	34	X	食品加工技术	本科	8 年	讲师	是	否	否
WDZ	男	37	X	印刷技术	硕士	12 年	讲师	是	是	否
WXP	女	40	Q	物联网技术	硕士	16 年	讲师	是	否	否

参考文献

中文文献:

[德]菲利普·葛洛曼.国际视野下的职业教育师资培养.石伟平,译.北京:外语教学与研究出版社,2011.

[德]马克斯·韦伯.学术与政治.钱永祥,译.南京:广西师范大学出版社,2010.

[法]费埃德伯格.权力与规则:组织行动的动力.张月,译.上海:上海人民出版社,2005.

[美]道格拉斯·诺思.制度、制度变迁与经济绩效.杭行,译.上海:格致出版社,2014.

[美]菲利普·津巴多.路西法效应:好人是如何变成恶魔的.孙佩妏,陈雅馨,译.上海:生活·读书·新知三联书店,2010.

[美]费斯勒.教师职业生涯周期:教师专业发展指导.董丽敏,高耀明,译.北京:中国轻工业出版社,2005.

[美]格林豪斯.职业管理:第4版.王伟,译.北京:清华大学出版社,2014.

[美]赫伯特·西蒙.管理决策新科学.李柱流,汤俊澄,译.北京:中国社会科学出版社,1982.

[美]劳蒂.学校教师的社会学研究.饶从满,译.北京:人民教育出版社,2011.

[美]罗伯特·伯恩鲍姆.大学运行模式——大学组织与领导的控制系统.别敦荣,译.北京:中国海洋大学出版社,2003.

[美]罗伯特·里尔登,[美]珍妮特·伦兹.职业生涯发展与规划:第3版.侯志瑾,译.北京:中国人民大学出版社,2010.

[美]马奇.决策是如何产生的.王元歌,章爱民,译.北京:机械工业出版社,2007.

［美］莫里森．第二曲线．张晓,译．北京:团结出版社,1997.

［美］施恩．职业锚:发现你的真正价值．北森测评网,译．北京:中国财政经济出版社,2004.

［日］青木昌彦．比较制度分析．周黎安,译．上海:上海远东出版社,2001.

［英］安东尼·吉登斯．社会的构成．李康、李猛,译．北京:生活·读书·新知三联书店,1998.

［英］亚当·斯密．道德情操论．王秀莉,译．上海:上海三联出版社,2008.

包金玲．校企合作背景下高职师资队伍建设面临的问题及对策．中国职业技术教育,2016(3).

毕宪顺,杨海山,王艳明．高校学术人员参与管理和决策的调查与研究．高校教育研究,2005(4).

查吉德．职业教育教师资格制度研究:制度有效性的视角．广州:暨南大学出版社,2011.

陈德云．美国 NBPTS 职业技术教育优秀教师专业标准的新发展．全球教育展望,2016(3).

陈俊．高职教师队伍建设的制度创新．成都:西南交通大学出版社,2009.

陈天祥．公共部门人力资源管理及案例教程(修订版)．北京:中国人民大学出版社,2011.

陈向明．质的研究方法与社会科学研究．北京:教育科学出版社,2000.

陈云涛．高职青年教师政治认同、职业认同和文化认同状况分析．中国青年研究,2015(2).

程振响．教师职业生涯规划与发展设计．南京:南京师范大学出版社,2006.

邓敏．新德美澳等典型国家高职教师培养培训的启示．教育教学论坛,2014(46).

邓志良,赵佩华．引入企业评价力促质量评价方式改革．中国高等教育,2009(2).

方桐清．对高职教师资格认定若干问题的思考．教育与职业,2009(12).

冯晋祥．中外高等职业技术教育比较．北京:高等教育出版社,2002.

付雪凌,石伟平．美、澳、欧盟职业教育教师专业能力标准比较研究．比较教育研究,2010(12).

傅道春．教师的成长与发展．北京:教育科学出版社,2002.

高明,王平安．高职院校教师薪酬激励制度研究与构建．黑龙江高教研究,

2010(9).

高强华. 师资培育问题研究. 台北师大书苑有限公司,1996.

高松. 德国职教师资见习及第二次国家考试制度探究. 职教论坛,2011(24).

高松. 关于职业教育特性及职业院校专业设置问题的思考. 职教论坛,2012(12).

谷茂,李卓梅,颜菲. 高职院校教师聘期考核办法优化思考——以深圳职业技术学院为例. 深圳职业技术学院学报,2016(4).

顾明远. 教师的职业特点与教师专业化. 教师教育研究,2004(6).

管玮. 高职院校青年教师职业倦怠的成因解析及应对策略. 职教通讯,2015(2).

郭平,杨越. 高校青年教师职业生涯发展现状与对策研究. 中国青年研究,2010(7).

郝思佳. 浅谈知识型员工在企业中的管理激励问题. 财经界(学术版),2011(8).

何霞,袁祖望. 高职教师"职业高原"现象个体成因类型调查. 高教探索,2009(6).

何霞. 高职院校教师激励模型的验证性因素分析——基于28所高职院校的抽样调查. 中国高教研究,2014(3).

胡伟,李汉林. 单位作为一种制度——关于单位研究的一种视角. 江苏社会科学,2003(6).

胡跃强,郝立宁. 国外高职层次教师状况及专业发展概述. 教育与职业,2010(2).

黄萍. 职教教师职务评审标准修订实践探讨——以天津市为例. 天津职业技术师范大学学报,2016(2).

黄旭东. 关于我国高职院校组织结构"改善"的几点思考. 福建商业高等专科学校学报,2008(4).

黄旭升,董桂玲. 高等职业院校教师职业认同情况研究. 中国职业技术教育,2015(18).

黄尧. 职业教育学——原理与应用. 北京:高等教育出版社,2009.

黄义良. 谈中小学教师生涯规划之阶段、策略与动线分析. 台北市立师院国教新知,2001(1).

贾荣固．略论教师职业生涯发展．大连教育学院学报，2002(1)．

江怀雁，刘豫黔，刁庆东．高职院校青年教师师德师风建设浅析．山西师大学报(社会科学版)，2013(5)．

姜大源，刘立新，译．(德国)联邦职业教育法(BBiG)(2005年4月11日版)．中国职业技术教育，2005(32)．

姜大源．当代世界职业教育发展趋势研究．北京：电子工业出版社，2012．

姜大源．高等职业教育的定位．武汉职业技术学院学报，2008(2)．

姜大源．论中国高等职业教育对世界教育的独特贡献．中国职业技术教育，2015(36)．

姜大源．现代职业教育与国家资格框架构建．中国职业技术教育，2014(21)．

姜惠．当代国际高等职业技术教育概论．兰州：兰州大学出版社，2002．

揭爱花．单位：一种特殊的社会生活空间．浙江大学学报(人文社会科学版)，2000(5)．

今野浩一郎．欧美多国公共职业训练制度与现状——德、法、美、英四国比较调查．独立行政法人，劳动政策研究·研修机构，2009．

金一强．基于Web2.0的行动导向式高职青年教师混合培训模式研究．教育与职业，2015(7)．

康永久．教育制度的生成与变革：新制度教育学论纲．北京：教育科学出版社，2003．

孔祥兰、张桂春．美国社区学院教师队伍管理研究．中国成人教育，2011(3)．

匡瑛．比较高等职业教育：发展与变革．上海：上海教育出版社，2006．

雷呈勇．论高职院校"双师型"教师培养的几种模式．成人教育，2009(9)．

雷家彬．高职教师职称评价标准的比较研究．高校教育管理，2016(4)．

李定仁，赵昌木．教师及其成长研究：回顾与前瞻．教育理论与实践，2003(6)．

李汉林．中国单位现象与城市社区的整合机制．社会学研究，1993(5)．

李汉林．转型社会中的整合于控制——关于中国单位制度变迁的思考．吉林大学社会科学学报，2007(4)．

李继延．中外职业教育体系建设与制度改革比较研究．上海：复旦大学出版社，2014．

李均．中国高等专科教育发展史略．汕头大学学报(人文科学版)，1998(2)．

李蔺田．中国职业技术教育史．北京：高等教育出版社，1994．

李梦卿，安培．日本高等职业教育教师入职资格研究．现代教育管理，2016(2)．

李强，王昊．中国社会分层结构的四个世界．社会科学战线，2014(9)．

李强．"丁字型"社会结构与"结构紧张"．社会学研究，2005(2)．

李友梅．组织社会学及其决策分析．上海：上海大学出版社，2001．

梁玉霜．高校教师工资制度改革的回顾与思考．黑龙江高教研究，1989(2)．

林崇德．发展心理学．杭州：浙江教育出版社，2002．

林丹瑚，王芳．高校教师工作家庭关系、工作特征与生活满意度的研究．心理学探新，2008(1)．

刘金伟，张荆，李君甫．北京高校教师薪酬满意度及其影响因素分析——基于北京地区18所高校教师的抽样调查．复旦教育论坛．2012(1)．

刘猛．"'双师型'教师"：一个中国特色概念的语用分析．教师教育研究，2012(6)．

刘晓林．以人为本的高职薪酬开发探讨．教育与职业，2008(15)．

刘欣．高职院校组织结构的再造．职业技术教育(教科版)，2005(22)．

刘英杰．中国教育大事典，1949－1990．杭州：浙江教育出版社，1993．

刘玉照，张敦福等．社会转型与结构变迁．上海：上海人民出版社，格致出版社，2007．

刘湛恩．欧美职业教育最近概况及其与中国职业教育之比较//章华明．刘湛恩文集．上海：上海交通大学出版社，2011．

刘志鹏，别敦荣，张笛梅．20世纪的中国高等教育．教学卷(上册)．北京：高等教育出版社，2006．

卢乃桂，钟亚妮．国际视野中的教师专业发展．比较教育研究，2006(2)．

卢现祥．西方新制度经济学．北京：中国发展出版社，1996．

罗星海．日本高职"双师型"教师培养的特色及启示．武汉职业技术学院学报，2013(2)．

吕鑫祥．高等职业技术教育研究．上海：上海教育出版社，1998．

马成荣．职业院校教师素质提升与制度安排．教育发展研究，2010(10)．

马光远．全面准确理解中国经济新常态．经济参考报，2014年11月10日。

马健生，郑一丹．美国洛杉矶社区学院教师的任用、培训经验与启示．外国教育研究,2004(12).

马庆发. 中国职业教育研究新进展·2009. 上海:华东师范大学出版社,2011.

马树超,郭扬. 中国高等职业教育——历史的抉择. 北京:高等教育出版社,2009.

马树超,瓦格纳. 面向未来的职业技术教育. 上海:上海科技教育出版社,2001.

麦可思研究院. 一项问卷调查显示,超半数教师有倦怠感——当大学教师遭遇职业倦怠. 中国教育报,2015-10-21.

梅新林,吴锋民. 中国教师队伍建设问题与建议:基于天津、吉林、江苏、浙江、河南、贵州、甘肃七省(市)的调研. 北京:中国社会科学出版社,2011.

米兰,杨彦如,吕倩娜. 高职专业教师企业实践方案及其实施——以北京电子科技职业学院为例. 中国职业技术教育,2011(1).

穆小燕,王传捷. 日本职业教育师资队伍建设的特点及启示. 日本问题研究,2006(2).

穆晓霞. 高等职业教育的探索与创新. 南京:南京师范大学出版社,2009.

南海,郭建芳. 论中国"双师型"教师概念的创新——基于新工业革命的研究视角. 当代继续教育,2016(6).

潘懋元. 福建船政学堂的历史地位及其影响. 教育研究,1998(8).

潘懋元. 应用型人才培养的理论与实践. 厦门:厦门大学出版社,2011.

彭爽. 美国、德国、日本高职师资队伍建设的特色与启示. 职业教育研究,2006(12).

强晓华,王守恒. 高职院校教师职业倦怠现状调查与消解策略研究. 职教论坛,2010(13).

璩鑫圭,童富勇,张守智. 中国近代教育史资料汇编(实业教育,师范教育). 上海:上海教育出版社,2007.

曲铁华,马艳芬. 德国职业教师培养培训及其对我国的启示——以农业职业教师为中心. 外国教育研究,2007(12).

饶见维. 教师专业发展——理论与实务. 台北:五南图书出版公司1998.

上海市教育科学研究院,麦可思研究员. 2016中国高等职业教育质量年度报告. 北京:高等教育出版社,2016.

石伟平. 比较职业技术教育. 上海:华东师范大学出版社,2001.

史枫．高职院校教师综合能力评价:基点与设计．中国职业技术教育,2008 (16).

寺田盛纪．日本职业教育和训练的研究状况及其课题．华东师范大学学报 (教育科学版),2001(19).

苏小冬．英国职业教育"双师型"师资建设模式借鉴．教育与职业,2014(4).

孙蓓雄．"双师型"背景下的高职院校青年教师培养机制研究．黑龙江高教 研究,2012(2).

孙翠香,卢双盈．"双师型"教师政策变迁:过程、特点及未来态势．职业技术 教育,2013(28).

汤书福,应俊辉,富春伟．工学结合模式下高职教师评价体系改革刍议．中 国职业技术教育,2013(32).

汤舒俊．高校教师工作家庭冲突与职业倦怠:社会支持的中介作用．教育学 术月刊,2010(9).

汤晓华,张巾帼,徐红岩．德国巴符州职业院校教师见习培养和第二次国家 考试探析．中国职业技术教育,2015(27).

天濑光二,中道麻子．诸外国能力评价制度——英、德、美、法、中、韩、欧盟的 调查．独立行政法人,劳动政策研究·研修机构,2012.

汪丁丁．经济发展与制度创新．上海:上海出版社,1995.

汪雯．国外高校教师薪酬管理的特色与发展趋势．现代管理科学,2008(1).

汪亚明,谢征．结构性双师型:我国高职院校师资队伍建设之方略．中国高 教研究,2011(10).

王保华．高等学校设置理论与实践．武汉:华中师范大学出版社,2000.

王建初．美国社区学院的师资队伍建设研究．比较教育研究,2003(3).

王健．基于心理契约的高职教师薪酬激励制度建构要点探析．内蒙古师范 大学学报(教育科学版),2014(3).

王清连,张社字．职业教育社会学．北京:教育科学出版社,2008.

王伟哲,闫志利,常有作．高职教师绩效工资制度:理论基础、当代纷争及改 革趋势．新疆职业教育研究,2014(3).

王晓莉,卢乃桂．期望中的教师专业性:政策文本分析的视角．教育发展研 究,2009(2).

王毅,卢崇高,季跃东．高等职业教育理论探索与实践．南京:东南大学出版 社,2006.

韦志文．现代职业教育体系下高职青年教师的培养策略．中国成人教育，2014(17)．

魏洁．发达国家高校薪酬制度解析与启示．南京理工大学学报(社会科学版)，2014(5)．

吴广顺，李潇．美德两国职业教育教师资格制度及其对我国的启示．职教论坛，2015(8)．

吴洪成．中国近代职业教育制度史研究．北京：知识产权出版社，2012.

吴小英．科学、文化与性别：女性主义的诠释．北京：中国社会科学出版社，2000.

吴雪萍，董星涛．从院校分工看我国高职院校的定位与特色．职业技术教育(教科版)，2005(16)．

吴雪萍．国际职业技术教育研究．杭州：浙江大学出版社，2004.

吴雪萍．基础与应用：高等职业教育政策研究．杭州：浙江教育出版社，2007.

吴艳茹．寻路——制度规约下的大学教师职业生涯研究．北京：中国社会科学出版社，2013.

吴玉伦．清末实业教育制度变迁．北京：教育科学出版社，2009.

萧鸣政．人才评价机制问题探析．北京大学学报(哲学社会科学版)，2009(3)．

谢莉花，王建初．职业教育教师的职业技术能力及其培养．职业技术教育，2017(4)．

谢维和．教育活动的社会学分析：一种教育社会学的研究．北京：教育科学出版社，2000.

熊丙奇．体制迷墙：大学问题高端访问．成都：天地出版社，2005.

熊发涯．德国巴符州职业院校教师进修方式对办好我国高职教育国培班的启示．教师教育论坛，2014(7)．

徐成钢．国外高职教育发展的模式、特色及对我国的启示．学术界，2014(6)．

薛二勇．提高我国教师待遇的政策分析．北京师范大学学报(社会科学版)，2014(4)．

严新平．新时期高等职业教育探索．武汉：武汉理工大学出版社，2003.

阎保平．关于高职高专教师教学评价问题的思考．教育理论与实践，2005(7)．

杨海燕,李硕豪.回顾与前瞻:我国高校教师专业发展问题研究十年.中国大学教学,2015(4).

杨金土.20世纪我国高职发展历程回顾.中国职业技术教育,2017(9).

杨金土.30年重大变革——中国1979-2008年职业教育要事概录.北京:教育科学出版社,2011.

杨京楼,申小军,陈新.关于高职院校兼职教师聘任及管理的几点思考.中国职业技术教育,2006(20).

杨念.高等职业技术教育特色论.长沙:湖南师范大学出版社,2005.

杨秀玉.教师发展阶段论综述.外国教育研究,1999(6).

叶澜.教师角色与教师发展新探.北京:教育科学出版社,2001.

叶依群.美国社区学院教师的三重角色.现代大学教育,2015(3).

易兰华.湖南高职院校青年教师职业生涯发展状况调查分析.职业技术教育,2009(22).

应永胜.发达国家高校薪酬制度解析及对我国高校薪酬管理的启示.福建商业高等专科学校学报,2007(2).

俞启定,和震.中国职业教育发展史.北京:高等教育出版社,2012.

俞启定,王为民.审视与反思:我国高职教师职称评审标准的套用问题.教师教育研究,2013(1).

袁慧玲.基于五元联系数的高职院校教师科研绩效评价研究.中国职业技术教育,2016(3).

袁雄.高等职业教育要义.南昌:江西高校出版社,2010.

翟宝奎.教育学文集(第21卷):联邦德国教育改革.北京:人民教育出版社,1991.

翟学伟.中国社会中的日常权威——关系与权力的历史社会学研究.北京:社会科学文献出版社,2004.

张华伟,廉永杰.关于高校新校区"孤岛"现象的调查与分析——以西安高校为例.西南大学学报(社会科学版),2013(1).

张怀斌.美国社区学院师资管理的研究.宁夏社会科学,2009(6).

张文贤.人力资源管理师.北京:中国劳动社会保障出版社,2006.

赵丹龄,张岩峰,汪雯.高校教师薪酬制度的国际比较研究.中国高教研究,2004(S1).

赵建中.论和谐视野下的高职院校动态管理体系的建构.中国成人教育,

2010(1).

　　赵毅波. 制造业高级技能缺口超 400 万,如何解决"年轻人不爱进工厂",ht-tp://news. china. com. cn/2016 - 09/23/content_39359264. htm(访问时间:2016 年 9 月 23 日)。

　　中华人民共和国国家统计局. 中国统计年鉴 2017. 北京:中国统计出版社,2017.

　　周建松,唐林伟. 中国高等职业教育研究十年:2001 - 2010. 杭州:浙江大学出版社,2012.

　　周建松. 高等职业教育可持续发展研究. 杭州:浙江大学出版社,2013.

　　周建松. 提高质量:高职院校师资队伍建设的着力点. 教育研究,2012(1).

　　周丽. 德国高等职业教育教师队伍建设的启示. 武汉电力职业技术学院学报,2012(3).

　　周丽华. 德国高校教师结构及工资制度改革动向. 外国教育研究,2001(5).

　　周明星,焦燕灵. 高职院校教师培训反思与校本教育构建. 职业技术教育(教科版),2003 年 19).

　　周佩秋. 高职青年教师培养有效途径的思考. 职业技术教育,2014(11).

　　周三多,陈传明,贾良定. 管理学——原理与方法(第 6 版). 上海:复旦大学出版社,2014.

　　周文霞. 职业生涯管理. 上海:复旦大学出版社,2004.

　　周雪光. 组织社会学十讲. 北京:社会科学文献出版社,2003.

　　庄西真. 职业教育的新常态:从"做大"到"做精". 职教论坛,2014(31).

　　庄西真. 职业教育教师培养培训模式研究. 南京:江苏凤凰教育出版社,2016.

英文文献:

A. M. Cohen, F. B. Brewster. *The Two - Year College Instructor Today*, New York: Praeger, 1977, p. 52 - 55.

Alfred R L, Research and practice on shared governance and participatory decision - making, *A handbook on the community college in America*, 1994, pp. 245 - 258.

Apple, M. W, Is There a Curriculum Voice to Reclaim?, *The Phi Delta Kappan*, Vol. 71, No. 7, 1990, pp. 526 - 530.

Benjamin E, Roueche J E, Roueche S D, et al, Reviewed Work: Strangers in

Their Own Land:Part – Time Faculty in American Community Colleges,*Academe*, Vol. 82, No. 4, 1996, pp. 71 – 73.

Bergquist, W. H. , & Phillips, S. R. *A Handbook for Faculty Development*, New York:Shell Companies Foundation, 1975, p. 11.

Biklen, S. K. Scool , *Work: Gender and the Cultural Construction of Teaching*, New York:Teacher College Press, 1995.

Bottoms G,Egelson P,Sass H,et al, Improving the quality of career and technical alternative teacher preparation:An induction model of professional development and support,*Journal of the American Ceramic Society*, Vol. 96, No. 6, 2013,pp. 1869 – 1876.

Bourdieu, P. , The Forms of Capital. Education:Culture, Economy and Society, *A. H Halsey(Ed.*) ,1997.

Boyer,E L, *Scholarship Reconsidered:Priorities of the Professoriate*, Princeton:The Carnegie Foundation for the Advancement of Teaching,1990.

Brünning F, Shilela A, *The Bologna Declaration and emerging models of TVET teacher training in Germany*, Inwent, Internationale Weiterbildung und Entwicklung gGmbH,2006.

Brünning F,Zhao Zhiqun,*TVET Teacher Education on the Threshold of Internationalisation*, Inwent,Internationale Weiterbildung und Entwicklung gGmbH,2006.

Burke, P. J, *Teacher Career Stages:Implications for Staff Development*, Fastback 214. Phi Delta Kappa, Eighth and Union, Box 789, Bloomington, IN 47402,1984.

Clark B R,*The Academic Life:Small Worlds, Different Worlds. A Carnegie Foundation Special Report*, Princeton University Press, 3175Princeton Pike, Lawrenceville, NJ 08648,1987.

Cohen A, Brawer F,*The American community college* (4*th ed.*) , San Francisco: Jossey – Bass,2003.

Cross K P, Angelo T A, "Faculty Members as Classroom Researchers:A Progress Report",*Community*, *Technical and Junior College Journal*, Vol. 59, No. 5, 1989, pp. 23 – 25.

Elster, J,*Nuts and Bolts for the Social Sciences*, Cambridge:Cambridge University Press, 1989.

Elster, J,*Reason and Rationality*, Princeton:Princeton University Press,2009.

Elster, J, *The Nature and Scope of Rational – Choice Explanation. In M. Martin & L. C. McIntyre (Eds.), Readings in the Philosophy of Social Science*, Cambridge, MA: Massachusettes Institite of Technology Press, 1994.

European Centre for the Development of Vocational Training, *Modernising Vocational Education and Training: Fourth Report on Vocational Training Research in Europe: Background Report*, Office for Official Publications of the European communities, 2009.

Ference, T. P., Stoner, J. A. F., Warren, E. K., Managing the career plateau, *Academy of Management review*, Vol. 2, No. 4, 1977, pp. 602 – 612.

Fessler, R. A model for teacher professional growth and development, *Career – long teacher education*, 1985: 181 – 193.

Finch, C R, Vocational Teacher Education in an Era of Change: The United States Experience, *Australian Journal of Teacher Education*, Vol. 23, No. 2, 1998, pp. 36 – 48.

Finkelstein M, Seal R, Schuster J, *The new academic generation: A profession in transformation*, Baltimore: Johns Hopkins University Press, 1998.

Glatthorn, A, *The teacher's portfolio*, Proactive Publications, 1996.

Gottfredson LS, *A theory of circumscription and compromise. In Brown D, Brooks L. Career choice and development*, San Francisco: Jossey – Bass, 1996.

Grollmann P, The quality of vocational teachers: Teacher education, institutional roles and professional reality, *European Educational Research Journal*, Vol. 7, No. 4, 2008, pp. 535 – 547.

Grollmann, P, Rauner, F. (Eds.), *International perspectives on teachers and lecturers in technical and vocational education*, Springer Science & Business Media, 2007.

Grubb W N, Associate, *Honored but invisible: An inside look at teaching in community colleges*, New York: Routledge, 1999.

Habermas, J, *The Theory of Communicative Action*, London: Heinemann, 1987.

Hargreaves, A. The emotional geographies of teachers' relations with colleagues, *International Journal of Educational Research*, Vol. 35, No. 5, 2001, pp. 503 – 527.

Hargreaves, A. The emotional practice of teaching, *Teaching and Teacher Education*, Vol. 14, No. 8, 1998, pp. 835 – 854.

Hargreaves, A., Fullan, M, *Professional capital: Transforming teaching in every* school, New York:Teachers College Press,2012, p. 3, p. 74.

Hascher T,*Reformaen der Lehrerbildung. Zwischen Allmachtsphantasien und gesell-schaftlicher Aufgabe*, Bildung – Macht – Gesellschaft,2007.

Huberman M, Schapira A, Cycle de vie et enseignement:Changements dansles relations enseignant – élèves au cours de la carrière, *Gymnasium Helveticum*, Vol. 34, No. 2, 1979, pp. 113 – 129.

Jager, M. M, The Extended Family and Children's Educational Success,*American Sociological Review*, Vol. 77, No. 6, 2012, pp. 903 – 922.

James C. Palmer, Instructional Faulty and Staff in Public 2 – Year Colleges,*Education Statistics Quarterly*, Vol. 2, No. 2, 2000, pp. 99.

Jeremian. J. Sullivan, Richard B. Peterson, A Test of Theories Underlying the Japanese Lifetime Employment System, *Journal of International Business Studies*, Vol. 22, No. 1, 1991, pp. 79 – 97.

Kutscha, G. Das System der Berufsausbildung, "Enzyklopädie Erziehungswissenschaft, Bd. 9. 1:Sekundarstufe II – Jugendbildung zwischen Schule und Beruf", in Blankertz, H. et al. (Hrsg.). *Stuttgart:Klett – Cotta*,1982, p. 203.

Lent RW, Brown SD, Contextual supports and barriers to career choice:A social cognitive analysis, *Journal of Counseling Psychology*, Vol. 47, No. 1, 2000, pp. 36 – 49.

Levin J S, Kater S T, Wagoner R L,*Community college faculty:At work in the new economy*, New York:Palgrave Macmillan,2006.

Levi – Strauss, C, *Structural anthropology. Garden City*, New York: Doubleday, 1967.

Lortie, D. C,*Schoolteacher:A Sociological Study*, Chicago:University of Chicago Press, 1975.

National Board for Professional Teaching Standards, Arlington, Va,*What Teachers Should Know and be Able to Do*, National Board for Professional Teaching Standards, 2002.

Outcalt C. L, *A profile of the community college professorate*,1975 – 2000, New York:Routledge Falmer,2002.

Owens K S, Murkowski A J, Model of Interdisciplinary Undergraduate Research Experiences at a Community College, *The American Chemical Society*, Vol. 242, 2011, pp. 1155.

Parsad B, Glover D, Tenure Status of Postsecondary Instructional Faculty and Staff. 1992 – 98(NCES2002 – 210), *Satistical Analysis Report*, Vol. 4, 2002, pp. 55.

Parsons, F, *Choosing a Vocation*, Boston and New York: Houghton Mifflin, 1909.

Raths J. D, Katz L. G, *Advances in Teacher Education: Volume* 2, Norwood N. J. Ablex, 1986.

Rauner F, Maclean R. (Eds.), *Handbook of technical and vocational education and training research*, Dordrecht: Springer, 2008.

Rhoades, G, *Managed professionals: Unionized faculty and restructuring academic labor*, Albany: State University of New York Press, 1998.

Rosser, V. J. , Townsend, B. K, Determining public 2 – year college faculty's intent to leave: An empirical model, *Journal of Higher Education*, Vol. 77, No. 1, 2006, pp. 124 – 147.

Schuster J H, Finkelstein M J, *The American faculty: The restructuring of academic work and careers*, Baltimore: Johns Hopkins University Press, 2006.

Seidman, E, *In the words of the faculty*, San Francisco: Jossey – Bass, 1985.

Steffy, Teacher Career Development Pattern, *Teacher Development*, Vol. 12, No. 3, 1990, pp. 29.

Tessaring M, Wannan J, *Vocational education and training: Key to the future*, Lisbon – Copenhagen – Maastricht: Mobilising for 2010.

Thaxter L P, Graham S W, Community college faculty involvement in decision – making, *Community College Journal of Research & Practice*, Vol. 23, No. 7, 1999, pp. 655 – 674.

Thaxter L, Graham S, Community college faculty involvement in decision – making, *Community College Journal of Research and Practice*, Vol. 23, 1999, pp. 668 – 669.

Townsend B K, Rosser V J, Workload issues and measures of faculty productivity, *Thought&Action*, Vol. 23, 2007, pp. 7 – 19.

Townsend B K, Twombly S, Community college faculty: Overlooked and undervalued. *ASHE higher education report*, San Francisco: Jossey – Bass, Vol. 32, No. 6, 2007.

Townsend, B K, Donaldson J, Wilson T, Marginal or monumental? Visibility of community colleges in selected higher education journals, *Community College Journal of Research and Practice*, Vol. 29, No. 2, 2005, pp. 123 – 135.

Townsend, B. K, Women community college faculty: On the margins or in the mainstream?, *New directions for community colleges*, Vol. 89, 1995, pp. 39 – 46.

Townsend, B. K, Women faculty: Satisfaction with employment in the community college, *Community College Journal of Research and Practice*, Vol. 22, No. 7, 1998, pp. 655 – 662.

Twombly S, Townsend B K, Community college faculty what we know and need to know, *Community College Review*, Vol. 36, No. 1, 2008, pp. 5 – 24.

U. S. Department of Education, *Digest of education statistics*: 2005. *Table* 230, Washington, DC: National Center for Education Statistics. 2005.

Waller, W, *The Sociology of teaching*, New York: Russel and Russel Press, 1932.

Zirkle C J, Martin L, McCaslin N L, *Study of State Certification/Licensure Requirements for Secondary Career and Technical Education Teachers*, National Research Center for Career and Technical Education, 2007.